Muttersprache *plus*

Sprach- und Lesebuch

6

W0462542

Erarbeitet von
Brita Kaiser-Deutrich, Andrea Kruse, Sylvia Masur, Sylke Michaelis, Viola Oehme, Elke Oll, Gerda Pietzsch, Bianca Ploog, Freya Rump, Luzia Scheuringer-Hillus, Birgit Schmidt, Adalbert Schübel, Wiebke Schwelgengräber, Marianne Thiele, Viola Tomaszek

Unter Beratung von
Renate Friedrich, Franziska Möder, Viola Oehme

VOLK UND WISSEN

Inhalt

* Titel mit einem Sternchen sind redaktionelle Überschriften.

Von Schelmen, Abenteurern und Gespenstern

Sagenhaft! Helden früher und heute

Typisch Mädchen? Typisch Junge?

Hör! Spiel!

Schritt für Schritt: Wort – Satz – Text

Über Sprache nachdenken

Richtig schreiben

Was weißt du noch aus Klasse 5?

1 Lies den folgenden Text.

Warum wird an der Uhr gedreht?

1 Noch ein paar Mal flackerte das Flämmchen, dann war die Kerze abgebrannt. Und Benjamin Franklin saß im Dunkeln. Der amerikanische Wissenschaftler wollte weiterarbeiten. Aber wie, ohne Kerzen? Grimmig ging er an diesem Frühlingsabend des Jahres 1784 zu Bett. Als er am nächsten Morgen erwachte, schien die Sonne. Franklin kramte nach seiner Uhr: Sechs Uhr – und schon so hell? Welch eine Verschwendung! In der Frühe, wenn er noch schlief, gab es Licht genug. Abends dagegen wurde es viel zu rasch dunkel! Vielleicht sollte man einfach die Uhren vorstellen. »Würde man die Zeiger um eine Stunde weiterdrehen, wäre der Sonnenaufgang später – also um sieben. Abends ginge die Sonne dafür eine Stunde später unter. Es wäre abends länger hell – und ich könnte Kerzen sparen!«

2 Benjamin Franklin schrieb darüber einen Artikel für eine Zeitung, den aber niemand beachtete. Erst gut 130 Jahre später wurde wirklich an der Uhr gedreht: Im Jahr 1916 führten die Deutschen, Engländer, Iren und Franzosen die Sommerzeit ein. Die Idee war dieselbe wie bei Franklin: Wird es später dunkel, schalten die Menschen auch später das Licht ein! Experten hatten ausgerechnet, dass man so Strom und Gas sparen kann.

3 Auch wenn die Zeitumstellung seither mehrfach abgeschafft und wieder eingeführt wurde – seit 1980 stellen im März alle Bürger in der Europäischen Union gleichzeitig ihre Uhren um! Und noch in weiteren Ländern, die ebenfalls auf Sommerzeit umschalten, etwa in Russland, der Schweiz oder der Türkei.

4 Ob diese Aktion wirklich Energie spart, ist fraglich. Die Menschen schalten zwar abends später das Licht an, doch müssen sie morgens die Heizung aufdrehen, weil es im März und April in der Frühe noch kalt ist. In der Landwirtschaft werden die Kühe zu anderen Zeiten als sonst gemolken – und brauchen eine Weile, um sich daran zu gewöhnen.

5 Einige Experten fordern, die Zeitumstellung abzuschaffen. Doch die meisten Menschen nehmen es gelassen: Sie lieben die langen, hellen Abende. Und im Oktober werden die Uhren schließlich wieder um eine Stunde zurückgedreht – auf die Winterzeit.

2 Ordne die folgenden Überschriften den Textabschnitten zu. Schreibe die Nummer des Abschnitts und den dazugehörigen Buchstaben auf.

A Viele Länder einigen sich auf Zeitumstellung
B Helle Abende machen Menschen zufrieden
C Probleme mit der Zeitumstellung
D Benjamin Franklins Idee
E Sommerzeit wird das erste Mal eingeführt

3 Welche Länder führten als Erste die Zeitumstellung ein? Wähle die richtige Antwort aus.

1 Russland, Türkei, Deutschland, Irland
2 Deutschland, Frankreich, Irland, England
3 Deutschland, Irland, England, Schweiz
4 Frankreich, Türkei, Schweiz, Russland

4 Wähle eine Überschrift aus, die ebenfalls zum Text passt und begründe deine Entscheidung am Text.

1 Die geheime Zeitumstellung
2 Der Kampf zwischen Hell und Dunkel
3 Eine energiesparende Uhr
4 Eine Erklärung für die Zeitumstellung

5 Schreibe die Wörter aus der Wortschlange in der richtigen Schreibung in dein Heft. Bestimme die Wortart.

6 Formuliere die Sätze so um, dass die angegebene Satzart entsteht.

1 Das Sonnenlicht fehlte den Menschen im Winter. (Fragesatz)
2 Stellt man die Uhr im Frühjahr eine Stunde vor? (Aussagesatz)
3 Du gibst mir eine rote Kerze. (Aufforderungssatz)
4 Gewöhnen sich Menschen und Tiere nach einer Weile an die Zeitumstellung? (Aussagesatz)

7 Bestimme in den Sätzen 1 und 3 der Aufgabe 6 die Satzglieder.

Miteinander sprechen

Sich im Alltag verständigen

1 Sieh dir die Bilder genau an.

a Beschreibe, wie sich die Gesprächspartner vermutlich fühlen.

b Überlege, wie sich der Junge für das kaputte Rad entschuldigen kann.

c Denke darüber nach, wie das Mädchen reagieren könnte, das gern Fußball spielen möchte.

d Formuliere mögliche Antworten.

2

a Lies Lisas Entschuldigung. Stelle Vermutungen an, ob Tobias sie annehmen wird.

Tobias, ich muss dir was sagen. Ich habe aus Versehen dein Handy runtergeworfen. Der Bildschirm ist nun leider ein bisschen zerkratzt. Ist das sehr schlimm? Bitte sei mir nicht böse. Es tut mir wirklich leid!

b Lies die folgenden Entschuldigungen und ergänze eigene Beispiele.

Es tut mir leid, dass …
Entschuldige bitte, dass ich …

c Entschuldige dich bei deiner Lernpartnerin / deinem Lernpartner
- für eine heruntergeworfene Federtasche,
- für ein zerbrochenes Lineal,
- für eine verletzende Bemerkung.

!

In manchen Situationen muss man sich für etwas **entschuldigen**.
Dafür kann man bestimmte Wendungen nutzen, z.B.:
Entschuldige bitte, dass ich ...
Es tut mir leid, dass ... Bitte sei mir nicht böse!
Mir ist leider etwas Unangenehmes passiert: ... Wie kann ich den Schaden ersetzen?
Die Entschuldigung sollte möglichst angenommen werden, z.B.:
Das war ja nicht mit Absicht.
Das ist nicht so schlimm.
Das ist schon in Ordnung.

3

a Lest das folgende Gespräch mit verteilten Rollen.

Anja Suchst du eigentlich immer noch jemanden, der deine zwei Wellensittiche am Wochenende versorgt?

Paul Ja! Ich will sie nicht das ganze Wochenende alleine lassen. Futter und Wasser könnte ich zwar hinstellen, aber jemand müsste den Käfig ja auch sauber machen und die Vögel fliegen lassen.

Anja Ich glaube, ich könnte dir helfen.

Paul Na, ich weiß nicht recht. Hast du dir das wirklich gut überlegt? Was werden deine Eltern sagen, wenn du mit dem Vogelkäfig anrückst? Meine Wellensittiche haben gerade die Mauser – das heißt, sie verlieren Federn. Du wirst viel aufräumen müssen.

Anja Ach, das stört mich nicht. Meinen Eltern müssen wir eben erklären, dass es ja nur um ein Wochenende geht und dass es Nachbarschaftshilfe ist. Die kommt bei Mutti immer gut an.

Paul Ja, wenn du das so siehst! Das hört sich ganz gut an. Hast du denn schon eine Idee, wo der Käfig stehen könnte?

Anja Ich glaube, Mutti würde nichts dagegen haben, wenn die Wellensittiche in mein Zimmer kommen. Da dürfen sie auch ein paar Runden fliegen, ohne dass es Stress gibt.

Paul Super! Komm, wir fragen unsere Eltern um Erlaubnis!

b Anja und Paul gehen in ihrem Gespräch aufeinander ein. Suche die entsprechenden Textstellen heraus.

c Übertrage die Tabelle in dein Heft. Ordne die Textstellen richtig ein.

Zustimmung	Ablehnung	Vorschlag
Ja, das stimmt.	...	Ich glaube, ich könnte dir helfen.

! Manchmal kann man weder zustimmen noch ablehnen. Dann muss man eine andere Lösung, einen **Kompromiss**, finden, bei dem alle von ihrer Meinung etwas abweichen und aufeinander zugehen.

4 Anton hat Ellen schon öfter abschreiben lassen, aber nur Übungen oder Hausaufgaben. Nun fürchtet sich Ellen vor der Mathearbeit.

a Wählt passende Wendungen aus und vervollständigt das folgende Gespräch. Achtet darauf, dass es zu einem Kompromiss kommt.

Ellen Lässt du mich morgen bei der Mathearbeit abschreiben?

Anton ▬▬▬ (Du spinnst wohl! / Na klar! Ich trage auch gleich die Lösungen auf deinem Blatt ein! / Das ist keine gute Idee!)

Ellen Nun hab dich doch nicht so. ▬▬▬ (Das ist doch bloß ein kleiner Freundschaftsdienst. / Ich lade dich dafür auch ins Kino ein. / Ich gebe dir 10 Euro, wenn du mich abgucken lässt.) Du weißt genau, dass ich in Mathe schon auf Vier stehe!

Anton ▬▬▬ (Das ist doch kein Grund! / Was geht mich das an? / Das kann ich wirklich nicht für dich machen.)

Ellen ▬▬▬ (Du bist gemein! / Kannst du nicht ein Auge zudrücken? / Du bist nicht mehr mein Freund, wenn du mich hängen lässt.) Du lässt mich doch auch die Hausaufgaben abschreiben!

Anton Ja, Ellen, und nun hast du einfach nicht genug geübt.

Ellen Da hast du Recht! Aber morgen hilft mir diese Einsicht auch nicht weiter.

Anton ▬▬▬ (Ich erkläre dir nachher noch einmal ganz genau die Rechenwege, damit morgen alles klappt. / In Zukunft lasse ich dich gar nicht mehr abschreiben. / In Zukunft musst du dir eben Spickzettel machen.)

b Spielt das Gespräch.

5

a Fasse zusammen, welche gegensätzlichen Meinungen Ina und Tom im folgenden Gespräch vertreten.

Tom Sieh dir mal die Oma an! Die stellt sich in der Schlange einfach vorne an! – He, Sie da! Nicht vordrängeln!

Ina Ruhig! Hab dich doch nicht so. Sie ist alt, da wollen die Beine nicht mehr so recht.

Tom Dann soll die Alte doch am frühen Nachmittag einkaufen gehen, dann ist's hier auch nicht so rappelvoll!

Ina Nun mach aber mal einen Punkt! Willst du ihr vorschreiben, wann sie einkaufen darf und wann nicht? Hast du für mich etwa auch schon genaue Einkaufszeiten eingeplant? Oder für deine Mutti?

Tom Nee, also so hab ich das eigentlich nicht gemeint …

b Überlege, was an Toms Äußerungen stört.

c Suche die Wendungen heraus, mit denen Ina Toms Äußerungen zurückweist.

!

Wenn man eine Äußerung seines Gesprächspartners **ablehnen** möchte, sollte man sachlich bleiben, z. B.:
Hast du dir das wirklich gut überlegt?
Bist du wirklich dieser Meinung?
Das meinst du doch sicherlich nicht ernst!
Das ist keine gute Idee!
Das ist doch kein Grund, sich zu streiten!

d Formuliere Inas Antworten anders. Nutze dazu den Merkkasten.

e An welcher Formulierung von Tom merkt man, dass es ihm leidtut?

Auskünfte einholen

1 Tragt zusammen, in welchen Situationen ihr schon einmal um Auskunft bitten musstet. Überlegt, was dabei zu beachten war.

2 Anja möchte sich in der Stadtbibliothek ein Buch ausleihen.

a Lest das Gespräch mit verteilten Rollen.

Anja Ich suche Informationen über den Hamster. Können Sie mir vielleicht helfen?

Bibliothekarin Ganz bestimmt. Hast du dabei an unseren wilden Feldhamster gedacht oder suchst du eher etwas über den Goldhamster als Haustier?

Anja Eigentlich interessiere ich mich für beide.

Bibliothekarin Was hältst du dann von diesen Büchern?

Anja Oh, ich würde gern beide mitnehmen. Wie lange kann ich sie ausleihen?

Bibliothekarin Vier Wochen. Wenn dir die Zeit nicht reicht, kannst du sie auch gern verlängern.

Anja Danke schön!

Bibliothekarin Bitte sehr!

b Suche die Wendungen heraus, mit denen Anja ihr Anliegen vorträgt.

!

Um **Auskünfte** einzuholen, verwendet man Formulierungen, wie z. B.:
Kannst du / Können Sie mir bitte sagen, …
Ich möchte gern wissen, …
Bitte sagen Sie mir, …
Man sollte stets höflich bleiben und *bitte* und *danke* sagen.

3

a Erkundige dich,
- ob du in der Bibliothek kostenlos im Internet surfen darfst,
- wie hoch der Preis eines T-Shirts ist,
- was es heute in der Schule zum Mittag gibt.

b Spielt diese Szenen der Klasse vor.

Gespräche führen – eine Meinung vertreten

Sich mit verschiedenen Meinungen auseinandersetzen

1 Sieh dir die beiden Illustrationen genau an.

a Überlege, welches der beiden dargestellten Probleme sich vermutlich leicht klären lässt. Begründe deine Meinung.

b Tauscht euch darüber aus, wie man die beiden Probleme am besten lösen könnte.

!

Manche Probleme lassen sich nur in einer **Diskussion** klären. Sie kann im kleinen Rahmen, z. B. in der Familie oder im Freundeskreis, oder im größeren Rahmen, z. B. in der Schule oder im Sportverein, stattfinden. Größere Diskussionen führt meist ein **Diskussionsleiter**, der sie eröffnet, ihren Verlauf lenkt und die Ergebnisse zusammenfasst.
Bei Diskussionen sollte man zuerst bedenken:
- Welches Problem soll gelöst werden?
- Welche einzelnen Fragen sind dazu zu klären?

2 Formuliere die beiden in Aufgabe 1a dargestellten Probleme. Ergänze dazu die folgenden Fragen.

Ist es ungerecht, dass …?
Ist es sinnvoll, 100 Euro …?

3 Tina hat sich auf ein Gespräch mit Oliver und ihren Eltern vorbereitet. Sie hat einige Fragen notiert, die zu klären sind.

a Lest die Fragen und tauscht euch darüber aus, ob sie für das Gespräch hilfreich sind. Begründet eure Meinung.

1. Warum musste Oliver noch kein einziges Mal helfen?
2. Warum habe ich ihn nicht einfach um seine Hilfe gebeten?
3. Hatte Oliver andere Aufgaben?
4. Welche Aufgabe war schwieriger und zeitaufwändiger?
5. Ist Hausarbeit nur Mädchensache?

→ S. 32 Informationen sammeln

b Überlegt, welche Fragen in der Klassendiskussion zur Rettung der Sibirischen Tiger besprochen werden sollten. Schreibt einige auf.

Warum sterben die Sibirischen Tiger aus? …

! Vor einer Diskussion sollte man sich überlegen, welche Meinung man zu dem Thema hat und wie man diese **Meinung begründen** kann. Dazu kann man Sätze mit ***weil***, ***da***, ***denn*** verwenden.

4 Olli wünscht sich schon seit Langem einen eigenen Computer. Leider haben seine Eltern Bedenken.

a Olli überlegt sich, wie er die Eltern überzeugen könnte. Lies die Gründe, die ihm einfallen.

1 Ich kann den Computer für meine Hausaufgaben nutzen, zum Schreiben und zum Üben.
2 Ich könnte lernen, mit Programmen zu arbeiten, z. B. mit PowerPoint.
3 Ich werde für den Computer mein Sparschwein knacken und mich an den Kosten beteiligen.

b Beurteile Ollis Begründungen. Sind sie überzeugend?

c Überlege dir weitere Gründe, mit denen Olli seine Eltern überzeugen könnte.

!

In einer Diskussion muss man sich **mit den Meinungen** der anderen **auseinandersetzen**. Dabei sollte man auf andere eingehen, z. B.:

Zustimmung:	*Du hast Recht. Das gefällt mir. Da stimme ich dir zu. Ich bin ganz deiner Meinung.*
Ablehnung:	*Da bin ich anderer Meinung. Ich sehe das anders. Du hast nicht daran gedacht, dass …*
Entschuldigung:	*Entschuldige bitte! Es tut mir leid, dass …*
Kompromiss:	*Ich bin nicht ganz einverstanden. Das ist in Ordnung, wenn … Ich stimme zu, wenn …*

5 Übertrage die Tabelle in dein Heft. Ordne die Wendungen richtig ein.

Zustimmung	Ablehnung	Entschuldigung	Kompromiss
…	…	…	…

1 Tut mir leid! **2** Ich bin völlig deiner Meinung. **3** Ich wäre dafür, wenn … **4** Das überzeugt mich nicht, weil … **5** Ich bin dagegen, weil … **6** Entschuldigung, das wollte ich nicht. **7** Deine Idee finde ich gut. **8** Soll nicht wieder vorkommen! **9** Das können wir so machen, wenn …

6

a Ergänzt Ollis Antworten. Nutzt seine Begründungen aus Aufgabe 4 a.

Vater Gegen einen Computer ist nichts einzuwenden, wenn er als Arbeitsgerät genutzt wird.

Olli ___.

Mutter Ich mache mir trotzdem Sorgen. Am Ende sitzt du doch stundenlang davor, um zu spielen. Das kann süchtig machen!

Olli ___.

Vater Im Prinzip hast du Recht. Aber ein Computer ist nicht gerade billig! Höchstens 200 Euro könnten wir derzeit dafür ausgeben.

Olli ___.

Mutter Ich schlage euch einen Kompromiss vor: Wir geben dir 200 Euro, du legst was dazu. Und vielleicht fragst du noch Oma?

Olli ___.

b Spielt das Gespräch mit verteilten Rollen.

7 Olli muss noch die Oma überzeugen, dass sie ihm Geld gibt. Er ruft sie an. Überlegt, wie das Gespräch verlaufen könnte, und spielt es nach.

8 Sucht euch eine der folgenden Situationen aus und stellt die Gespräche spielerisch dar. Überzeugt eure Gesprächspartnerin / euren Gesprächspartner von eurem Standpunkt.

1 Du willst am Wochenende mit einer Freundin / einem Freund im Garten zelten und bittest deine Mutter um Erlaubnis.
2 Du möchtest unbedingt ein Skateboard haben. Dein Vater ist nicht gerade begeistert.
3 Du wünschst dir zwei Wellensittiche zum Geburtstag. Deine Mutter befürchtet, die Vögel könnten zu viel Arbeit machen.

9 Bereitet eine Klassendiskussion zu folgendem Problem vor:
Sollen wir 100 Euro für die Rettung der Sibirischen Tiger spenden?

TIPP
Nutzt auch eure Ergebnisse zu Aufgabe 3 b (S. 14).

a Bildet euch Meinungen zu dem Thema und sucht geeignete Begründungen. Notiert sie stichpunktartig.

b Wählt einen Diskussionsleiter und diskutiert das Problem. Einigt euch auf eine gemeinsame Meinung oder findet einen Kompromiss.

10 Wählt ein anderes Problem aus, über das ihr in der Klasse diskutieren wollt. Bereitet die Diskussion vor und führt sie durch.

Was habe ich gelernt?

11 Fasse zusammen, was du über Gespräche und Diskussionen gelernt hast. Fertige ein Merkblatt an.

Wichtige Gesprächsregeln:
1. Höre aufmerksam zu. Gehe auf das ein, was gesagt wurde.
...
Geeignete Formulierungen:

Zustimmung	*Ablehnung*	*Entschuldigung*	*Kompromiss*
...	...	...	...

Mitschreiben

!

Das **Mitschreiben** dient dem schriftlichen Festhalten von Gehörtem. Dabei kommt es darauf an, dass man:
- genau und konzentriert zuhört,
- Wesentliches von Unwesentlichem unterscheidet,
- Aussagen schnell und genau zusammenfasst.

Um schnell mitschreiben zu können, sollte man **Stichpunkte** formulieren. Schreibe unvollständige Sätze auf, z.B. ohne Subjekt oder mit einem Verb im Infinitiv, z.B.:
zu teuer, Oma um Geld bitten.
Man kann auch **Abkürzungen** benutzen, z.B.: *u., ca., usw.*

1 Überlegt, was folgende Abkürzungen bedeuten, und sucht weitere.

bzw. – m. E. – ca. – u.a. – d.h. – usw. – z.B. – u.Ä.

TIPP
Bereite dich immer gut vor: Lege Stifte und Papier bereit. Schreibe das Thema auf und überlege, wie du deine Notizen übersichtlich gestalten kannst.

2 Deine Mitschülerinnen und Mitschüler spielen die Diskussion zwischen Olli und seiner Oma vor (S.16, Aufgabe 7) und du willst die wichtigsten Meinungen und Begründungen mitschreiben.

a Übertrage die folgende Tabelle in dein Heft. Ergänze eine Überschrift.

Olli	Oma
...	...

b Höre genau zu. Schreibe alle wichtigen Aussagen stichpunktartig mit.

c Prüfe und korrigiere deine Stichpunkte.

TIPP
Konzentriere dich auf ein oder zwei Schülerinnen/Schüler.

3 Schreibe eine Diskussion in eurer Klasse mit. Notiere, wer welche Meinung vertritt. Halte auch das Ergebnis der Diskussion fest.

So kannst du mitschreiben
1. Schreibe lieber mehr mit als zu wenig. Streiche und ordne später.
2. Notiere möglichst Stichpunkte.
3. Verwende Abkürzungen.
4. Schreibe übersichtlich, lass einen breiten Rand für Ergänzungen und Bemerkungen.

Sachtexte erschließen

Einem Text Informationen entnehmen

!

Um einen Sachtext richtig und vollständig zu verstehen, kann man die **5-Gang-Lesetechnik** nutzen:

1. Den Text überfliegen:
- sich einen ersten Eindruck vom Inhalt verschaffen
- auf Überschriften, Einleitungen, Grafiken oder Bilder achten

2. Fragen an den Text stellen:
- überlegen, welche Fragen der Text beantworten kann

3. Den Text gründlich lesen:
- den Text in Abschnitte gliedern und Teilüberschriften formulieren
- unbekannte Wörter erschließen oder nachschlagen

4. Das Wichtigste zusammenfassen:
- abschnittsweise lesen, wichtige Informationen markieren oder notieren

5. Den Text noch einmal lesen:
- kontrollieren, ob alles Wichtige erfasst wurde

Den Text überfliegen

1 Um zu erfassen, worüber ein Text etwas aussagt, können dir vorhandene oder selbst gebildete Überschriften helfen.

a Lies die Überschrift des Textes auf S. 19 und leite Vermutungen zum Thema und zum Inhalt des Textes ab.

b Tauscht euch über eure Erwartungen zum Textinhalt aus.

c Erkläre, warum die Überschrift des Textes unterschiedliche Erwartungen zum Textinhalt hervorruft.

d Suche dir die Art des überfliegenden Lesens aus, die dir am leichtesten fällt und die du verwenden möchtest:
- Diagonallesen,
- Slalomlesen oder
- Zickzacklesen.

e Überfliege den Text und überprüfe, ob deine Erwartungen zutreffen.

Die Feste feiern, wie sie fallen?

Bei uns in Deutschland ist der Geburtstag für jedes Kind eines der schönsten Ereignisse im ganzen – und vor allem in jedem – Jahr! Jeder freut sich über die vielen Geschenke und eine große Torte mit Kerzen. Vielleicht steht ja auch ein besonderer Geburtstag an, denn der 6., 12. und 13. sind etwas ganz Besonderes. Wichtige Ereignisse stehen an: Die Kinder dürfen dann in die Schule, mehr Kinofilme ansehen oder das erste Geld durch das Austragen von Zeitungen verdienen.
Aber nicht in allen Ländern der Welt werden Geburtstage jedes Jahr gefeiert oder sie laufen ganz anders ab. In Japan zum Beispiel feiert man nicht jedes Jahr mit Geschenken und Kuchen.
Die Menschen dort berechnen das Alter sogar ganz anders: Neugeborene sind direkt ein Jahr, wenn sie auf die Welt kommen, und werden dann am folgenden Neujahrsfest zwei Jahre, also völlig unabhängig von ihrem tatsächlichen Alter und ihrem wirklichen Geburtstag. Es kommt daher auch vor, dass ein Kind im Dezember »ein Jahr wird« und kurz darauf zu Neujahr schon zwei Jahre. An jedem Neujahrstag feiert somit das ganze Land zusammen Geburtstag.

Es gibt also in Japan kein Fest für ein einzelnes Geburtstagskind. Dafür finden einmal im Jahr für Kinder eines bestimmten Alters spezielle Veranstaltungen statt. So zum Beispiel am 15. November das »7-5-3-Fest« (shichi-go-san). An diesem Tag ziehen alle siebenjährigen Mädchen, fünfjährigen Jungen und die dreijährigen Kinder beiderlei Geschlechts zu den heiligen Schreinen der Shinto-Gottheiten. An diesen religiösen Stätten danken sie dafür, dass sie gesund sind, und beten für die Zukunft. Das Fest kommt also aus einer religiösen Tradition. Die Mädchen ziehen dafür ihre schönsten Kimonos an. Für die Jungen war shichi-go-san früher der Tag, an dem sie das erste Mal eine Hose anziehen durften. Noch heute ist es Sitte, den Kindern rot-weiße Zuckerstangen namens Chitose-ame zu schenken.
Anders als in Japan feiern die Kinder in Mexiko jedes Jahr Geburtstag. Es gibt einen Brauch, der auf keinem Kinderfest in Mexiko fehlen darf: die Piñata, ein aus Ton und Pappmaschee gebautes Gefäß, dessen Bauch ganz viele Süßigkeiten enthält. Die Piñata wird an einem Baum angebracht, und die Kinder müssen mit verbundenen Augen und einem Stock in der Hand gegen sie schlagen, bis sie zerbricht und der Inhalt herausfällt.

2 Du suchst Informationen, wie in anderen Ländern der Welt Geburtstag gefeiert wird.

Fragen an den Text stellen

a Überlege dir Fragen, die du vom Text beantwortet haben möchtest.

Welche unterschiedlichen Geburtstagsbräuche gibt es? …

b Stelle zu diesen Fragen Schlüsselwörter zusammen, nach denen du beim Lesen gezielt suchen kannst.

Geburtstag, Fest, Geschenke, …

Den Text gründlich lesen

3

a Der Text auf S. 19 ist in vier Abschnitte unterteilt. Lies diese gründlich.

b Notiere unbekannte Begriffe. Schlage ihre Bedeutung nach, wenn du sie nicht aus dem Zusammenhang erschließen kannst.

TIPP
Orientiere dich bei der Suche nach Antworten an deinen Teilüberschriften.

c Formuliere für jeden Abschnitt eine passende Teilüberschrift.

d Beantworte folgende Fragen schriftlich.

1 Welche Geburtstage sind in Deutschland besonders und warum?
2 Was ist shichi-go-san und wie wird es gefeiert?
3 Welcher Brauch wird an Kindergeburtstagen in Mexiko gepflegt?

●●● **e** Überlege, worin sich Geburtstagsfeiern in Deutschland, Japan und Mexiko ähneln. Notiere deine Antwort in Stichpunkten.

Das Wichtigste zusammenfassen

4

a Lies den Text noch einmal und markiere die wichtigsten Informationen.

TIPP
Wenn das Buch nicht dir gehört, lege eine Folie über den Text.

b Fasse mit eigenen Worten zusammen, was das Wichtigste zum Thema »Geburtstag in aller Welt« in jedem Abschnitt ist. Notiere Stichpunkte in deinem Heft.

Den Text noch einmal lesen

c Lies den Text noch einmal und überprüfe, ob du alle wichtigen Informationen erfasst hast.

6 Lies den folgenden Text mithilfe der 5-Gang-Lesetechnik.

Den Text überfliegen

a Lies die Überschrift und betrachte das Bild. Überfliege den Text und nenne das Thema, um das es geht.

Menu à la carte

Kinder in der westlichen Welt lernen, vier grundlegende Geschmacksrichtungen zu unterscheiden: sauer, bitter, salzig und süß. Für chinesische Kinder kommt der beißend-scharfe Geschmack und für indische Kinder der feurig-scharfe hinzu. Die individuellen Vorlieben und Abneigungen sind also auch von dem jeweiligen Kulturkreis geprägt. Gewürze, die auf uns oft sehr intensiv wirken, sind aus der traditionellen Küche anderer Länder nicht wegzudenken.
So dürfen in den unterschiedlichsten Ländern, vom Balkan über Amerika bis nach Afrika, bei der Essenszubereitung Chili und Paprika, ob zerstoßen, gemahlen oder zerkaut, auf keinen Fall fehlen: Das Gewürz zieht sich wie ein roter Faden durch die verschiedensten geschmacklichen Erfahrungswelten der frühesten Kindheit. In Indien und Südostasien lässt sich übrigens am Grad der Schärfe ausmachen, aus welcher Gegend der Koch stammt.
In China lehrt man die Kinder, die einzelnen Regionen des Landes anhand der kulinarischen Vorlieben zu unterscheiden: Im Osten isst man mild und süß, im Westen scharf und würzig, im Norden salzig und gehaltvoll und im Süden frisch und leicht.
Jedes Land besitzt eine einzigartige Kunst, die Geschmacksnerven mit Gewürzen zu stimulieren.

Fragen an den Text stellen

b Überlege, was du zum Thema des Textes weißt und was du erfahren möchtest. Stelle Fragen an den Text.

Den Text gründlich lesen

c Lies den Text gründlich und kläre die Bedeutung unbekannter Wörter.

d Entscheide, ob die folgenden Aussagen richtig oder falsch sind.

1. Alle Kinder weltweit lernen, zwischen nur vier Geschmacksrichtungen zu unterscheiden: sauer, bitter, salzig und süß.
2. Was einem Kind schmeckt, steht von Geburt an fest.
3. Was einem Kind schmeckt, hat mit der Kultur, in die es hineinwächst, zu tun.
4. In ganz China liebt man feurig-scharfe Gerichte.

●●● **e** Beantworte folgende Fragen. Schreibe mit eigenen Worten jeweils einen Satz.

1 Zwischen welchen Geschmacksrichtungen lernen die Kinder in China und Indien zu unterscheiden?
2 Wovon hängt es ab, was einem Kind schmeckt und was nicht?
3 Woran kann man erkennen, aus welcher Gegend in Indien und Südostasien ein Koch kommt?

Das Wichtigste zusammenfassen

f Notiere die Kernaussagen zum Thema aus jedem Abschnitt stichpunktartig in deinem Heft.

Den Text noch einmal lesen

g Lies den Text noch einmal. Überprüfe, ob du alle wichtigen Informationen erfasst hast.

! Durch **Randnotizen** kennzeichnet man Textstellen, die einem wichtig oder bemerkenswert erscheinen. Man kann dabei einzelne Wörter oder Wortgruppen am Rand des Textes notieren oder die Informationen in eigenen Worten zusammenfassen.
Das erleichtert das Auffinden von wichtigen Textstellen.

7 Der folgende Text wurde bereits mit Randnotizen und Markierungen versehen.

a Überfliege den Text und verschaffe dir einen Überblick über den Inhalt.

Für eine Inuit-Mutter ist es wahrlich eine Herausforderung, mit ihrem Kind an die frische Luft zu gehen, ohne dass es friert. Doch die Mütter dort fertigen bereits seit Tausenden von Jahren Kleidung aus Fell, in die sie ihre Kinder von Kopf bis Fuß einpacken: ob kleine Anzüge aus der Haut eines Seehundfötus oder aus weichem, Wasser undurchlässigem Leder des Karibus für die Neugeborenen oder dicke Mäntel und Stiefel für die älteren Kinder, die im Freien spielen möchten.

Die Fertigung von Kleidung beruht bei den Inuit auf zwei Prinzipien: Isolierung und Erhaltung von Wärme. Sie haben bereits dreihundert Jahre früher als wir verstanden, dass die Luft bestens isoliert, und begonnen, ihre Kleidung wie eine Doppelscheibe zu entwerfen, aus zwei Lagen mit einer wärmenden Luftschicht dazwischen. Als Material dient das Fell des Karibus, einer wilden Rentierart, die nicht nur ein Sommer- und Winterfell liefert, sondern auch Fleisch, Knochen und Werkzeug sowie Nähfäden, die aus den getrockneten Sehnen hergestellt werden. Auch Bärenfelle finden Verwendung, aber sie wiegen mehr, und die Jagd der Tiere ist gefährlicher. Das Winterfell der Karibus wird für die Oberbekleidung verarbeitet; die Strichrichtung des Fells muss nach unten zeigen, damit der Schnee abgleiten kann. Das kurzhaarige Sommerfell dient für die Bekleidung, die auf der Haut getragen wird. Das Fell liegt auf der Haut, die Strichrichtung zeigt nach oben, damit der Schweiß abgeleitet wird. Die Borte aus Fuchs- oder Wolfspelz, mit der die Kapuze eingefasst ist, soll das Gesicht vor Schneeflocken schützen und Schweiß kristallisieren, damit das Gesicht nicht einfriert. Um die dichte Vermummung im Falle eines dringenden Bedürfnisses problemlos öffnen zu können, arbeiten die Schneiderinnen ein raffiniertes Reißverschlusssystem ein.

wichtig!

Luftschicht zwischen zwei Kleidungsschichten = Doppelscheibe -> Isolation durch Luft

Karibu = Rentierart (Fell, Fleisch, Werkzeug, Nähfäden)

Karibufell
- *Winterfell – Oberbekleidung*
- *Sommerfell – Kleidung auf der Haut*

Kapuzenborte
- *aus Fuchs- oder Wolfspelz*
- *schützt Gesicht vor Schneeflocken*
- *lässt Schweiß kristallisieren*

b Formuliere eine Textüberschrift und notiere sie in deinem Heft.

8

a Sieh dir die Markierungen, Randnotizen und Anmerkungen genau an. Prüfe, wie sie dir helfen, den Text besser zu verstehen.

b Tauscht euch über die Möglichkeiten aus, Wichtiges zum Thema im Text oder am Rand kenntlich zu machen.

TIPP
Schlage unbekannte Wörter nach.

c Lies den Text gründlich. Fasse die wichtigsten Informationen des Textes abschnittsweise zusammen und notiere sie unter der Überschrift im Heft.

d Lies den Text noch einmal und überprüfe, ob du alle wichtigen Informationen erfasst hast.

! Oft muss man aus Sachtexten **Informationen herausschreiben**, um sie in anderen Zusammenhängen verwenden zu können.
Achte dabei auf:
- **Lesbarkeit**: sauber und nicht zu klein schreiben,
- **Übersichtlichkeit**: z.B. Unterstreichungen vornehmen, verschiedene Farben nutzen, Wörter einrücken, Abkürzungen und Zeichen bzw. Pfeile verwenden, Wichtiges groß oder fett schreiben,
- **Kürze**: Formulierung genau überlegen, nicht zu viel aufschreiben.

9

a Verschaffe dir durch Überfliegen des Textes einen Überblick über den Textinhalt. Nenne das Thema, um das es geht.

In Deutschland wird Fußball hauptsächlich mit zwei echten Toren auf richtigen Sportplätzen gespielt, auf Rasen oder manchmal auch auf Schotter. Meist kicken die Spieler im Verein: In Deutschland trainieren über sechs Millionen Menschen in Klubs. Dabei ist eigentlich weder ein Verein noch ein Sportplatz nötig, um das Runde ins Eckige zu befördern. Es kann auch eine Straße sein. Diese Spieler, die sich dort ihr fußballerisches Können beigebracht haben, werden »Straßenfußballer« genannt. Es gibt sie in vielen südamerikanischen Ländern, wie Brasilien und Argentinien, oder in afrikanischen, wie Nigeria und Kamerun. Dort sind Kinder und Jugendliche lange Zeit Straßenfußballer, bevor sie in einem Klub spielen. Anders als beim Vereinstraining können die jungen Kicker das Spiel ohne Anleitung von Erwachsenen frei erlernen und ihre Regeln selbst aufstellen. Regeln, wie beispielsweise »Letzter Mann hält« oder »Nur einmal berühren«.

In den armen Straßenvierteln, beispielsweise den südamerikanischen Slums, schießen die Sportler mit leeren Cola-Dosen, weil sie kein Geld für einen echten Fußball haben. Oder sie treten barfuß auf staubigen Plätzen gegen alles, was sich irgendwie als Ballersatz eignet – aus Plastik, Leder oder verknoteten Lumpen geformte Knäuel. Äste, Mülltüten oder Waschpulvertonnen markieren die Tore. So kann man doch kein guter Fußballspieler werden? Falsch! Dort, wo die Kinder ihre eigenen Regeln aufstellen und keine vorgegebene Taktik befolgen, können sie jede Menge Tricks üben. Wer hat die besten Kniffe drauf? Wer ist der beste Knipser? Übersteiger, Hackentrick, Lupfer und Fallrückzieher sind bald kein Problem mehr – siehe Maradona, Ronaldo, Ronaldinho und Marcelinho. Leidenschaftlich wie kaum ein Vereinsspieler wollen die Straßenfußballer in den Slums um jeden Preis gewinnen und sehen den Ball nicht bloß als Spielgerät: Für sie ist es das Leder, das die Welt bedeutet – denn sie träumen davon, wie ihre großen Vorbilder als Fußballprofi den Weg aus der Armut zu finden.

Brasilianischer Samba-Fußball und afrikanische Spielfreude haben gerade auf solchen Straßen ihren Ursprung. Es muss also nicht unbedingt der Verein sein [...]: Schnapp dir ein paar Freunde und einen Ball – Tore könnt ihr euch notfalls auch selbst basteln – und los geht's! Ein Tipp für Mädchen: Der deutsche Frauenfußball ist zurzeit sehr erfolgreich!

b Schreibe eine passende Überschrift zum Text in dein Heft.

c Lies den Text noch einmal gründlich. Markiere wichtige Textstellen und mache dir Randnotizen.

TIPP
Wenn das Buch nicht dir gehört, lege zum Arbeiten eine Folie über den Text.

d Notiere zu jedem Abschnitt eine Teilüberschrift in Form einer Frage.

1. Wie spielt man in Deutschland hauptsächlich Fußball?
2. …

e Notiere zu den Teilüberschriften Antworten in Form von Stichpunkten.

f Lies den Text noch einmal und überprüfe, ob du alle wichtigen Informationen erfasst hast.

Schwierige Textstellen entschlüsseln

1

a Lies den folgenden Satz mehrmals laut.

Kathleen Wermke und ihre Mitarbeiter vom Würzburger Zentrum für vorsprachliche Entwicklung und Entwicklungsstörungen haben nach der Untersuchung von 20 Stunden Babyschreien die bisherige Annahme widerlegt, dass Babygebrüll instinktiv sei und allein durch den Atemdruck strukturiert werde.

b Schlage die dir unbekannten Wörter im Wörterbuch nach, wenn du sie nicht aus dem Satzzusammenhang erschließen kannst.

TIPP
Wenn das Buch nicht dir gehört, lege eine Folie über den Text.

c Löse den Satz in mehrere einfache Sätze auf. Gehe dabei so vor:
- Überlege, welche Aussagen zusammengehören.
- Trenne diese Sinneinheiten mit einem Schrägstrich voneinander ab.
- Bilde aus den Sinneinheiten jeweils einen vollständigen Satz.

Kathleen Wermke und ihre Mitarbeiter arbeiten am Würzburger Zentrum für vorsprachliche Entwicklung und Entwicklungsstörung. Sie haben …

2 Löse den folgenden Satz in vier einfache Sätze auf. Schreibe diese in dein Heft.

Bereits in den ersten Lebenstagen tönen französische Säuglinge, die eine ansteigende »Schreimelodie« haben, anders als deutsche Babys, welche meist laut und hoch beginnen, bevor der Ton abfällt.

Bereits in den ersten Lebenstagen …

So kannst du schwierige Textstellen entschlüsseln
1. Lies den Text mehrmals, auch laut.
2. Markiere die Textstellen, die du nicht verstehst. Lies sie mehrmals.
3. Schlage Wörter, die du nicht aus dem Textzusammenhang erschließen kannst, im Wörterbuch nach.
4. Zerlege längere Sätze in mehrere einfache Sätze.

Einer Tabelle oder Grafik Informationen entnehmen

! In Sachtexten sind häufig grafische Schaubilder, z. B. **Tabellen** oder **Grafiken**, enthalten. Sie informieren die Leser in anschaulicher Form über Zahlen, Vorgänge und Entwicklungen.

1

a Lies den folgenden Text.

Und, was machst du so nach der Schule?

Rausgehen, Computer spielen oder lieber fernsehen? Etwas mit Freunden oder der Familie unternehmen? Medienpädagogen interessieren sich dafür, wie ihr eure Freizeit am liebsten gestaltet, und führen dazu regelmäßige Untersuchungen durch. Die folgende Tabelle zeigt die beliebtesten Freizeitaktivitäten von Kindern und Jugendlichen im Alter von 6 bis 13 Jahren.

Spalte →

Zeile →

Liebste Freizeitaktivität 2010	Mädchen	Jungen
Freunde treffen	53	51
Draußen spielen	42	44
Fernsehen	33	31
PC-/Konsolen-/Onlinespiele	19	41
Sport treiben	11	29
Internet	14	17
Familie/Eltern	17	11
Drinnen spielen	12	11
Computer (offline)	7	12
Buch	15	6
Mit Tier beschäftigen	14	5
Musik hören	12	6

Bis zu drei Nennungen – von 100 Befragten

b Erfasse den Inhalt der Tabelle. Beantworte folgende Fragen.

1 Was wird in der Tabelle dargestellt?
2 Welche Daten werden aufgeführt? Lies dazu die Überschriften der Spalten.
3 Welche Information wird in den Zeilen der Tabelle dargestellt?

c Richtig oder falsch? Entscheide mithilfe der Tabelle.

1 Jungen und Mädchen treffen sich am liebsten mit ihren Freunden.
2 Mädchen beschäftigen sich häufiger mit Tieren als Jungen.
3 Jungen und Mädchen nutzen gleich gern den Computer.

d Beantworte mithilfe der Tabelle die folgenden Fragen.

1 Welche Freizeitaktivitäten sind bei Jungen deutlich beliebter als bei Mädchen?
2 Was macht Mädchen deutlich mehr Spaß als Jungen?
3 Womit beschäftigen sich Jungen und Mädchen etwa gleich gern?

●●● **e** Denke dir für deine Mitschülerinnen und Mitschüler weitere Fragen zur Tabelle aus.

2

a Sieh dir das folgende Diagramm an.

Sportliche Aktivität von Jungen und Mädchen im Alter von 11 bis 13 Jahren

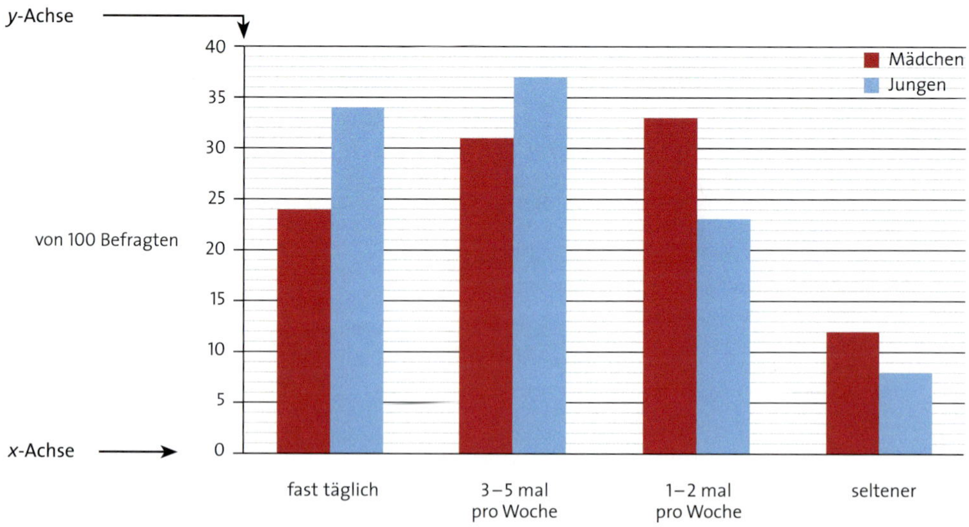

b Erfasse den Inhalt des Diagramms. Beantworte folgende Fragen.

1 Was ist im Diagramm dargestellt?
2 Welche Größen kannst du der *x*-Achse des Diagramms entnehmen?
3 Welche Größen kannst du der *y*-Achse des Diagramms entnehmen?

c Beantworte mithilfe des Diagramms die folgenden Fragen.

1 Treiben Mädchen oder Jungen häufiger Sport?
2 Gibt es mehr Mädchen oder mehr Jungen, die seltener als ein- bis zweimal in der Woche Sport treiben?
3 Wie viele Jungen von 100 Befragten treiben fast täglich Sport?
4 Worauf bezieht sich der höchste Wert im Diagramm?

So kannst du Informationen aus Tabellen und Grafiken entnehmen

1. Lies die Überschrift. Welches Thema wird behandelt?
2. Lies die Bezeichnungen der Achsen des Diagramms bzw. der Spalten und Zeilen der Tabelle. Was wird jeweils angegeben?
3. Entnimm den Darstellungen die konkreten Werte.
4. Vergleiche die Werte miteinander.
5. Ziehe Schlussfolgerungen aus dem Vergleich.

3 Sieh dir die folgende Grafik an. Welche Informationen kannst du ihr entnehmen? Schreibe eine Zusammenfassung in dein Heft.

Welche Sportarten Kinder betreiben

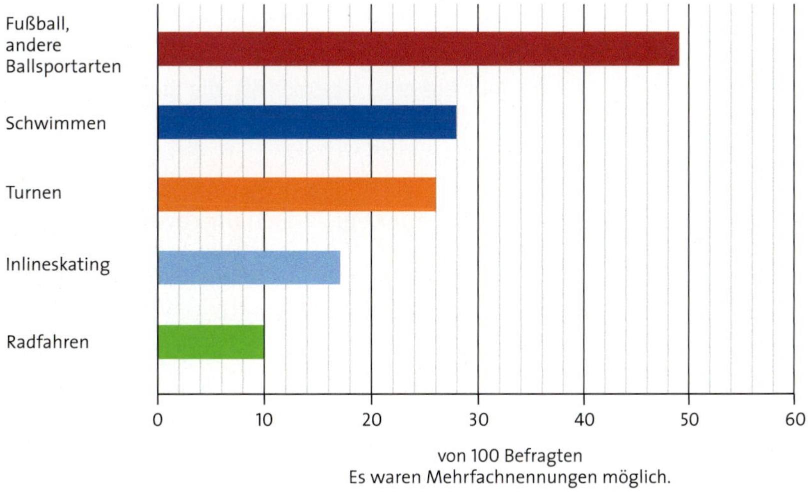

Teste dich selbst!

1

Den Text überfliegen

a Überfliege den folgenden Text und erfasse das Thema.

Einmal Milliardär sein – wer wünscht sich das nicht? So verwegen ist der Wunsch gar nicht, denn tatsächlich verfügen deutsche Kinder und Jugendliche über viel Geld. Zusammen besitzen sie über 6,4 Milliarden Euro! 3,8 Milliarden davon liegen auf Sparkonten. 2,6 Milliarden aber bringt ihr für Kino, Klamotten, Naschen usw. wieder unters Volk.
Ihr investiert euer Geld, das heißt, ihr gebt es für etwas aus, und das ist auch in Ordnung. Denn so wird die Wirtschaft am Laufen gehalten. Wenn alle nur sparen, ist das sogar schlecht für die Volkswirtschaft.
Doch ihr müsst auch gut überlegen, wie ihr euer Geld ausgebt. Wer wenig Taschengeld hat, kennt dieses Problem nur zu gut. Ein Taschengeldplan hilft, dass das Portmonee nicht schon Mitte des Monats wieder leer ist. […]
Richtig Geld auszugeben, ist fast so schwierig wie Geld zu verdienen. Denn eure vielen Milliarden geben euch auch Macht. Deshalb überlegt gut: Wen und was wollt ihr damit unterstützen? Zum Beispiel sind Bioprodukte oder fair gehandelte Waren zwar teurer als Billigwaren, aber […] besser für Umwelt und Gesellschaft. Wer dagegen nur nach der Devise »Je billiger, desto besser« kauft, darf sich nicht wundern, wenn seine Waren unter unwürdigen Bedingungen in Dritte-Welt-Ländern hergestellt wurden – und das kleine Geschäft um die Ecke, in dem einen die Verkäufer wirklich noch beraten, verschwindet. Es lohnt sich also zu überlegen, wofür und warum ihr euer Geld ausgebt.

b Notiere eine Überschrift, die auf das Thema des Textes hinweist.

2

Fragen an den Text beantworten

a Lies den Text gründlich und beantworte die Fragen schriftlich.

1. Warum ist das Taschengeld der Kinder und Jugendlichen für die Wirtschaft interessant?
2. Wie sollte man sein Geld richtig ausgeben?

●●● **b** Formuliere den letzten Satz als Bitte der Autorin.

●●● **c** Überlege, warum die Autorin ihren Text nicht gleich mit dem zweiten Abschnitt begonnen hat. Notiere mindestens einen Grund.

Das Wichtigste zusammenfassen

3

a Lies den Text Abschnitt für Abschnitt und überlege, was das Wichtige in jedem Abschnitt ist. Notiere es in Stichpunkten.

b Lies den Text noch einmal und überprüfe, ob du alle wichtigen Informationen erfasst hast.

Einzelne Informationen finden

4 Wie viel Geld besitzen deutsche Kinder?

a Suche den Abschnitt, der die Antwort auf diese Frage enthält.

b Lies diesen Abschnitt gründlich. Antworte in ein bis zwei Sätzen.

Ein Diagramm auswerten

5

a Welche Größen beinhalten die beiden Achsen des Diagramms?

Werden schon Kinder durch Werbung dazu verleitet, Dinge zu kaufen, die sie nicht brauchen?

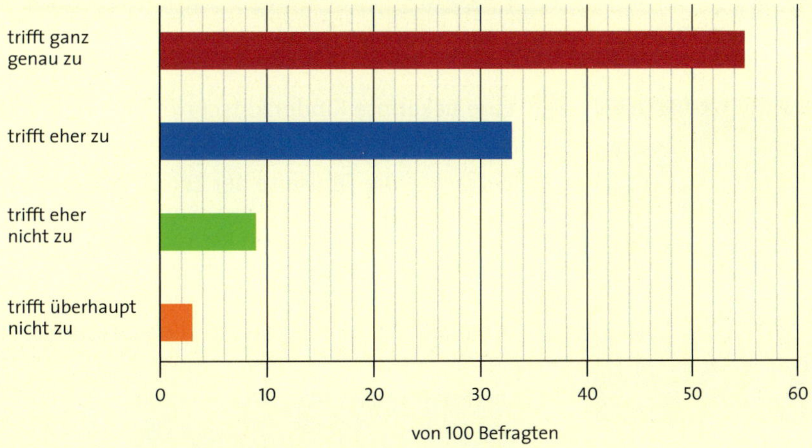

b Entscheide mithilfe des Diagramms, ob die folgenden Aussagen richtig oder falsch sind.

1. Die Mehrheit der Befragten meint, dass die Werbung Kinder nicht dazu verleitet, Dinge zu kaufen, die sie nicht brauchen.
2. 33 von 100 Befragten meinen, die Aussage trifft ganz genau zu.
3. Nur 3 von 100 Befragten glauben, dass die Werbung einen geringen Einfluss darauf hat, was Kinder kaufen.

Informationen sammeln

Sich in Zeitschriften informieren

1

a Überlegt, für welche Zwecke ihr im Alltag nach Informationen sucht.

b Tragt zusammen, wo man sich allgemeine Informationen besorgt und wo man Informationen zu speziellen Themen erhalten kann.

c Tauscht euch darüber aus, welche Quellen ihr selbst zur Informationssuche nutzt.

2 Für Kinder gibt es viele verschiedene Zeitschriften.

a Tragt zusammen, welche Kinderzeitschriften ihr kennt und gern lest.

b Tauscht euch darüber aus, wie ihr beim Lesen dieser Zeitschriften vorgeht.

3 Eine bekannte Kinderzeitschrift ist GEOlino.

a Betrachte die Titelseite der Zeitschrift und sage, welche Inhalte du erwartest.

b Lies das Inhaltsverzeichnis. Überlege, welche Textinhalte du erwartest. Welches Thema interessiert dich besonders? Begründe, warum.

Inhalt

Diesmal:

TITELTHEMA
22 FLAMINGOS
Zart und zerbrechlich wirken die Vögel. Dabei sind Flamingos ziemlich zähe Burschen

12 MEGASTÄDTE
Teil 3 unserer Serie: Trotz Dauerstau, Gestank und Hitze ist Lagos ein begehrter Wohnort

20 WETTBEWERB
Toll! Ihr habt 577 Motive für die Schachtel unseres Pflanzen-Quartetts entworfen. Wir durften das Gewinnerbild küren

Jedes Mal:

3 EDITORIAL
Wer ist Minion? Was machen die »Wadenbeißer?« Ab diesem Heft ist manches neu

6 MENSCHENSKINDER!
Pucks schlagen, Fledermäuse füttern, auf Bastinseln wohnen – aus dem Leben der Kinder dieser Welt

28 RATSPORT
Sieben knifflige Knobeleien zum Kopfzerbrechen

40 FÜR EUCH
Neues zum Lesen, Spielen, Angucken – von uns getestet und für gut befunden!

30 LATERNE, LATERNE
November ist bei uns Laternenzeit. Doch auf der ganzen Welt entzünden Menschen Lichter. Warum eigentlich?

34 EURE MEINUNG ZÄHLT!
Freundschaft, Mut, Umweltschutz – worauf kommt es wirklich an im Leben? Wir haben knapp 1000 Kinder befragt!

42 EDELSTEINE
Viel Zeit, mächtig Hitze und viel Druck: Wie die kostbaren Klunker entstehen

50 BASTELTIPP
Pech für Juweliere: Wir zeigen euch, wie ihr echte Kristalle im Becher züchtet

64 PHANTOMBILDER
So arbeiten die Gesichts-Experten der Kriminalpolizei

54 BILDERRÄTSEL
Gute Aussichten? Fehlersuche auf den Dächern der Stadt

58 UNICEF
Wie in Thailand ein Fotokurs Freundschaften stiftet

62 PLANET LINO
Von »außerirdischen« Ameisen und Motorrädern zum Anziehen: die verrücktesten Nachrichten des Monats

68 RATEKRIMI
Die rätselhafte Greisin – ein Fall für die »Redaktion Wadenbeißer«

72 HIER SCHREIBT IHR!
Leserbriefe, Dr. Albaum antwortet, Fragebogen

c Lies noch einmal das Inhaltsverzeichnis aus Aufgabe b. Nenne die Seiten, auf denen du etwas über Kinder aus aller Welt erfahren könntest. Begründe deine Entscheidung.

! **Zeitschriften** erscheinen **regelmäßig** (einmal pro Woche, einmal pro Monat usw.) und richten sich an bestimmte Leser, z. B. an Kinder. Bei einer Zeitschrift erkennt man meist schon am **Titelbild**, welche Leitthemen in der Ausgabe behandelt werden.
Das **Inhaltsverzeichnis** hilft dabei, sich einen schnellen Überblick über den Inhalt der Zeitschrift zu verschaffen und gezielt nach Informationen zu suchen.

4 Sieh dir die Titelbilder der folgenden Zeitschriften an. Überlege, in welcher von ihnen du Informationen über das Leben in anderen Ländern findest.

5 Neben GEOlino gibt es weitere Zeitschriften, die viele interessante Themen und Fakten für Kinder bereithalten.

a Nimm deine Lieblingszeitschrift und beschreibe das Titelbild. Welche Inhalte erwartest du in diesem Heft?

b Lies und untersuche das Inhaltsverzeichnis. Bestätigt sich deine Vermutung, die du beim Betrachten des Titelbildes hattest?

Im Lexikon Informationen suchen

> ! Ein **Lexikon** (Plural: Lexika) ist ein alphabetisch geordnetes Nachschlagewerk. Darin werden Begriffe und Namen aus allen Wissensgebieten erklärt. Auch Wörterbücher gehören zu den Lexika, da in ihnen die Bedeutung von Wörtern erklärt wird.

1 Beschreibe den Aufbau des folgenden Lexikonartikels.

Landesnatur: Die Anden nehmen fast zwei Drittel von Peru ein. Sie gliedern sich im Süden in zwei z. T. vulkanische Ketten (Misti 5842 m, Nudo Coropuna 6613 m), die an der Grenze nach Bolivien ein trockenes Hochbecken, das *Altiplano* mit dem Titicacasee, einschließen, während im Norden drei Ketten ausgebildet sind. Nach Osten senkt sich das Land über die Hügellandschaft der *Montaña* zum Amazonastiefland (*Selva*). – Das Gebirge (*Sierra*) trägt überwiegend Kältesteppen, das Küstenland (*Costa*) ist teilweise wüstenhaft. Die Montaña und Selva werden von tropischen Regenwäldern eingenommen.

2 Suche aus einem Lexikon Informationen über Peru heraus.

a Übertrage die folgende Tabelle in dein Heft und ergänze sie.

Informationen über Peru	Lexikon, Verlag, Erscheinungsjahr
Staat in Südamerika, 27,9 Millionen Einwohner, …	Bertelsmann Jugendlexikon, Wissen Media Verlag, 2008 …

b Beschreibe, wie du bei der Suche im Lexikon zum Thema »Peru« vorgegangen bist.

c Formuliert *W*-Fragen zu Peru. Stellt und beantwortet sie euch gegenseitig. Nutzt dazu die Informationen aus dem Lexikon.

→ S. 42 Berichten

3 Sucht in verschiedenen Lexika Informationen zu Kinderrechten.

a Tragt die Informationen in einer Tabelle wie in Aufgabe 2 a zusammen.

b Tauscht euch darüber aus, welche Informationen ihr gefunden habt.

In Sachbüchern Informationen suchen

1 Sachtexte informieren den Leser über ein bestimmtes Thema.

a Stellt Vermutungen darüber an, was Sachbücher sein könnten.

b Nennt Sachbücher, die ihr kennt und gern lest.

2 Du suchst in einem Sachbuch Informationen zum Thema »Kinderrechte«.

a Beschreibe, wie du bei der Suche vorgehen würdest.

b Tragt zusammen, welche Möglichkeiten es gibt, schnell zu erkennen, über welche Themen ein Sachbuch informiert.

> **!** **Sachbücher** vermitteln in allgemein verständlicher Sprache Wissen für eine breite Leserschaft. Um Informationen zu einem bestimmten Thema zu finden, muss man geeignete Sachbücher suchen. **Inhaltsverzeichnis**, **Klappentext** und **Register** helfen, sich einen ersten Überblick über die im Buch behandelten Fragen zu verschaffen.

c Wähle ein Sachbuch aus und beschreibe seinen Aufbau.

3 Im Sachbuch »Die Kinder-Uni 2: Forscher erklären die Rätsel der Welt« können sich Kinder über wissenschaftliche Themen informieren.

a Stelle mithilfe des Klappentextes Vermutungen an, ob du in diesem Buch Informationen zum Thema »Kinderrechte« finden wirst.

Start frei für das zweite Semester an der Kinder-Uni!
Warum dürfen Erwachsene mehr als Kinder?
Warum sind die griechischen Statuen nackt?
Warum bin ich Ich?
Warum fallen die Sterne nicht vom Himmel?
Ein geistreiches und unterhaltsames Wissensbuch nicht nur für junge Leser.

b Lies das Inhaltsverzeichnis. In welchem Kapitel könntest du Informationen über Kinderrechte finden?

Inhalt

4 Sucht weitere Sachbücher für Kinder, in denen ihr Informationen über Kinderrechte finden könntet.

a Lest den Klappentext. Stellt Vermutungen an, ob die gesuchten Informationen hier zu finden sind.

b Seht euch das Inhaltsverzeichnis und das Register an. Prüft, ob ihr das Gesuchte findet.

! Wenn man einem Buch **Informationen** zum gesuchten Thema **entnommen** hat, muss man die genaue Quelle angeben.
Eine **Quellenangabe** muss Folgendes enthalten:
- Autorin/Autor: *Janßen, Ulrich und Steuernagel, Ulla:*
- Titel: *Die Kinder-Uni 2: Forscher erklären die Rätsel der Welt.*
- Ort, Verlag, Jahr: *München: Deutsche Verlagsanstalt, 2004,*
- Seitenzahl, woher die Information stammt: *S. 54–58.*

c Wenn ihr in eurem Buch Material gefunden habt, stellt eine Quellenangabe nach dem folgenden Muster zusammen.

Autorin/Autor: Titel. Ort: Verlag, Jahr, Seitenzahl.

Im Internet Informationen suchen

1 Ihr könnt auch im Internet Material über Kinderrechte suchen.

a Nennt Suchmaschinen, die ihr schon benutzt habt.

b Wählt eine Suchmaschine aus. Gebt die Adresse in das Adressfeld des Internetfensters ein.

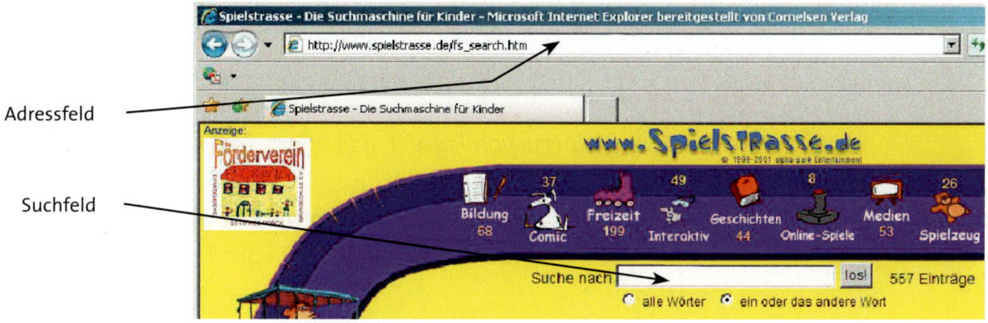

c Überlegt euch Schlagwörter zum Thema »Kinderrechte«, die ihr ins Suchfeld eingeben könnt.

Kinderrechte, Kinderschutz, …

! Wenn man Informationen und Textstellen **aus dem Internet** entnimmt, muss man, wie bei Büchern auch, die **Quellenangabe** notieren. Sie sollte folgende Angaben enthalten:

- Autorin/Autor (wenn möglich): *Eichholz, Reinald:*
- Titel und Untertitel des Beitrags: *Die Rechte des Kindes.*
- »Online im Internet« sowie die Internetadresse: *Online im Internet: http://kindersache.de/bereiche/deine-rechte/rechte-für-kinder/buch/von-der-geburt-hat-jedes-kind-seine-rechte*
- Abrufdatum, z. B.: *[14.08.2012]*

d Schreibt die Informationen zum Thema »Kinderrechte« auf und notiert dahinter die Quelle.

– Jeder Mensch hat das Recht zu leben, auch jedes Kind. Aus: Eichholz, Reinald: Die Rechte des Kindes. Online im Internet: http://kindersache.de/bereiche/deine-rechte/rechte-für-kinder/buch/von-der-geburt-hat-jedes-kind-seine-rechte [14.08.2012]

!

Du kannst auch ohne Suchmaschine im Internet nach Informationen zu interessanten Themen suchen. Dazu musst du geeignete Internetseiten kennen. Bekannte **Internetadressen für Kinder** sind z. B.:

logo!	logo.tivi.de
GEOlino	http://www.geo.de/GEOlino

Wenn man eine bestimmte Internetseite häufiger und schnell aufsuchen möchte, kann man sie auch in seinem Internetbrowser als Lesezeichen bzw. Favorit speichern.

2

a Gib die Adresse von *logo!* in das Adressfeld ein. Beschreibe die Seite.

b Suche unter dem Punkt *Wissen* im Nachrichtenlexikon oder über die Suchfunktion mindestens einen Text zum Thema »Kinderrechte«.

c Schreibe die Informationen mit Quellenangabe in dein Heft.

So kannst du Informationen suchen

1. Überlege dir Schlüsselwörter zum Thema.
2. Lies den Klappentext, das Inhaltsverzeichnis und das Register von Zeitschriften und Büchern.
3. Gib die Schlüsselwörter im Internet in eine Suchmaschine ein.
4. Blättere die gefundenen Seiten durch und überfliege den Text.
5. Überprüfe, ob er die gesuchte Information enthält.

TIPP
Sammelt Informationen zu möglichst vielen Kinderrechten.

3 Wähle dir ein Kinderrecht aus und informiere dich darüber, wie es mit der Umsetzung dieses Rechts in der Welt aussieht.

a Suche in allen möglichen Informationsquellen nach Informationen: in Lexika, Kinderzeitschriften, Sachbüchern und dem Internet.

b Gestaltet ein Plakat zum Thema »Kinderrechte in der ganzen Welt«.

→ S. 118 Präsentieren
→ S. 42 Berichten

c Bereite einen kurzen Vortrag vor und halte ihn in der Klasse.

Was habe ich gelernt?

4 Überprüft, was ihr in diesem Kapitel über das Suchen von Informationen gelernt habt. Tauscht euch darüber aus.

Beschreiben

Eine Person beschreiben

1 Beim Wandertag in einem Vergnügungspark wird ein Schüler aus eurer Klasse gesucht.

a Ihr sollt ihn beschreiben. Als Hilfe könnt ihr zuerst einen Steckbrief anfertigen. Überlegt, was ihr dabei beachten müsst.

b Tragt zusammen, in welchen Situationen ihr schon einmal jemanden beschreiben musstet. Was war jeweils wichtig bei der Beschreibung?

2 Marvin wird in der Schule sein Handy gestohlen.

a Lies, was Marvin seinem Sportlehrer erzählt.

Wir hatten in der Turnhalle Sportunterricht. Plötzlich fiel mir ein, dass ich mein Handy nicht bei Ihnen abgegeben hatte. Es war noch im Schulrucksack im Klassenzimmer. Schnell lief ich in den Raum, um es zu holen. Die Tür zum Klassenzimmer war offen und ein Junge kam aus dem Klassenraum und rannte mich fast um. Es ging alles so schnell. Er hatte, glaube ich, einen dunklen Pullover und eine helle Hose an. Und Turnschuhe trug er. Aber mein Handy ist weg ...

Eine Personenbeschreibung untersuchen

b Ein anderer Schüler hat den Jungen auch gesehen und kann ihn beschreiben.

Der Junge war ungefähr 11 Jahre alt, etwa 1,50 m groß und sah sehr kräftig aus. Er trug ein dunkelgrünes T-Shirt mit weißen Streifen auf dem Rücken, eine hellbraune Jeans und weiße Turnschuhe, die vorn einen breiten, silbern leuchtenden Streifen hatten. Seine Augen und die Haare waren dunkelbraun. Ich weiß das so genau, weil er einen Augenblick vor mir stehen blieb.

c Überlege, welche Personenbeschreibung besser geeignet ist, den Täter zu überführen. Begründe deine Meinung.

3 Ein Steckbrief kann dir bei der Personenbeschreibung helfen.

Eine Personenbeschreibung planen

a Übertrage die folgende Tabelle in dein Heft. Suche aus Aufgabe 2 b die für eine Beschreibung wichtigen Angaben heraus und trage sie in die rechte Spalte ein.

Merkmal	Beschreibung
Alter …	11 Jahre etwa 1,50 m groß

b Ergänze in der linken Spalte das beschriebene Merkmal.

!

Beim **Beschreiben einer Person** informiert man andere über die **äußeren Merkmale** eines Menschen, sodass die Person wiedererkannt werden kann. Umfang und Inhalt einer Personenbeschreibung hängen vom Adressaten und vom Zweck der Beschreibung ab. Folgende Angaben sollten enthalten sein:

• **Gesamterscheinung:**	Geschlecht, Alter, Größe, Figur
• **Einzelheiten:**	Gesicht, Augen, Nase, Mund, Haare, Arme, Beine, Kleidung, Schmuck, …
• **besondere Merkmale:**	Narben, Leberfleck, …

Eine Personenbeschreibung darf niemanden lächerlich machen oder beleidigen.

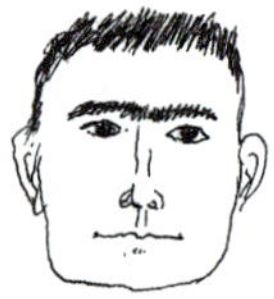

4 Übertrage die folgende Liste in dein Heft und ergänze sie.

Figur:	breitschultrig, groß, schmächtig, …
Gesicht:	bleich, eckig, länglich, pausbäckig, …
Augen:	braun, mandelförmig, groß, Kulleraugen, …
Augenbrauen:	buschig, schmal, zusammengewachsen, …
Nase:	lang, krumm, Stupsnase, …
Lippen:	breit, dünn, …
Zähne:	schief, strahlend weiß, sichtbare Plomben, …
Haare:	blond, kurz, lockig, …
Ohren:	abstehend, groß, spitz, …
Kinn:	breit, vorspringend, mit Grübchen, …

5 Ihr wollt euch in der Klasse mit dem Thema »Kinder hier und anderswo« beschäftigen. Unter anderem könnt ihr dazu Fotos nutzen und sie genau betrachten.

Eine Personenbeschreibung planen

a Suche dir aus, welche der folgenden Personen du beschreiben möchtest.

b Fertige zunächst einen Steckbrief an. Nutze den Merkkasten auf S. 40 und deine Aufzeichnungen von Aufgabe 3 und 4.

Einen Textentwurf schreiben

c Formuliere deine Personenbeschreibung in zusammenhängenden Sätzen.

Jan ist ein 11-jähriger Junge, der ca. 1,50 m groß ist und gern Fußball spielt. …

Den Entwurf überarbeiten

d Lest euch gegenseitig eure Personenbeschreibung vor und sucht das passende Foto aus Aufgabe a heraus. Gebt euch einander Hinweise zur Verbesserung der Beschreibung.

6 Du hast die Aufgabe, zum Thema »Kinder hier und anderswo« ein weiteres Kind zu beschreiben. Suche dir in einem Buch oder im Internet ein passendes Foto und beschreibe die Person.

Was habe ich gelernt?

7 Überprüfe, was du über das Beschreiben einer Person gelernt hast. Beantworte dazu die folgenden Fragen.

1. Warum beschreibt man Personen?
2. Wie kann man eine Personenbeschreibung gliedern?

Berichten

Über das Leben von Kindern berichten

! Ein **Bericht** informiert in der Regel knapp und sachlich über Ereignisse. Er beantwortet meist die wichtigsten *W*-Fragen. Die Auswahl der Informationen und die Gestaltung eines Berichts hängen davon ab, worüber, in welcher Situation, für welchen Zweck und für wen man berichtet.

1 Verfasse für ein Plakat über »Kinder in aller Welt« einen Bericht.

a Wiederhole mithilfe des Merkkastens, worauf man beim Berichten achten muss. Lies anschließend den folgenden Text.

Peru: Leben auf dem See

Bei jedem ihrer Schritte sinken Marias Füße ein bisschen in den Boden ein. Auf den Uros-Inseln im Titicacasee, dem größten See in Südamerika, läuft man wirklich so weich wie auf einem Waldboden. Denn jede der rund 40 Inseln im Nordwesten Perus besteht aus einer dicken Matte Schilf! Marias Vorfahren haben solche schwimmenden Teppiche schon vor 500 Jahren geflochten, um sich vor Feinden zu schützen. Ständig werden die Matten ausgebessert und erneuert.

Maria lebt hier seit ihrer Geburt. Die Zwölfjährige verlässt die Insel nur, um zur Schule zu gehen. Jeden Morgen setzt sie mit fünf anderen Kindern in einem kleinen Schilfboot zum Ufer über. Nach dem Unterricht kehrt sie zur Insel zurück und hilft ihrer Mutter bei der Arbeit. Marias Eltern leben von den Touristen, die ihre Insel besuchen. Sie verkaufen ihnen Kunsthandwerk. Nachmittag für Nachmittag verzieren Maria und ihre Mutter Decken und Wandteppiche. Die Motive, die sie sticken, zeigen das traditionelle Leben ihres Volkes.

Einen Hauch von Fortschritt und Modernität genießt das Mädchen am Abend mit ihrem Bruder. Dann läuft in der Ecke der Schilfhütte ein winziger Fernsehapparat, der mit Batterien betrieben wird. Einen Anschluss an das Stromnetz gibt es auf der Insel nicht.

Den Bericht planen

b Stelle eine Liste mit *W*-Fragen für einen Bericht zusammen.

Wer? Wo? Was? …

c Beantworte die *W*-Fragen mithilfe des Textes stichpunktartig.

Den Bericht entwerfen

d Schreibe den Bericht über das Leben von Maria mithilfe deiner Notizen. Lass einen breiten Rand für spätere Überarbeitungen.

Den Textentwurf überarbeiten

e Überarbeite deinen Entwurf. Nutze dazu die Arbeitsschritte und Tipps im Merkkasten.

→ S. 48 Eine Schreibkonferenz durchführen

!

Einen Bericht überarbeiten

1. Die Schreibaufgabe überdenken	
• Warum und für wen soll berichtet werden?	Lege vor dem Überarbeiten eine Pause ein.
2. Den Inhalt überarbeiten	
• Sind alle wichtigen *W*-Fragen beantwortet? • Was müsste ergänzt, was könnte gestrichen werden? • Sind alle Aussagen verständlich? • Passt die Überschrift? • Sind die Aussagen gut geordnet?	Überlege, welche Fragen die Leser deines Berichts haben könnten. Formuliere Teilüberschriften und ordne die Aussagen zu.
3. Die Wortwahl überprüfen	
• An welchen Stellen könnte anders formuliert werden? • Welche Wortwiederholungen sind vermeidbar? • Sind alle Begriffe (Namen, Bezeichnungen, Fachbegriffe) richtig verwendet? • Welche Zeitform ist sinnvoll?	Bilde Wortfelder. Probiere aus, welche Wörter/Wendungen am besten in deinen Text passen. 
4. Den Satzbau kontrollieren	
• Sind alle Sätze vollständig? • Sind die Sätze gut miteinander verbunden? • Wurden abwechslungsreiche Satzanfänge verwendet?	Oft lässt sich die Satzverbindung durch Umstellung der Satzglieder verbessern.
5. Die Rechtschreibung korrigieren	
• Welche Wörter muss ich nachschlagen? • Sind alle Satzschlusszeichen und Kommas richtig gesetzt?	Lies deinen Text Wort für Wort und Satz für Satz. 

2 Schreibe für die Klassenwandzeitung einen weiteren Bericht über das Leben von Kindern in Ecuador.

Informationen sammeln

a Lies den folgenden Text.

Gefährliche Arbeit auf Müllkippen

Rund ein Fünftel aller arbeitenden Kinder in Ecuador schuftet unter extrem harten und gefährlichen Bedingungen. Für tausende Familien ist das Sammeln und Sortieren von Müll die einzige Einnahmequelle. Häufig arbeiten die Eltern schon seit Jahren als Müllsammler, die Kinder müssen früh mithelfen. Zur Schule gehen die Kinder – wenn überhaupt – nur wenige Jahre. Bei der Arbeit auf den Müllkippen droht ständig Gefahr: Die Lastwagenfahrer nehmen keinerlei Rücksicht auf Kinder. Im Abfall lauern zudem Glas- und Metallsplitter, chemische Giftstoffe oder nicht getrennt entsorgter Abfall aus Krankenhäusern.

Durch verschmutztes Wasser oder Schädlinge kommt es häufig zu Haut- und Augeninfektionen oder Darmkrankheiten. […]

Das Bewusstsein für Kinderrechtsverletzungen ist gering: Viele Plantagenbesitzer oder Müll-Aufkäufer ignorieren, dass Kinder unter 15 Jahren nicht arbeiten dürfen. Verstöße werden bisher kaum geahndet. […]

Den Bericht planen

b Beantworte mithilfe des Textes stichpunktartig die *W*-Fragen.

Wer? Wo? *Kinder in Ecuador*
Was? *arbeiten auf Müllkippen, ...*

Den Bericht entwerfen

c Schreibe mithilfe deiner Notizen einen Bericht über das Leben von Kindern in Ecuador. Lass einen breiten Rand für spätere Überarbeitungen.

Den Textentwurf überarbeiten

d Überarbeite deinen Entwurf mithilfe der Arbeitsschritte auf S. 43.

3 Weltweit müssen Millionen Kinder für den Lebensunterhalt ihrer Familien arbeiten.

Informationen sammeln

a Sieh dir das folgende Diagramm an und ordne die entnommenen Informationen.

→ S.27 Einer Tabelle oder Grafik Informationen entnehmen

Kinderarbeit im Alter von 5 bis 14 Jahren

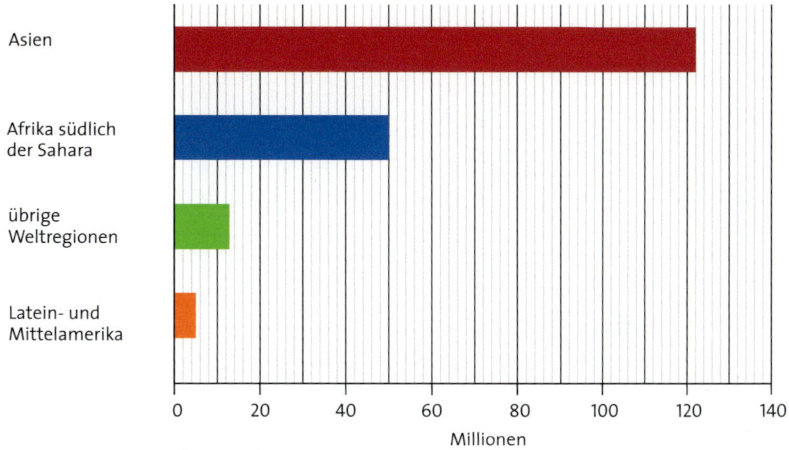

Textteile formulieren

b Formuliere die Informationen, die du dem Diagramm entnehmen kannst, in zusammenhängenden Sätzen.

In Asien arbeiten … Im Vergleich dazu …
Weltweit betrachtet …

Einen Bericht verfassen

4 Schreibe für die Wandzeitung einen Bericht zum Thema »Kinder in aller Welt«. Nutze dazu die Ergebnisse der Aufgaben 1 bis 3.

So kannst du einen Bericht schreiben

1. Denke über die Schreibaufgabe nach (Wem berichtest du worüber? Zu welchem Zweck?).
2. Ordne die Fakten, die du berichten möchtest, in der richtigen Reihenfolge. Nutze dazu z.B. die *W*-Fragen.
3. Schreibe einen Entwurf. Lass einen breiten Rand zum Korrigieren.
4. Überarbeite den Entwurf.
5. Schreibe die Endfassung.

Über ein Ereignis berichten

Berichte untersuchen

1 In welcher Zeitform hast du deine Berichte über Kinder in aller Welt verfasst? Begründe, warum du diese Zeitform verwendet hast.

2 Untersuche, in welcher Zeitform der folgende Bericht verfasst ist. Begründe, warum diese Zeitform gewählt wurde.

TIPP
Informiere dich genauer über Kinderrechte.

→ S.32 Informationen sammeln

Konferenz der Kinder

Letzte Woche fand an unserer Schule eine Kinderkonferenz statt. Zuerst wurden internationale Kinderrechte vorgestellt und diskutiert. Anschließend einigte man sich auf Möglichkeiten ihrer Umsetzung an der Schule. Zum Schluss wurde ein Arbeitsplan besprochen und der nächste Konferenztermin beschlossen.

●●● **3** Untersuche, welche Zeitformen im folgenden Bericht vorkommen. Begründe, warum diese Zeitformen gewählt wurden.

Internationale Kinderrechte

Vor einigen Jahren wurden internationale Kinderrechte verfasst. Zwar hat man sie in den reichen Industriestaaten oft diskutiert, nicht alle wurden jedoch verwirklicht. Auch hier werden manche Kinder ungerecht behandelt oder vernachlässigt, wie man jüngsten Meldungen entnehmen konnte. In vielen ärmeren Ländern sind die Kinderrechte aber überhaupt nicht bekannt. Das Leben der Kinder hat sich dort nur in einigen Regionen verbessert, weil man z. B. für sauberes Wasser gesorgt und Schulen gebaut hat.

! Welche Zeitform in Berichten verwendet wird, hängt von ihrem Inhalt und ihrem Zweck ab. **Schriftliche Berichte** über vergangene Ereignisse werden meist im **Präteritum** verfasst.

4

a Diese Sätze wurden mündlich vorgetragen. Bestimme die Zeitform.

TIPP
Untersuche die Verbformen.

1. Gestern hat an unserer Schule eine Kinderkonferenz stattgefunden.
2. Zuerst sind die Gäste vorgestellt worden.
3. Dann haben Yildiz und Tanja über Schulen in ihrer Heimat berichtet.

b Schreibe die Sätze für einen schriftlichen Bericht im Präteritum auf.

→ **S.169** Aktiv- und Passivformen der Verben

!

Berichte, in denen es unwichtig ist, wer handelt, werden in **unpersönlicher Ausdrucksweise** verfasst, z.B.:

- *Ein Zeitplan wurde beschlossen.* (Verbform im Passiv)
- *Man hat einen Zeitplan beschlossen.* (*man*-Form)

5

a In den Berichten der Aufgaben 2 und 3 wurden Mittel der unpersönlichen Ausdrucksweise verwendet. Schreibe sie heraus.

TIPP
Nutze Verbformen im Passiv und die *man*-Form.

b Formuliere die folgenden Sätze in unpersönliche Ausdrucksweise um.

1 Sie besprachen Maßnahmen zur Durchsetzung von Kinderrechten.
2 Sie überlegten, wie sie Kindern helfen könnten.
3 Sie beschlossen, Expertengruppen zu bilden.

1. Es wurden Maßnahmen zur ...

Einen Bericht verfassen

TIPP
Halte dich an die Arbeitsschritte auf S.45.

6 Berichte für die Schülerzeitung. Nutze dazu die folgenden ungeordneten Stichpunkte. Achte besonders auf das Präteritum und überlege, an welchen Stellen du unpersönlich formulieren solltest.

Internationaler Kindertag an unserer Schule
- Spiele, Sport, Kuchenbasar, internationale Snacks
- Höhepunkte: internationales Bühnenprogramm, Völkerball gegen Lehrer
- Teilnehmer, Gäste
- 1. Juni, Schulhof, Turnhalle geschmückt
- von Schülerinnen/Schülern organisiert

●●● **7** Berichte für die Schülerzeitung über ein Ereignis an eurer Schule, z.B. über eine Sportveranstaltung oder einen Klassenausflug.

Was habe ich gelernt?

8 Überprüfe, was du über das Berichten gelernt hast. Beantworte die folgenden Fragen.

1 In welchen Situationen und zu welchen Zwecken wird berichtet?
2 Was muss man beim Berichten beachten?
3 Wie kann man beim Überarbeiten eines Berichts vorgehen?
4 Was ist dir in diesem Kapitel leicht- oder schwergefallen?

Eine Schreibkonferenz durchführen

! In einer **Schreibkonferenz** werden Texte gemeinsam überarbeitet. Dabei überlegt und berät man in Gruppen, welche Stärken und Schwächen ein Text hat und welche Verbesserungsvorschläge unterbreitet werden können.

1 Besprecht, welche Vorteile es hat, Texte gemeinsam zu überarbeiten. Überlegt auch, welche Schwierigkeiten dabei auftreten können.

2 Begründet, warum man folgende Regeln einhalten sollte.

Regeln für eine Schreibkonferenz
- Kein Text wird lächerlich gemacht.
- Zuerst werden immer die Stärken genannt.
- Kritik wird immer mit Verbesserungsvorschlägen verbunden.
- Jede/Jeder entscheidet selbst, was sie/er ändern möchte.

3 Der Erfolg eurer Schreibkonferenz hängt davon ab, wie gut ihr die Gruppenarbeit organisiert. Wiederholt, was man dabei beachten sollte. Gestaltet ein Plakat mit den wichtigsten Regeln.

4 Seht euch die folgenden Karteikarten an. Tauscht euch darüber aus, warum sie für eine Schreibkonferenz hilfreich sein können.

Wortwahl
Wurden genaue Bezeichnungen (Nomen, Adjektive, Verben) gefunden? Welche Wortwiederholungen könnte man vermeiden?

Rechtschreibung/Zeichensetzung
Welche Fehler sind zu korrigieren? Welche Wörter sollten nachgeschlagen werden? Sind alle Satzschlusszeichen und Kommas richtig gesetzt?

Inhalt
Was könnte man ergänzen oder streichen? Passt die Überschrift?

Schreibaufgabe
Warum und für wen ist der Text geschrieben? Wurde die richtige Form gewählt?

Sätze
Sind die Sätze vollständig? Welche Satzanfänge sollte man ändern? Welche Satzglieder könnte man umstellen?

5 Probiert eine Schreibkonferenz aus.

→ S. 43 Einen Bericht überarbeiten

a Wiederholt zuerst, was man beim Überarbeiten von Berichten beachten sollte.

TIPP
Beachtet die unten stehenden Arbeitsschritte.

b Notiert Hinweise und Verbesserungsvorschläge für Ella, die folgenden Entwurf für einen Bericht in der Schulzeitung geschrieben hat.

Diskussion über den neuen Schulhof

Letzten Dienstag hat eine Diskussion über unseren Schulhof stattgefunden. Ich sollte teilnehmen und unsere Meinung sagen. Zuerst hat aber unser Schuldirektor seine Meinung gesagt. Danach waren einige Eltern dran, die ich nicht kenne. Danach hat noch jemand von der Baufirma geredet. Dann war ich endlich dran. Ich habe gesagt, was unsere Klasse von dem Vorschlag hält. Außer mir sind auch noch andere Klassensprecher zu Wort gekommen. Alle waren der gleichen Meinung. Am Schluss wurde abgestimmt.

So könnt ihr eine Schreibkonferenz durchführen

1. Bildet Gruppen und richtet eure Arbeitsplätze ein.
2. Schreibt wichtige Arbeitsschritte zum Überarbeiten von Texten auf Karteikarten.
3. Besprecht, in welcher Reihenfolge ihr vorgehen wollt. Ordnet eure Karteikarten entsprechend. Beginnt immer mit dem Nachdenken über die Schreibaufgabe.
4. Einigt euch, welcher Textentwurf zuerst überarbeitet werden soll. (Ihr könnt auch losen.)
5. Lest die Texte mehrfach laut vor und macht euch beim Zuhören Notizen. Konzentriert euch am besten immer auf eine der Karteikarten.
6. Vergleicht eure Notizen und formuliert Hinweise und Vorschläge für die Schreiberin / den Schreiber.
7. Am Schluss überarbeitet jede/jeder den eigenen Text und entscheidet selbst, welche Vorschläge sie/er aufnehmen möchte.

TIPP
Ihr könnt auch anonym (unerkannt) bleiben. Schreibt eure Texte mit dem Computer, legt sie in einen Karton und zieht dann Text für Text.

6 Wählt jetzt eigene Textentwürfe aus, die ihr gemeinsam überarbeiten wollt. Ihr könnt z. B. schon verfasste Erzählungen, Beschreibungen oder Berichte überarbeiten.

Mitteilungen verfassen

Eine SMS schreiben

1 Viele Jugendliche besitzen heute ein Handy.

a Lies die folgende Zeitungsmeldung.

> **In die Handy-Falle getappt**
> Ein 12-Jähriger hat nach seinem Umzug in eine andere Stadt innerhalb eines Monats über 2500 SMS an seine Freunde verschickt. Das sind mehr als 80 Kurzmitteilungen pro Tag! Als sein Vater die Telefonrechnung erhielt, wollte er es zuerst nicht glauben ...

b Nenne zwei Gründe, warum das SMS-Schreiben sehr beliebt ist.

→ S. 12 Auskünfte einholen

c Erkundige dich, wie teuer das Versenden einer SMS ist.

2

a Tragt zusammen, welche Vor- und Nachteile die Verständigung per SMS für euch hat. Stellt eure Ergebnisse in einer Tabelle dar.

Vorteile	Nachteile
...	...

b Tauscht euch darüber aus, in welchen Situationen ihr eine SMS schreiben würdet. Wann würdet ihr euch für eine E-Mail oder ein Telefongespräch entscheiden?

c Wann würdet ihr einen Brief schreiben, wann eine E-Mail? Begründet eure Meinung.

! Mit einem Handy kann man **SMS** (engl. *short message service* – Kurznachrichtendienst) zu einem anderen Handy schicken. Diese Kurzmitteilungen können 160 Zeichen enthalten.

3 Auch SMS-Botschaften unterliegen verschiedenen Regeln.

a Lest die folgenden SMS-Botschaften.

b Tauscht euch darüber aus, ob die SMS der Situation entsprechend formuliert sind.

c Formuliert unpassende SMS dem Anlass oder Empfänger entsprechend neu.

! Auch beim SMS-Schreiben sollte man genau überlegen, **an wen** und aus welchem **Anlass** man schreibt. Danach richtet sich:
- ob man die Person mit *du* oder *Sie* anredet,
- ob man ausführlicher und persönlich oder kurz und sachlich schreibt,
- wie man sich ausdrückt.

4 In SMS werden oft Emoticons und Abkürzungen verwendet.

→ http://www.blinde-kuh.de/smiley/tabelle.html

a Sieh dir die folgenden Emoticons an und ergänze eigene Beispiele.

:-)	Ich bin glücklich.	:-(	Ich bin traurig.
:D	Ich lache.	:'-(	Ich weine.
;-)	Ich scherze.	:-c	Ich bin unglücklich.

b Suche aus den Beispielen aus Aufgabe 3 a Emoticons heraus und erkläre ihre Bedeutung.

c Überlegt, ob man in allen SMS Emoticons verwenden könnte. Wann ist es vielleicht weniger angebracht? Besprecht, wovon das abhängt.

! In SMS kann man **Emoticons** (engl. *emotion* – Gefühl, *icon* – Bild, Zeichen) benutzen, um schnell seine Stimmung auszudrücken, z. B.:
:-) *Ich bin glücklich.* :-(*Ich bin traurig.*
Oft werden auch **Abkürzungen** aus Wortanfängen verwendet, z. B.:
FG freches Grinsen *LG Liebe Grüße*

d Prüfe, ob in den Beispielen in Aufgabe 3 a Abkürzungen verwendet wurden. Erkläre, was sie bedeuten könnten.

e Trage zusammen, welche Abkürzungen du noch kennst.

5 Julia will an ihre Freundin eine SMS schreiben.

a Lies ihren Entwurf.

Liebe Pia,
wir haben uns doch neulich darüber unterhalten, dass ich in den Osterferien mit meinen Eltern zu meiner Tante aufs Dorf fahre. Sag mal, was hältst du davon, wenn du mitfährst? Dann bin ich nicht so alleine und du kommst auch mal raus aus deiner Bude. Wir könnten uns gemeinsam ein paar nette Tage machen. Willst du? Dann frage doch gleich mal deine Eltern.
Liebe Grüße, bis bald!
Julia

b Prüfe, ob der Entwurf sich für eine SMS eignet.

TIPP
Nutze auch Emoticons und Abkürzungen.

c Schreibe für Julia einen Entwurf für die SMS.
Beachte, dass du nur 160 Zeichen zur Verfügung hast.

6 Schreibe einen kurzen SMS-Text an eine Freundin oder einen Freund.

1. Lade sie/ihn zu einem Kinobesuch ein.
2. Bitte sie/ihn, dir eine bestimmte CD auszuleihen.
3. Entschuldige dich, dass du zu eurer Verabredung leider nicht kommen kannst.

Ein Formular ausfüllen

1 In vielen Situationen müsst ihr Formulare ausfüllen.

a Tauscht euch darüber aus, wann und wo ihr schon einmal Formulare ausgefüllt habt.

b Wenn ihr Leser in einer Bibliothek seid, habt ihr ein Anmeldeformular ausgefüllt. Tauscht euch darüber aus, wie euch das gelungen ist.

2 Der Fahrradpass ist ein Formular, das dich – richtig ausgefüllt und gut aufgehoben – vor viel Ärger schützen kann.

a Schau dir zunächst den folgenden Fahrradpass an.

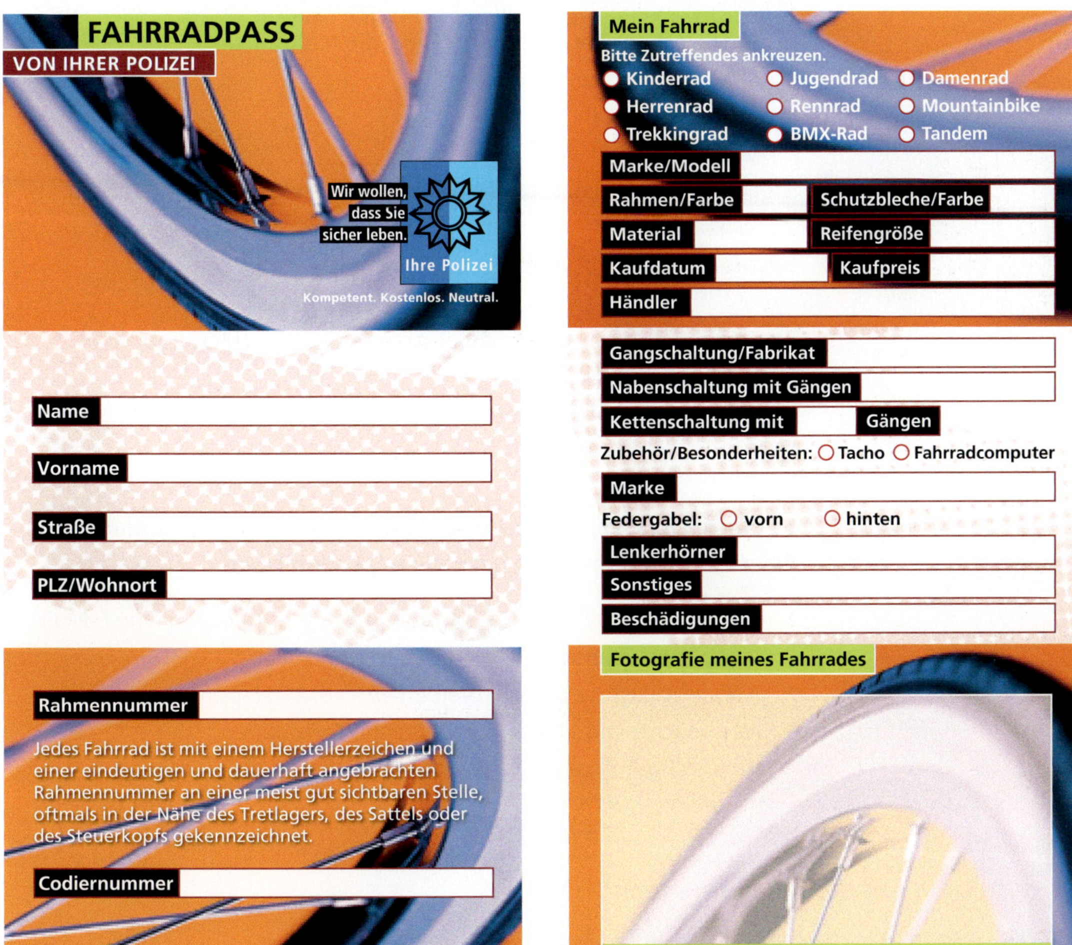

FAHRRADPASS
VON IHRER POLIZEI

Wir wollen, dass Sie sicher leben.
Ihre Polizei
Kompetent. Kostenlos. Neutral.

Name
Vorname
Straße
PLZ/Wohnort

Rahmennummer

Jedes Fahrrad ist mit einem Herstellerzeichen und einer eindeutigen und dauerhaft angebrachten Rahmennummer an einer meist gut sichtbaren Stelle, oftmals in der Nähe des Tretlagers, des Sattels oder des Steuerkopfs gekennzeichnet.

Codiernummer

Mein Fahrrad
Bitte Zutreffendes ankreuzen.
○ Kinderrad ○ Jugendrad ○ Damenrad
○ Herrenrad ○ Rennrad ○ Mountainbike
○ Trekkingrad ○ BMX-Rad ○ Tandem

Marke/Modell
Rahmen/Farbe | Schutzbleche/Farbe
Material | Reifengröße
Kaufdatum | Kaufpreis
Händler

Gangschaltung/Fabrikat
Nabenschaltung mit Gängen
Kettenschaltung mit … Gängen
Zubehör/Besonderheiten: ○ Tacho ○ Fahrradcomputer
Marke
Federgabel: ○ vorn ○ hinten
Lenkerhörner
Sonstiges
Beschädigungen

Fotografie meines Fahrrades

b Überlege, wann er ausgestellt wird und wozu er dient.

c Wo ist der ausgefüllte Fahrradpass am sichersten aufgehoben? Begründe.

TIPP
Schreibe in gut lesbaren Druckbuchstaben.

e Schreibe alle Angaben, die du ins Formular eintragen möchtest, zuerst in dein Heft.

f Trage dann alle Angaben in eine Kopie des Formulars ein.

! Für viele Zwecke gibt es **Formulare**. Sie sollten möglichst sorgfältig in gut lesbaren Druckbuchstaben ausgefüllt werden.
Verwende bei Bedarf **Abkürzungen**, z. B. *Straße – Str.*
Vor dem Ausfüllen sollte man sich das ganze Formular ansehen und überlegen, welche Angaben einzutragen sind. Man kann auch zuerst eine Kopie des Formulars ausfüllen, die man für seine eigenen Unterlagen aufbewahrt.

3 Stelle dir vor, du möchtest Mitglied in einem Sportverein werden.

a Besorge dir ein Aufnahmeformular und lies es genau.

b Schreibe alle Angaben, die du eintragen musst, zuerst in dein Heft.

c Fülle dann das Aufnahmeformular aus.

Was habe ich gelernt?

4 Überprüfe, was du über SMS und das Ausfüllen von Formularen gelernt hast. Beantworte dazu die folgenden Fragen.

1. In welcher Situation schreibst du eher eine SMS, wann eine E-Mail? Wann telefonierst du?
2. Worauf musst du beim Schreiben einer SMS achten?
3. Was beachtest du beim Ausfüllen von Formularen?
4. Für welche Aufgabe hast du lange gebraucht, bis du mit der Lösung zufrieden warst?

Gerhard Schöne

Lass uns eine Welt erträumen

Lass uns eine Welt erträumen, die den Krieg nicht kennt,
wo man Menschen aller Länder seine Freunde nennt.
Wo man alles Brot der Erde teilt mit jedem Kind,
wo die letzten Diktatoren Zirkusreiter sind.

Lass uns eine Welt erträumen, wo man singt und lacht,
wo die Traurigkeit der andern selbst uns traurig macht.
Wo man trotz der fremden Sprache sich so gut versteht,
dass man alle schweren Wege miteinander geht.

Lass uns eine Welt erträumen, wo man unentwegt
Pflanzen, Tiere, Luft und Wasser wie einen Garten pflegt.
Wo man um die ganze Erde Liebesbriefe schreibt
und dann lass uns jetzt beginnen, dass es kein Traum bleibt.

1 Fasse zusammen, von welcher Welt der Liedermacher Gerhard Schöne träumt.

2 Beschreibe die Welt, die du dir erträumst.

3 Besorgt euch in der Bibliothek die CD von Gerhard Schöne »Kinder-Lieder-Galerie« und singt das Lied gemeinsam.

Nazif Telek

Sesamring-Verkäufer

Einige Kinder sind Schuhputzer
von morgens bis abends.
Einige sind Sesamring-Verkäufer
auf den Straßen.
Einige sind Schneiderhelfer
in Schweiß gebadet bei der Arbeit.
Einige sind Teppichweber,
auch wenn sie krank sind.
Einige sind verkauft worden
für die Lust einiger Leute.
Welche sind Obstpflücker
in heißen Obstfeldern.
Einige sind im Krieg,
können gar nicht spielen.
Einige sind gestorben,
denn sie hatten nichts zu essen.
Einige haben von allem zu viel.

1 Welche Gefühle ruft dieses Gedicht in euch hervor? Tauscht euch darüber aus.

2 Notiere, wie das Leben von Kindern in diesem Gedicht beschrieben wird.

3 Überlege, was Nazif Telek mit seinem Gedicht aussagen möchte. Achte besonders auf die letzte Verszeile.

→ S. 244 Merkwissen

4 Schreibe ein Parallelgedicht zu »Sesamring-Verkäufer«. Überlege dir zunächst, was du über die Kinder in deiner Umgebung weißt.

Nach dem Tod seiner Mutter ändert sich für Juma alles:
Mit der Stiefmutter versteht er sich nicht, der Vater wird zum Trinker. Juma läuft schließlich von zu Hause weg und sucht in der Hafenstadt Daressalam sein Glück. Doch das Leben als Straßenkind ist nicht leicht.

Nasrin Siege

Juma. Ein Straßenkind aus Tansania

Ich habe neue Freunde gefunden. Nyota und Muhamedi, die wir schon in den ersten Tagen getroffen haben, sind unzertrennlich – so wie Akbar und ich. Nyota ist kleiner als Muhamedi und sieht ganz pfiffig aus. Einmal habe ich beobachtet, wie er einen Mann anbettelte. Während er ihn ablenkte, hat Muhamedi versucht, dem Mann das Portmonee aus der Hosentasche zu ziehen. Der hat das aber gemerkt und Muhamedis Hand gepackt. Da hat Nyota ihn, so stark er konnte, ans Schienbein getreten und der Mann ließ Muhamedi sofort los. Wie der Blitz sind die zwei dann losgesaust. So schnell konnte ich nicht einmal gucken.
»Wenn du willst, kannst du mit uns kommen«, sagten sie heute Morgen. Aber ich bin lieber allein. Eines Tages werden sie bestimmt beim Klauen erwischt und dann möchte ich nicht dabei sein, denn ich weiß, was ihnen dann blüht. Sie werden von den Leuten an Ort und Stelle verprügelt und können nur hoffen, dass die Polizei eingreift und sie mitnimmt.
Ein paarmal habe ich gesehen, wie Polizisten Diebe festgenommen und abgeführt haben. Und die sind auch nicht gerade zimperlich mit ihnen umgegangen. Wenn mehrere Gefangene zur Polizeistation, zum Gericht oder ins Gefängnis abgeführt werden, knoten die mit Gewehren bewaffneten Polizisten die Diebe an ihren Hemden zusammen. So kann keiner weglaufen. Viele Leute bleiben dann stehen, und manche lachen sie aus und verspotten sie. Ich jedenfalls will von keinem Menschen verprügelt und niemals so durch die Stadt getrieben werden! [...]
Mein Bauch ist ein tiefes Loch. »Njaa inauma« – »der Hunger tut weh«, bettle ich die Passanten an. Zurzeit habe ich kein Glück. Zwei größere Jungen haben mich vertrieben, als ich wie Akbar Autos bewachen wollte, und niemand bleibt stehen und gibt mir was. Müde setze ich mich an den Straßenrand.
Wie es wohl ist, wenn man reich ist? Auf alle Fälle hat man nie Hunger. Hier in Dar[1] gibt es viele reiche Leute. Die meisten leben außerhalb der Innenstadt in prächtigen Häusern mit großen Gärten und hohen Mauern drum herum, und sie haben Autos.

[1] *Abkürzung für* Daressalam

Damit fahren sie bestimmt jede Woche ins Kino, und weil sie Eintrittskarten kaufen, können sie den Film auch hören. Ihre Kinder haben bestimmt alle möglichen Spielsachen und Fahrräder und gehen in die Schule, weil sie das Schulgeld und die Schuluniform bezahlen können.

Der Hunger treibt mich hoch und ich laufe weiter. […]

Auf dem Markt sehe ich Doto, der mit seinem Jutesack über der Schulter auf mich zukommt.

»Hast wohl Hunger?«, fragt er mich. Er öffnet den Sack, greift hinein und zieht eine halbe Karotte hervor.

»Hier, iss! Schmeckt gut und hilft!«

»Danke«, sage ich und beiße in die Karotte.

Doto nickt mir zu, hängt sich seinen Jutesack wieder um und will weitergehen.

»Warte auf mich«, sage ich hastig und laufe neben ihm her, obwohl mir Moussa erzählt hat, dass Doto am liebsten allein unterwegs ist. »Ich komme mit.«

»Wenn du willst«, sagt Doto zögernd und setzt seinen Weg fort. Immer wieder bleibt er an den verschiedenen Marktständen stehen und fast überall bekommt er etwas zugesteckt, mal eine angefaulte Gurke, woanders drei Kartoffeln und eine Zwiebel, dann wieder ein paar weiche Bananen.

»Die Leute kaufen das nicht mehr, ist ihnen zu schlecht. Und das ist mein Glück!«

Ich bleibe noch eine Weile bei Doto. Als er sich zu einem alten Mann an dessen Stand setzt und sich unterhält, winke ich ihm zu und verschwinde. […]

1 Notiere, was du über den Alltag der Straßenkinder erfährst.

2 Achte beim Weiterlesen darauf, wie die Kinder Geld verdienen.

Am Hafen treffe ich Nyota und Muhamedi.

»Hast du Geld?«, fragt Nyota, und als ich ihm meine leeren Hände zeige, zieht er strahlend einen Tausender hervor.

»Komm, ich lad dich ein«, sagt er.

»Wo hast du den her?«

»Hab gearbeitet«, behauptet er und beide kichern. An einem Stand kauft er uns zwei Fleischspieße, drei Portionen gebratene Kartoffeln und eine Cola.

»Was hast du gearbeitet?«, frage ich.

»Hab was verkauft«, sagt er mampfend.

»Und was?«

»Geht dich nichts an«, sagt Muhamedi lässig.

Dann laufen wir zum Strand, ziehen uns aus und rennen ins Wasser. Es tut so gut, nicht hungrig zu sein, Freunde zu haben und im Meer zu baden. Als wir dann faul im Sand liegen, erzählt Nyota, dass er einen Autoscheinwerfer gestohlen und verkauft hat. [...]

Später ziehen wir unsere fast trockenen Sachen an und schlendern durch die Straßen.

Zwei Mädchen betteln eine Ausländerin an, die ihr Auto vor einem Café parkt. Sie lächelt sie freundlich an und schüttelt den Kopf. Dann sieht sie uns und fragt, ob wir ihr Auto bewachen könnten.

»No problem, yes, Madam, no problem!«, sagt Nyota strahlend und die Frau läuft eilig auf die andere Straßenseite, gefolgt von den Mädchen, die sie immer noch anbetteln.

»Toyota«, sagt Nyota, während er und Muhamedi den Wagen von allen Seiten fachmännisch betrachten. »Sehen gut aus, die Scheinwerfer.«

Sie lachen, als sie mein erschrockenes Gesicht bemerken.

»Keine Sorge«, beruhigt mich Nyota, »wir klauen sie schon nicht. Wir passen auf, dass niemand anders sie klaut.« Als die Frau zurückkommt, gibt sie jedem von uns hundert Shilling.

Wir bewachen hier noch andere Autos. Am Abend habe ich so insgesamt neunhundert Shilling verdient. Das war also doch kein Pechtag heute!

3 Schreibe zu den Straßenjungen Juma, Doto, Nyota und Muhamedi auf, was du jeweils über ihre Situation erfährst. Trage deine Ergebnisse geordnet in eine Tabelle ein: Freunde, Beschaffen von Geld oder Lebensmitteln, Kriminalität.

4 Sucht aus dem Text Beispiele für den Zusammenhalt der Jungen heraus. Wie helfen sie sich gegenseitig?

5 Gestaltet ein Plakat über Tansania.

Seit Jakobs Vater seine Arbeit verloren hat, gibt es in der Familie Probleme. Schließlich läuft Jakob von zu Hause weg. Am Berliner Bahnhof Zoo lernt er Hugo kennen. Dieser alte Obdachlose wird für kurze Zeit so etwas wie ein Freund.

Benno Pludra

Jakob heimatlos

Vom Café aus, vor den breiten, teilweise schon geöffneten Türen, hat man runde Tische über den halben Gehsteig verteilt, Stühle aus Rattanrohr dazu, auf denen erste Gäste sitzen. Kaffeeduft weht, Löffelchen klimpern und die blauen Schürzchen von drei Serviererinnen sind emsig unterwegs.

»Guck nicht so hin«, sagt der alte Hugo zu Jakob. »Sonst denken die noch, du willst ein Kringelchen haben, geschenkt«, aber Jakob, am U-Bahn-Gitter aufrecht neben dem alten Hugo, hat nur Spaß daran gehabt, wie die Serviererinnen liefen und liefen, ein Lächeln übrig für jeden Gast.

Mareike, denkt Jakob, könnte das auch, freundlich zu jedem, der es verdient. Aber weiß man das hier, wer Freundlichkeit verdient? Der Kerl dort hinten bestimmt schon nicht: Dreitagebart und tätowierte Arme, sein Blick in die Runde ist finster.

Der alte Hugo bemerkt schon wieder, wohin denn Jakob so ausdauernd guckt, und sagt: »Den lass mal zufrieden, den Herrn.«

»Herrn?«, sagt Jakob.

»Setz dich mal, setz dich hin.«

Aber Jakob setzt sich nicht hin. Zu neugierig ist er auf alles, was da an ihm vorübertreibt: Leute und Leute, eine bunte Herde ohne Ende. Gemächlich die meisten, auf Bummeltour oder so, an ihnen links oder rechts vorbei die Unruhegeister, Mädchen jetzt mit grünen, gelben, roten Haaren, hochgetürmt wie Hühnerfedern – kaum gesehen, schon entschwunden – nur ihr Gegacker noch sekundenlang vor seinen Ohren.

In Hellersdorf draußen hat Jakob das auch schon gesehn, und Sabine, die kleinere Schwester, hat gesagt, dass sie ihre Haare später zweifarbig machen wird, Violett vielleicht mit Grün, und Mareike, fünf Jahre älter, hat ihr einen Vogel gezeigt.

Mareike, denkt Jakob, Sabine. Was werden sie sagen jeden Abend? – Jakob wieder nicht da? Ob er noch kommt? Was ist ihm eingefallen, weiß das einer? – Verschwunden einfach und weg. Ohne Spur.

Mareike, denkt Jakob, Sabine, und kämen sie jetzt mal beide hier an ihm vorbei, in dieser bunten Herde, dann könnte wohl sein, er ginge mit. Tschüss zu Hugo und mit Mareike und Sabine mit. Aber das sind Wunschgedanken, die Jakob keinem sagen würde. Er steht alleine hier, niemand kommt vorbei. [...]
Er könnte aber ruhig ein Stück mal selber gehen, denn es gibt nichts zu tun für ihn den ganzen Tag, hier am U-Bahn-Gitter bei Kranzler. Bisschen aufpassen kann er, hat Hugo gesagt. Nicht mit Stielaugen aber, sondern mehr wie nebenbei, auf Kerle achten, die vielleicht mit der alten Seemannsmütze abhauen wollen, gegen Mittag ungefähr, wenn das abgetragene Innenfutter von silbrigen Münzen bedeckt sein wird.
»Gibt's das?«, hat Jakob gefragt. »Abhauen einfach mit deinem Geld?«
»Was glaubst du wohl«, hat der alte Hugo gesagt. »Nicht mal Respekt vor meinen Jahren.«
Also aufpassen bisschen, mehr bleibt für Jakob nicht zu tun. Die Leute bemustern und einschätzen lernen, was sie an Hartgeld in der Tasche tragen und ob sie bereit sein könnten, etwas herzugeben, dem alten Hugo locker in die Mütze zu werfen. Manche blicken freundlich auf ihn nieder, geben aber nichts. Andere gucken steif geradeaus oder zur Seite, als säße dort niemand, aber dauernd wieder bleiben auch Leute stehn, jüngere, ältere, mehr Frauen als Männer, und fingern Geld hervor, werfen es in die Mütze, und vom alten Hugo folgt dann jedes Mal eine leise Geste, gräflich beinah, mit der er sich bedankt.

1 Würdest du Jakob gern kennen lernen? Begründe deine Meinung.

2 Trage zusammen, was du über Jakobs Familie erfährst.

3 Vergleiche die Lebensbedingungen von Jakob und Juma (S. 57–59). Nenne Gemeinsamkeiten.

4 Überlegt euch Dialoge zwischen Mareike und Sabine zu Jakobs Verschwinden.

Erzählen

Eine Geschichte nacherzählen

1 Erich Kästner hat viele Geschichten und Romane geschrieben.

a Lies den folgenden Ausschnitt aus einer Geschichte.

Das Schwein beim Frisör

Schon seit Wochen hingen dem kleinen Berthold die Haare über den Kragen, und seine Mutter überlegte sich, wie sie ihn zum Frisör kriegen könnte. [...]

Da kam der Mutter eine Idee. Sie versprach dem Jungen, sie wolle mit ihm zum »Frisör am Zoo« gehen. Damit war Berthold sofort einverstanden. Der »Frisör am Zoo« war nämlich etwas besonders Feines. Erst mussten sie durch den Herrensalon. Hier wurde mit Schlagsahne eingeseift und rasiert, und Berthold schimpfte innerlich, weil er noch keinen Bart hatte. Dann war ein Herr da, der ärgerte sich über seine abstehenden Ohren. Und da ließ er sich mit Brennscheren, mit denen man sonst die Haare umlegt, seine Ohren so lange biegen, bis sie ordentlich und glatt am Kopf anlagen. Einem alten Herrn, der eine große Glatze hatte, wurde Haarsamen auf die kahle Billardkugel gesät; dann kam ein Gehilfe mit einer Gießkanne, begoss den Kopf, und schon krochen die ersten Haarspitzen aus dem Schädel. Berthold lachte und fragte, ob auch noch Blumen herauswüchsen. Da wurde der Herr böse. Und die Mutter zog den Jungen schnell fort.

Im Kinderzimmer vom »Frisör am Zoo« war es noch viel großartiger. Vor jedem Spiegel stand ein Tier, ein lebendiges, versteht sich, und da stiegen die Kinder in den Sattel und klopften den Tieren auf den Rücken, fütterten sie, kraulten sie hinter den Ohren und merkten so kaum, dass ihnen inzwischen ein Frisörgehilfe das Haar schnitt.

Es gab da ein Pony, einen Esel, ein Schwein, einen Hirsch, einen jungen Elefanten, einen Bernhardinerhund und ein zahmes Einhorn.

Als Berthold kam, waren schon mehrere Kinder da, und nur das Schwein lag noch auf dem Teppich und grunzte. [...]

b Beschreibe kurz, welchen Eindruck der Textausschnitt auf dich gemacht hat.

c Der Text aus Aufgabe a ist eine Erzählung. Weise das mithilfe der Textmerkmale aus dem folgenden Merkkasten nach.

! Eine **Erzählung** ist eine unterhaltsame und anschauliche Darstellung von Ereignissen oder Erlebnissen. Die Zuhörer oder Leser können sich die handelnden Personen, deren Gedanken und Gefühle, die Umstände des Geschehens sowie den Handlungsverlauf gut vorstellen und das Geschehen nacherleben.
In Erzählungen können sowohl wirkliche Geschehnisse als auch ausgedachte, fantastische Geschichten dargestellt werden.

d Überlege, ob in der Geschichte von Erich Kästner wirkliche oder ausgedachte Geschehnisse erzählt werden. Begründe deine Meinung.

Eine Nacherzählung verfassen

2 Erzähle den Textausschnitt aus Aufgabe 1 a nach.

a Wiederhole zuerst, was man beim Nacherzählen beachten sollte.

! Vor dem **Nacherzählen** einer Geschichte muss man den Text genau lesen oder gut zuhören. Man teilt den Text in Abschnitte ein und notiert jeweils Stichpunkte zum Ablauf der Handlung. Dabei muss man auf die zeitliche Reihenfolge, auf den Ort der Handlung und auf die handelnden Personen und ihre Gedanken und Gefühle achten.
Man erzählt die Geschichte anschließend **mit eigenen Worten** nach.

b Beurteile, ob sich der folgende Stichpunktzettel zum Nacherzählen der Geschichte eignet. Überarbeite ihn, wenn er nicht deinen Vorstellungen entspricht.

- Berthold: zu lange Haare
- Mutters Idee: Frisör am Zoo
- <u>Herrensalon:</u> Einseifen mit Sahne, abstehende Ohren / Brennschere, Haarsamen, Gießkanne
- <u>Kinderzimmer:</u> Tiere als »Stühle« vor den Spiegeln (Pony, Esel, Schwein, Hirsch, Elefant, Bernhardiner, Einhorn), alle Tiere außer Schwein besetzt

c Erzähle den Textausschnitt mithilfe des Stichpunktzettels nach.

Aus einer anderen Perspektive erzählen

3 Erzähle die Geschichte aus der Sicht einer anderen Person (Bertholds, seiner Mutter, des Frisörs) nach.

a Tauscht euch darüber aus, wie sich der Stichpunktzettel und die Nacherzählung verändern werden.

> **!** Man kann eine Geschichte **aus einer anderen Perspektive**, das heißt aus der Sicht einer anderen Person, **erzählen**.
> Dabei kann der Erzähler ein **Ich-Erzähler** oder eine **Sie-Erzählerin** / ein **Er-Erzähler** sein.
> Ein **Ich-Erzähler** ist am Geschehen selbst beteiligt, erzählt aus seiner Sicht und gibt seine Gedanken und Gefühle wieder, z. B.:
> *Schon lange hingen mir die Haare über den Kragen. Meine Mutter ...*
> Eine **Sie-Erzählerin** / ein **Er-Erzähler** ist nicht selbst beteiligt, sondern beobachtet von außen, z. B.:
> *Schon lange hingen Berthold die Haare über den Kragen.*
> *Seine Mutter ...*

Die Erzählung planen

b Wähle eine Person aus, aus deren Sicht du erzählen möchtest, und schreibe den Stichpunktzettel aus Aufgabe 2 b neu.

Einen Textentwurf schreiben

c Schreibe die Erzählung aus der Sicht dieser Person in dein Heft. Lass einen breiten Rand für spätere Überarbeitungen.

Den Entwurf überarbeiten

d Überarbeite deinen Textentwurf. Achte besonders auf abwechslungsreiche Satzanfänge.

Die Endfassung schreiben

e Schreibe die überarbeitete Fassung in dein Heft.

4 Wähle eine Geschichte auf S. 71–81 aus und erzähle sie aus einer anderen Perspektive nach.

a Erzähle die Geschichte mündlich mithilfe von Stichpunkten nach.

b Schreibe dann die Nacherzählung in dein Heft.

Einen Erzählkern ausgestalten

!

Erzählkerne geben Ort, Zeit und Personen sowie wichtige Handlungsschritte vor. Man kann z. B. Zeitungsmeldungen nehmen und sie zu einer Erzählung ausgestalten.
Zunächst müssen dem Erzählkern alle wichtigen Informationen entnommen werden. Dann denkt man sich eine passende Geschichte dazu aus. Zusätzliche Personen und Handlungsschritte können hinzugefügt werden. Außerdem muss man noch eine Einleitung, einen Schluss und eine passende Überschrift formulieren.

1

a Lies die folgende Zeitungsmeldung.

Zwei Jungen im Alter von 11 und 12 Jahren verbrachten die Nacht von Freitag zu Sonnabend in einem großen Kaufhaus in Rostock. Laut Polizei waren die beiden in der Spielwarenabteilung vom Verkäufer übersehen und eingeschlossen worden. Erst am nächsten Morgen konnten die Eltern ihre vermissten Kinder in die Arme schließen. Die Kinder waren müde, aber glücklich.

Eine Abenteuergeschichte planen

b Schreibe die wichtigsten Informationen aus der Zeitungsmeldung heraus. Nutze dazu *W*-Fragen.

Wer? zwei Jungen *Wo? ...*
Wann? ... *Was passierte? ...*

c Überprüfe, ob du die Handlung in Handlungsschritte zerlegen kannst. Ordne diese in der richtigen Reihenfolge.

Was passierte? – der Verkäufer übersah die Kinder
– ...

→ **S. 67** Einen Cluster entwerfen

2 Denke dir nun eine Abenteuergeschichte zur Zeitungsmeldung aus. Nutze zur Stoffsammlung einen Cluster.

a Überlege, ob du zusätzliche Personen aufnehmen möchtest.

b Schreibe weitere Handlungsschritte auf. Überlege, was die Kinder nachts erlebt haben könnten.

c Überlege, aus welcher Perspektive du die Geschichte erzählen möchtest.

Einen Textentwurf schreiben

3 Formuliere die Abenteuergeschichte mithilfe deiner Stichpunkte. Lass einen breiten Rand zum Überarbeiten.

Den Entwurf überarbeiten

→ **S. 48** Eine Schreibkonferenz durchführen

4 Überarbeite deinen Textentwurf.

a Lies die Schreibaufgabe noch einmal und prüfe, ob du sie erfüllt hast.

b Überlege, welche Personen und Orte du besonders anschaulich beschreiben solltest.

c Wähle geeignete Stellen für die Verwendung der wörtlichen Rede aus und formuliere Dialoge.

d Prüfe, ob deine Einleitung die Leser neugierig macht.

e Überlege, ob dein Schluss die Geschichte abrundet.

f Kontrolliere die Wortwahl, den Satzbau und die Rechtschreibung.

g Schreibe die Endfassung der Geschichte in dein Heft.

TIPP
Verwende anschauliche Adjektive und Verben. Gestalte abwechslungsreiche Satzanfänge.

So kannst du einen Erzählkern ausgestalten

1. Entnimm dem Erzählkern die wichtigsten Informationen (*Wer? Wann? Wo? Was passiert?*).
2. Zerlege die Handlung in Handlungsschritte und ordne diese in der logischen und zeitlichen Reihenfolge.
3. Ergänze Handlungsschritte oder baue vorhandene aus.
4. Überlege, wer die Geschichte erzählen soll (Erzählperspektive).
5. Schreibe einen Entwurf deiner Geschichte.
6. Überarbeite deinen Entwurf und schreibe die Endfassung.

Einen Cluster entwerfen

! Ein **Cluster** (engl. *cluster* – Haufen, Schwarm, Anhäufung) ist, wie das Brainstorming, eine Methode zum Sammeln von Ideen. Dabei häuft man Begriffe an, die mit dem Thema in Zusammenhang stehen.
In die Mitte eines Blattes schreibt man einen zentralen Begriff des Themas und ordnet ringsherum weitere Begriffe zum Thema an.
Dann verdeutlicht man die Beziehungen zwischen den Begriffen durch Verbindungslinien, sodass ein Netz entsteht.

1 Sieh dir das folgende Beispiel zu »Das Schwein beim Frisör« (S. 62) an.

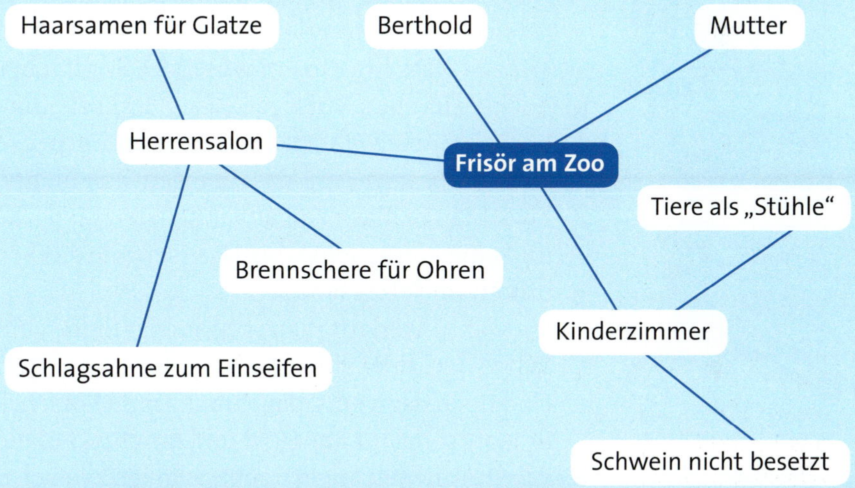

2 Erstelle einen Cluster für deine Geschichte (S. 65, Aufgabe 2 a).

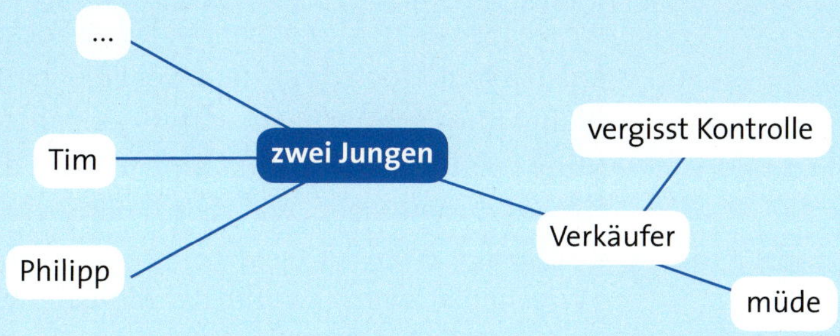

Eine Fantasiegeschichte schreiben

1 In Fantasiegeschichten wird von zauberhaften und unwirklichen Ereignissen, Figuren und Dingen erzählt.

a Lies die folgende Geschichte von Marianne Thiele.

Spuk in der Mittsommernacht

Die Gespenstergeschichte war schaurig schön, sodass Jan darüber total die Zeit vergessen hatte. Er legte das Buch unter sein Kopfkissen und lenkte den Strahl der Taschenlampe auf den Wecker. Inzwischen war es fast Mitternacht! Bloß gut, dass Mutti nichts von seinen Schmökerstunden wusste. Für die gehörte nämlich ein zehn Jahre alter Junge um 20:00 Uhr ins Bett.
Als Jan seine Taschenlampe wie gewohnt im Kleiderschrank verstecken wollte, erlebte er eine Überraschung. »Frechheit! Tür zu!«, fauchte ihn ein wütendes Stimmchen an. Im Sockenfach hockte ein merkwürdiger Zwerg. Ein Pelz, der so farbig wie ein Flickenteppich war, bedeckte seinen Körper von Kopf bis Fuß. Der Hals war so kurz, dass er eigentlich nicht der Rede wert war. Zwei blanke blaue Augen fassten den Menschen empört ins Auge, und eine kleine schwarze Nase saß wie das berühmte i-Tüpfelchen mitten im Pelzgesicht.
Jan war so verdattert, dass er auf der Stelle gehorchte.
Wieso hockte da ein schlecht gelauntes Monster mitten im Schrank? Und noch dazu eins, das ihm dumme Vorschriften machen wollte? Er legte sein Ohr ans Holz und horchte. »Ei-eins«, zählte drinnen das Stimmchen angestrengt, »vie-ier, zwei-ei, drei-äh ... verflixt, das stimmt ja schon wieder nicht!«
»Der Blödmann nervt total«, knurrte Jan. »Und genau das sag ich ihm jetzt!« Er öffnete erneut die Tür.
»Eins, drei-ei, zwei – bäh, du schon wieder?«, schnarrte das Pelzwesen. Es versuchte soeben, sich drei Socken auf einmal anzuziehen. Doch da es nur zwei Füße hatte, ging die Rechnung nicht auf. »Oje! Wieder verzählt!«, klagte es. Ratlos hielt es Jan den übrig gebliebenen Strumpf hin. »Kannst du zählen, Mensch? Kannst du mir sagen, wie viele neue Socken ich brauche?«
»Natürlich zwei!«
»Wie viel ist zwei?«, wollte das Monster wissen.
Der Junge holte einen Filzstift und malte dem kleinen Kerl Daumen und Zeigefinger grün an. »Siehst du?«, sagte er.

»So kannst du dir das merken. Du brauchst so viele Socken, wie du grüne Finger hast – eins – zwei.«

Das Monster nickte glücklich. »Ich bin ein Sockengrabsch«, erklärte es. »Ich sammle überall Socken – in den Kinderzimmern, auf den Wäscheplätzen und bei Sportwettkämpfen. Und wenn sie mir mal nicht gefallen, fresse ich bloß Löcher hinein und lass sie liegen.«

Es grinste und zeigte dabei spitze weiße Zähne. Dann packte es Jans Tennissocken, lief damit flink zum offenen Fenster und hopste aufs Fensterbrett.

»He, warte mal«, rief Jan ihm hinterher. »Monster sind doch eigentlich unsichtbar. Warum nicht du?«

»Das weißt du nicht?«, wunderte sich der Grabsch. »Heute, in der Mittsommernacht, gilt dieses uralte Gespenstergesetz nicht. Du kannst nicht nur mich, sondern alle möglichen Geister sehen – im Garten, im Dorf, da hinten im Wald ...« Damit war das Sockenmonster verschwunden.

Jan schloss ganz schnell das Fenster – denn drüben im Apfelbaum hockte ein weißes Ding, das neugierig zu ihm herüberschielte. Aber vielleicht war es auch nur – Nachbars Katze?

b Überlege, wodurch die Geschichte unterhaltsam wird.

! Um eine Geschichte spannend zu erzählen, kann man verschiedene **Gestaltungsmittel** nutzen:
- die Personen lebendig und anschaulich beschreiben,
- die Gedanken und Gefühle der Personen verdeutlichen,
- direkte (wörtliche) Rede einbauen,
- anschauliche Vergleiche, treffende Verben und Adjektive verwenden.

2 Schreibe eine Fantasiegeschichte über das weiße Ding, das im Apfelbaum hockt und neugierig herüberschielt.

Eine Erzählung planen

a Schreibe zuerst einen Erzählplan für deine Geschichte.

Einleitung:	Zeit und Ort:	...
	Personen:	...
Hauptteil:	Handlung:	1. ...
		2. ...
Schluss:	...	

!

Bevor man eine Geschichte aufschreibt, kann man sich mit einem **Erzählplan** vorbereiten. Dazu stellt man sich folgende Fragen:

- **Worüber** soll erzählt werden?
- Welche **Handlungsschritte** sind wichtig?
- An welchen **Orten** und zu welcher **Zeit** geschieht etwas?
- Welche **Personen** spielen eine Rolle?
- Welche **Dialoge** sollen an welcher Stelle eingebaut werden?
- Welche **Einleitung** macht den Leser neugierig?
- Welcher **Schluss** rundet die Geschichte ab?

Einen Textentwurf schreiben

b Formuliere einen Entwurf deiner Fantasiegeschichte.

Den Entwurf überarbeiten

c Überarbeite den Entwurf deiner Geschichte.

Überarbeiten:

Schreibaufgabe beachtet?	☑
Personen, Orte genau beschrieben?	☑
Anschauliche Adjektive und Verben verwendet?	☐
Abwechslungsreiche Satzanfänge gestaltet?	☐
Wörtliche Rede eingebaut?	☐
Einleitung und Schluss gelungen?	☐
Rechtschreibung geprüft?	☐

d Schreibe die Endfassung der Geschichte in dein Heft.

●●● **3** Schreibe eine Fantasiegeschichte. Nutze dazu einen Erzählplan.

So kannst du eine Fantasiegeschichte schreiben

1. Überlege, warum und für wen du deine Geschichte schreibst.
2. Entwirf einen Erzählplan.
3. Schreibe einen Entwurf der Geschichte mithilfe des Erzählplans.
4. Überarbeite deinen Entwurf und schreibe die Endfassung.

Was habe ich gelernt?

4 Überprüfe, was du über das Erzählen gelernt hast. Schreibe dazu eine Checkliste für eine gelungene Erzählung. Markiere, bei welchen Punkten du unsicher bist und noch üben möchtest.

1 Achte beim Lesen der folgenden Geschichte darauf, wodurch eine gruselige Spannung erzeugt wird.

Georg Bydlinski

Das duschende Gespenst

Die Eltern waren bei irgendwelchen Schmidts zum Abendessen eingeladen.

Nikki lag in seinem Bett – die Nachttischlampe brannte – und las in einem Gespensterbuch. Da klopfte es an der Tür. Es war Christa.

»Nikki«, sagte sie, »wir können nicht einschlafen. Bei uns knackst und knarrt alles und dauernd fahren Autos vorbei.«

»Erzähl uns eine Geschichte!«, sagte Angelika, die nachgekommen war. »Bitte!«

»Na gut«, sagte Nikki. »Ihr seid mir schöne Angsthasen!«

Nikki zog seinen Schlafrock an und folgte den Schwestern ins Mädchenzimmer. Auf dem Weg dorthin fiel ihm ein, was er den beiden erzählen würde. Nikki grinste, als er sich einen Sessel an die Betten heranholte …

»Es war einmal eine Wohnung«, begann er, »die sah fast genauso aus wie unsere. Nur eines war anders – «, (Nikki machte eine Pause, bevor er mit leiserer Stimme weitersprach), »es spukte.«

»Huuu!«, sagten Christa und Angelika.

»Zwischen Badezimmer und Klo war in der Wohnung ein winziger Duschraum – so klein, dass gerade ein Mensch hineinging. Könnt ihr euch das vorstellen?«

Christas und Angelikas Köpfe nickten im Dunkeln.

»Der Wohnungsbesitzer«, fuhr Nikki fort, »duschte für sein Leben gern. Eines Tages stand er wieder unter der Brause und sang Seemannslieder. Da kamen seine Feinde daher, ganz leise« – (Nikkis Stimme wurde erneut zu einem Flüstern) – »und mauerten den armen Teufel ein!«

»Nein!«, sagte Angelika.

»Ja!«, sagte Nikki.

Christa sagte nichts, ihr Mund stand weit offen.

»So grausam ist die Welt«, sagte Nikki. »Als der Mann mit dem Duschen fertig war, konnte er nicht mehr hinaus. Überall Wände! Seine Feinde strichen die zugemauerte Tür mit Farbe an, damit niemand bemerkte, dass dahinter ein Raum war … Nicht einmal das Wasser haben sie ihm abgedreht und jetzt duscht er sogar als Gespenst!«

»Ist er ganz allein?«, fragte Christa, die sich an ihr Polster klammerte.

»Nein«, sagte Nikki. »Ab und zu kommt ihn ein Skelett durch den Luftschacht besuchen und bringt ein neues Stück Seife. Und jetzt schlaft gut!«

Nikki verschwand aus dem Zimmer.

»Nikki! Nikki! Bleib da!«, riefen ihm die Mädchen nach.

Nikki steckte seinen Kopf nochmals zur Tür herein und flüsterte: »Eines hab ich euch zu sagen vergessen: Wundert euch nicht, wenn ihr auf dem Klo sitzt und durch das Entlüftungsgitter kommt plötzlich eine Knochenhand mit einem Badeschwamm. Dann hat sich das Skelett bloß im Zimmer geirrt! Gute Nacht!«

Triumphierend schloss Nikki die Tür hinter sich. Er malte sich den Gesichtsausdruck seiner Schwestern aus. Seit der toten Spinne im Kompott war ihm kein solcher Schlag mehr gelungen!

Nikki las weiter in seinem Buch und aus irgendeinem Grund konnte auch er in dieser Nacht nicht besonders gut schlafen. Um zwölf weckte ihn die Turmuhr: viermal ding für die volle Stunde und dann dong, dong, dong, dong, dong, dong, dong, dong, dong, dong, dong, dong. Gespenstisch.

Nikki erhob sich und wankte aufs Klo. Als er sich dort niedergelassen hatte, hörte er hinter der Wand ein Geräusch ...

2 Überlege, wie die Geschichte weitergehen könnte. Schreibe einen eigenen Schluss.

Wasser! Ein Rauschen! So rauscht das Wasser nur, wenn jemand duscht!

Nikki sprang auf und stürzte mit einem Schrei ins Vorzimmer. Er rannte den Schirmständer um und schlug mit dem Knie an den Schuhschrank. Dabei wurde er erst so richtig wach. Aber das Rauschen war immer noch da.

Die Badezimmertür ging lautlos auf.

»Das Duschgespenst!«, dachte Nikki. »Es hat sich befreit!«

Doch im Türrahmen stand ein erstaunter Vater, triefnass und mit Shampoo-schaumigen Haaren.

»Du?«, sagte Nikki ungläubig.

»Na klar«, sagte der Vater. »Bei den Schmidts haben alle wie die Schlote geraucht und ich hab ganz nach Zigaretten gestunken. So wollte ich nicht ins Bett!«

Nikki nickte.

»Wen hättest du denn sonst erwartet, um diese Zeit?«, fragte der Vater. »Etwa ein Gespenst?«

»Ach wo!«, sagte Nikki schnell. »Gespenster gibt es nicht!«

3 Das Sprichwort »Wer andern eine Grube gräbt, fällt selbst hinein« passt auf diese Geschichte. Erkläre, warum.

→ **S. 65** Einen Erzählkern ausgestalten
→ **S. 68** Eine Fantasiegeschichte schreiben

4 Denke dir nun eine eigene Gespenstergeschichte aus.

Karlhans Frank

Wie alle Leute im Dorf über Till Eulenspiegel klagten*

Aber als Till dann älter wurde, da wurde er immer unbeliebter. Er machte nämlich nicht nur den Affen, über den alle lachen durften, sondern er äffte auch andere nach, dass sie sich durch Till wie in einem Spiegel sehen mussten. [...] Deshalb sagten die Menschen in seinem Dorf über ihn: »Till ist ein Lümmel!«

»Was stellst du dauernd an, dass die Leute über dich schimpfen?«, fragte ihn sein Vater.

»Nichts«, antwortete Till.

»Das gibt es doch gar nicht«, sagte der Vater.

»Ich kann es dir beweisen«, behauptete Till. »Nimm mich mit auf dein Pferd und reite mit mir durch die Straßen. Ich werde hinter dir sitzen und keinen Pieps sagen. Die Leute werden trotzdem maulen und meckern!«

Der Vater nahm Till hinter sich auf sein Pferd und ritt los. Sobald sie an einem Menschen vorbeigeritten waren und der hinter den beiden auf dem Gaul herguckte, hob Till sachte sein Hinterteil vom Pferd, raffte sein Kittelchen ein wenig, zeigte dem Gaffer seinen bloßen Popo – denn eine Hose trug der Dreikäsehoch nicht. Da riefen die Leute hinter ihnen her: »Unverschämt! So ein Rüpel!«

»Ich begreife nicht, warum die Leute zanken und zetern«, grübelte Tills Vater. »Ich setze dich jetzt vor mich aufs Pferd. Mal sehen, was dann passiert.«

So tat der Vater, und Till saß still vor ihm, gab keinen Laut von sich, zuckte mit keinem Glied, aber jedem Entgegenkommenden schnitt er Fratzen. [...]

Die Leute glotzten den Till entsetzt an, keiften: »So ein grässlicher Teufelsbrocken!« Da wunderte sich der Vater, schüttelte den Kopf und sprach: »Da sitzt mein Sohn ganz lieb und brav und still [...], muckst sich nicht, atmet kaum. Und trotzdem schnauzen und raunzen die Leute. [...]«

1 Bewerte die Aussagen der Leute auf der Straße. Wie hätten sie dem Vater klarmachen können, wie Till sich wirklich verhält?

2 Suche in Bibliotheken oder Buchhandlungen weitere Schelmengeschichten von Till Eulenspiegel und stelle sie der Klasse vor.

Leonid Solowjow

Wie Nasreddin einen Wirt mit dem Klang des Geldes bezahlte

Nasreddin, so heißt es, ging eines Tages in Bagdad über den Basar. Plötzlich hörte er Lärm und Geschrei aus einer Garküche. [...] Er ging sogleich hinein und sah, wie der dicke, rotmäulige Wirt einen Bettler am Kragen schüttelte, weil der Bettler nicht zahlen wollte.
»Was ist denn das hier für ein Lärm?«, fragte unser Nasreddin.
»Dieser Landstreicher«, brüllte der Wirt, »dieser verfluchte Strolch, kam in meine Küche – mögen seine Eingeweide verdorren! Er holte einen Brotfladen aus der Tasche und hielt ihn so lange über den Bratspieß, bis er nach Hammelfleisch roch und noch einmal so gut schmeckte. Dann aß er den Fladen auf, und nun will er nicht zahlen. [...]«
»Stimmt das?«, fragte Nasreddin den Bettler streng, der vor lauter Angst kein Wort hervorbrachte und nur mit dem Kopf nickte.
»Das ist nicht gut«, sagte Nasreddin. »Es ist unrecht, fremdes Gut ohne Bezahlung zu benutzen.«
»Hörst du, was dieser ehrwürdige Mann dir sagt, du zerlumpter Strolch?«, fragte der Wirt erfreut.
»Hast du Geld?«, fragte Nasreddin den Bettler. Dieser holte [...] ein paar Kupfermünzen aus der Tasche. Gleich streckte der Wirt seine fette Pfote aus. »Warte noch, o Meister des Wohlgeschmacks«, hielt ihn Nasreddin zurück. »Hier, horch mal!«
Er schüttelte die hohle Faust vor dem Ohr des Wirtes und ließ die Münzen eine Weile klimpern. Dann gab er dem Bettler das Geld zurück und sagte: »Ziehe hin in Frieden, armer Mann.«
»Was?«, rief der Wirt aus. »Ich habe das Geld doch gar nicht bekommen!«
»Er hat dich bezahlt, und ihr seid quitt!«, antwortete Nasreddin. »Er roch den Duft deines Bratens, und du hörtest den Klang seines Geldes!«

1 Überlege, warum sich Hodscha Nasreddin auf die Seite des Bettlers stellt.

2 Erkläre, welche Lehre er dem Wirt erteilen will.

3 Informiere dich in Nachschlagewerken oder im Internet über die historische Figur des Hodscha Nasreddin.

Baron von Münchhausen – der größte Lügenbaron der Welt – hat wirklich und richtig gelebt, und zwar vor etwa zweihundert Jahren. Er kam im Braunschweigischen zur Welt, hieß Hieronymus mit Vornamen und wurde, kaum aus der Schule, Offizier. Seine Lügengeschichten hat Gottfried August Bürger 1786 als Erster aufgeschrieben.

Erich Kästner

Das Pferd auf dem Kirchturm

Meine erste Reise nach Russland unternahm ich mitten im tiefsten Winter. Denn im Frühling und im Herbst sind die Straßen und Wege in Polen, Kurland und Livland[1] vom Regen so zerweicht, dass man stecken bleibt, und im Sommer sind sie knochentrocken und so staubig, dass man vor lauter Husten nicht vorwärtskommt. Ich reiste also im Winter und, weil es am praktischsten ist, zu Pferde. Leider fror ich jeden Tag mehr, denn ich hatte einen zu dünnen Mantel angezogen und das ganze Land war so zugeschneit, dass ich oft genug weder Weg noch Steg sah, keinen Baum, keinen Wegweiser, nichts, nichts, nur Schnee.

Eines Abends kletterte ich steif und müde von meinem braven Gaul herunter und band ihn, damit er nicht fortliefe, an einer Baumspitze fest, die aus dem Schnee herausschaute. Dann legte ich mich nicht weit davon, die Pistolen unterm Arm, auf meinen Mantel und nickte ein.

Als ich aufwachte, schien die Sonne. Und als ich mich umgeschaut hatte, rieb ich mir erst einmal die Augen. Wisst ihr, wo ich lag? Mitten in einem Dorf, und noch dazu auf dem Kirchhof! Donner und Doria!, dachte ich. Denn wer liegt schon gerne kerngesund, wenn auch ziemlich verfroren, auf einem Dorfkirchhof? Außerdem war mein Pferd verschwunden! Und ich hatte es doch neben mir angepflockt!

Plötzlich hörte ich's laut wiehern. Und zwar hoch über mir! Nanu! Ich blickte hoch und sah das arme Tier am Wetterhahn des Kirchturms hängen! Es wieherte und zappelte und wollte begreiflicherweise wieder herunter. Aber wie um alles in der Welt war's denn auf den Kirchturm hinaufgekommen? Allmählich begriff ich, was geschehen war. Also: Das Dorf mitsamt der Kirche war eingeschneit gewesen, und was ich im Dunkeln für eine Baumspitze gehalten hatte, war der Wetterhahn der Dorfkirche gewesen! Nachts war dann das Wetter umgeschlagen. Es hatte getaut. Und

[1] historische Gebiete in Lettland

ich war, während ich schlief, mit dem schmelzenden Schnee Zentimeter um Zentimeter hinabgesunken, bis ich zwischen den Grabsteinen aufwachte.

Was war zu tun? Da ich ein guter Schütze bin, nahm ich eine meiner Pistolen, zielte nach dem Halfter, schoss ihn entzwei und kam auf diese Weise zu meinem Pferd, das heilfroh war, als es wieder Boden unter den Hufen hatte. Ich schwang mich in den Sattel und unsere abenteuerliche Reise konnte weitergehen.

1 Suche die Lügen in dieser Geschichte heraus.

2 Tauscht euch darüber aus, warum manche Menschen Lügengeschichten erfinden. Berichtet über eigene Erfahrungen.

3 Stelle dir vor, du kommst zu spät zum Unterricht.
Erzähle eine spannende Lügengeschichte, mit der du deine Lehrerin / deinen Lehrer davon überzeugst, dass du auf keinen Fall pünktlich sein konntest.

»Die meisten Abenteuer, die in diesem Buch erzählt werden, haben sich wirklich begeben. Eines oder zwei davon habe ich selbst erlebt.« Das sagt Mark Twain über seinen Roman »Tom Sawyers Abenteuer«, der zu den Klassikern der Weltliteratur zählt. Das Buch handelt von den Erlebnissen des Waisenjungen Tom in den amerikanischen Südstaaten zu Beginn des 19. Jahrhunderts.

Mark Twain

Die Abenteuer von Tom Sawyer

Der Samstag brach an. [...] Tom erschien auf dem Seitenpfad mit einem Eimer voll Farbe und einem riesigen Pinsel. Er betrachtete den Zaun. [...]

Fünfunddreißig Meter Gartenzaun! Neun Fuß[1] hoch! Das Leben erschien ihm leer und das ganze Dasein nichts als eine Last. Seufzend tauchte er den Pinsel ein und führte ihn über die oberste Planke. Einmal, zweimal wiederholte er die Prozedur. Dann verglich er die winzige weißgetünchte Strecke mit dem weiterhin drohenden Kontinent des schmutziggrauen Zaunes und setzte sich entmutigt auf einen Baumstamm. [...]

In seinem Kopf wogten alle die Kriegspläne, die er für diesen Tag geschmiedet hatte, hin und her und seine Sorgen vervielfachten sich. Bald würden die Jungen, die frei hatten, vorüberkommen, auf dem Wege zu allen möglichen interessanten Expeditionen, und sie würden ein furchtbares Hohngelächter anschlagen, dass er arbeiten musste. Der Gedanke allein brannte wie Feuer.

[1] altes Längenmaß: 1 Fuß sind ca. 30 cm

1 Was erfährst du über Tom Sawyer und die Situation, in der er steckt?

2 Stelle Vermutungen darüber an, warum Tom von seinen Freunden nicht bei seiner Arbeit beobachtet werden möchte.

Er kramte alle seine Reichtümer hervor und prüfte sie: Stücke von Spielsachen, Murmeln und anderes Zeug: vielleicht genug, um eine Arbeit gegen eine andere auszutauschen, aber nicht genug, um eine so wertvolle Sache wie auch nur eine halbe Stunde Freiheit zu kaufen. Mutlos steckte er seine armseligen Besitztümer in die Tasche zurück und strich weiter.

Wenn die Not am größten, ist Gottes Hilfe am nächsten: In diesem dunklen und hoffnungslosen Augenblick kam ihm eine Inspira-

tion, eine große, eine großartige Erleuchtung! Er nahm seinen Pinsel wieder auf und ging zuversichtlich an die Arbeit.
Ben Rogers kam soeben in Sicht, gerade der Junge, dessen Hohn er am meisten fürchtete. Ben kam in einem kurzen und hopsenden Trab daher – Beweis genug, dass sein Herz leicht und seine Ziele hochgesteckt waren. Er aß einen Apfel und stieß dabei ab und zu einen langen, melodischen Pfiff aus, dem jedes Mal ein tiefes »Bickebuckebickebuckebickebucke« folgte. Er stellte einen Dampfer vor. [...] Er war Dampfboot, Kapitän und Dampfpfeife zugleich und musste auf seinem eigenen Kommandodeck stehen, Befehle geben und sie selbst ausführen.
»Stoppen! Klingeling-ling!«
Die Hauptstraße war beinahe zu Ende und er bog langsam in den Seitenweg ein.
»Halbe Kraft rückwärts! Klingeling-ling!« Seine Arme hoben und senkten sich ruckweise.
»Steuerbord rückwärts! Klingeling-ling! Tuut! Tuhuut Tut!« Der rechte Arm ruderte inzwischen gewaltig in der Luft umher, denn er stellte ein Schaufelrad von vierzig Fuß Umfang vor.
»Backbord rückwärts! Klingelingeling! Tuut! Tuhuut Tut!«
Die linke Hand begann ebenfalls zu rudern. [...]
Seelenruhig tünchte Tom seinen Zaun, ohne den Dampfer zu bemerken. Ben starrte einen Augenblick, dann sagte er:
»He – he – auf dem Trocknen, was?«
Keine Antwort. Mit dem Blick des Künstlers betrachtete Tom seine Malerei, dann gab er dem Pinsel einen eleganten Schwung und prüfte wieder das Resultat. Ben legte sich langseits von ihm. Der Apfel ließ Tom das Wasser im Mund zusammenrinnen, aber er blieb in seine Arbeit versunken.
Ben sagte: »Hallo, alter Freund, du musst also arbeiten, was?«
Tom fuhr herum: »Hallo, da bist du ja, Ben! Hab' dich gar nicht gesehen.«
»Du, ich gehe jetzt schwimmen. Möchtest du nicht auch? Aber ich glaube, du arbeitest lieber, was? Viel lieber, nicht?«
Tom betrachtete den Jungen von oben bis unten und sagte: »Was nennst du denn arbeiten?«
»Wieso? Ist das vielleicht keine Arbeit?«
Tom fing wieder an zu streichen und antwortete gleichgültig:
»Kann sein ja, kann sein nein. Ich weiß nur, dass es Tom Sawyer Spaß macht.«
»Du willst doch nicht etwa sagen, dass du das gern tust?«
Der Pinsel ging weiter hin und her.

»Gern? Warum soll ich das nicht gern tun? Kriegt unsereiner vielleicht jeden Tag einen Zaun zu pinseln?«

Das setzte die Sache in ein neues Licht. Ben unterbrach sein Knabbern. Tom schwang den Pinsel rauf und runter, trat zurück, um die Wirkung zu prüfen, fügte hier und da einen Strich hinzu, kritisierte wieder das Ergebnis. Ben bewachte jetzt jede Bewegung und sein Interesse wuchs.

Plötzlich sagte er: »Tom, lass mich einmal ein bisschen streichen.«

Tom überlegte. Er schien schon bereit zuzustimmen, aber er änderte wieder seinen Entschluss.

»Nein, lieber nicht; es wird nicht gehen, Ben. Tante Polly nimmt es furchtbar genau mit dem Zaun, weißt du. Es ist auch gerade hier so an der Straße – wenn es so ein hinterer Zaun wäre, hätte ich ja nichts dagegen, und sie auch nicht. Aber auf den Zaun hier ist sie mächtig scharf und es muss ganz sorgfältig gemacht werden. […]«

»Tatsächlich? Ach, komm, lass mich einmal versuchen, bloß ein bisschen, ich würde dich auch lassen, wenn ich es wäre, Tom.«

»Bei Gott, Ben, ich täte es gern, aber Tante Polly … Jim wollte vorhin auch, aber sie hat es nicht erlaubt. Auch Sid wollte gern, aber sie lässt ihn auch nicht. Siehst du, ich bin festgenagelt. Wenn du den Zaun zu Ende streichst und irgendetwas geht schief …«

»Ach, Quatsch! Ich werde mich schon vorsehen. Lass mich einmal probieren. Du, ich geb' dir den Rest von meinem Apfel.« Tom gab ihm den Pinsel, Widerwillen im Gesicht, Frohlocken im Herzen. Und während das Dampfboot »Big Missouri« in der heißen Sonne arbeitete und schwitzte, saß der in Ruhestand versetzte Künstler im Schatten auf einem Fass, ließ die Beine baumeln, knabberte an seinem Apfel und hielt nach neuen Opfern für seine Schlachtbank Ausschau. Es fehlte nicht an Material.

3 Erkläre, wie Tom es schafft, Ben für das Streichen des Zaunes zu begeistern.

Jeden Augenblick schlenderte ein Junge vorbei. Sie kamen, um sich lustig zu machen, und sie blieben, um zu – pinseln. Denn mit der Zeit wurde Ben müde. Tom hatte aber schon die nächsten Latten des Zaunes an Billy Fischer vermietet gegen einen gut erhaltenen Drachen. Als Billy fertig war, erwarb Jonny Müller das nächste Stück zum Malen. Er zahlte dafür eine tote Ratte und ein Stück Bindfaden, an dem man sie herumschwingen konnte.

So ging es Stunde um Stunde weiter und als der halbe Nachmittag um war, war aus dem kümmerlichen, mit Armut geschlagenen Tom des Morgens buchstäblich ein Kapitalist geworden, der im Reichtum schwamm. Er hatte außer den Dingen, die ich schon erwähnt habe, erworben: zwölf Murmeln, ein Stück von einer Mundharmonika, eine blaue Glasscherbe, als Monokel zu gebrauchen, ein zerbrochenes Blasrohr, einen Schlüssel, der nirgends passte, einen Brocken Kreide, einen Glasstöpsel von einer Karaffe, einen Zinnsoldaten, ein paar Kaulquappen, sechs Knallerbsen, ein lebendiges Kätzchen, das nur ein Auge hatte, einen Türgriff aus Messing, ein Hundehalsband, einen Messergriff, vier Stück Apfelsinenschale und einen demolierten Fensterrahmen. Zu alledem hatte er eine gute, vergnügte, faule Zeit gehabt, massenhaft Gesellschaft und der Zaun war mit einer dreifachen Tünche versehen! Wenn nicht schließlich die Farbe ausgegangen wäre, hätte er bestimmt sämtliche Jungen des Ortes Bankrott gemacht. Tom fand, dass die Welt alles in allem doch gar nicht so schlecht sei. Er hatte, ohne es zu ahnen, ein wichtiges Gesetz der menschlichen Tätigkeit entdeckt, nämlich dass man, um jemandem eine Sache begehrenswert zu machen, sie nur als schwer erreichbar hinstellen muss. Es ist die alte Geschichte von den Kirschen in Nachbars Garten ...

4 Stellt die Begegnungen mit den anderen Jungen szenisch dar. Überlegt euch dazu Dialoge.

5 Sicher kennt ihr auch andere Abenteuergeschichten. Bereitet eine Buchvorstellung im Partnerteam vor. Beachtet dazu die Tipps auf S. 124

Mit Gedichten umgehen

1

a Lies das folgende Gedicht von Heinrich Heine (1797–1856).

Der Wind zieht seine Hosen an

Der Wind zieht seine Hosen an,
Die weißen Wasserhosen!
Er peitscht die Wellen, so stark er kann,
Die heulen und brausen und tosen.

Aus dunkler Höh', mit wilder Macht,
Die Regengüsse träufen;
Es ist, als wollt die alte Nacht
Das alte Meer ersäufen.

An den Mastbaum klammert die Möwe sich
Mit heiserem Schrillen und Schreien;
Sie flattert und will gar ängstiglich
Ein Unglück prophezeien.

Ein Gedicht untersuchen

b Wie wirkt das Gedicht auf dich? Male ein Stimmungsbild.

c Nenne das Thema, um das es in diesem Gedicht geht.

d Untersuche den Aufbau des Gedichts mithilfe des Merkkastens.

e Suche die sprachlichen Bilder heraus, die der Dichter verwendet.

der Wind zieht seine Hosen an, ...

!

Gedichte weisen folgende **Merkmale** auf:
- Sie drücken bestimmte Stimmungen, Gedanken oder Gefühle des Dichters zu einem Thema aus.
- Der Dichter verwendet sprachliche Bilder und Vergleiche.
- Gedichte sind oft in Strophen unterteilt, die aus Versen bestehen.
- Die Verse können sich nach einem bestimmten Schema reimen:
  - Paarreim: zwei aufeinanderfolgende Verse reimen sich (a a b b),
  - Kreuzreim: ein Vers reimt sich mit dem übernächsten (a b a b),
  - umarmender Reim: ein Paarreim wird von einem anderen Reim umschlossen (a b b a).

2

a Lies das folgende Gedicht von Joseph von Eichendorff (1788–1857).

Mondnacht

Es war, als hätt der Himmel
Die Erde still geküsst,
Dass sie im Blütenschimmer
Von ihm nun träumen müsst.

Die Luft ging durch die Felder.
Die Ähren wogten sacht,
Es rauschten leis die Wälder,
So sternklar war die Nacht.

Und meine Seele spannte
Weit ihre Flügel aus,
Flog durch die stillen Lande,
Als flöge sie nach Haus.

b Überlegt, wie ihr eure Gedanken und Gefühle zu diesem Gedicht ausdrücken könntet. Stellt eine Variante vor.

c Nenne das Thema, um das es in diesem Gedicht geht.

d Untersuche den Aufbau des Gedichts. Welches Reimschema hat der Dichter verwendet?

e Suche die sprachlichen Bilder heraus, die der Dichter benutzt.

der Himmel küsst still die Erde, ...

f Was könnten diese sprachlichen Bilder bedeuten? Tauscht euch aus.

Ein Gedicht vortragen

3 Wähle eins der beiden Gedichte aus Aufgabe 1a und 2a aus. Bereite es für einen Lesevortrag vor.

→ S. 95 Lesehilfen

a Kopiere das Gedicht und trage Lesehilfen in die Kopie ein.

b Übe deinen Lesevortrag mehrmals. Bringe die Grundstimmung des Gedichts durch deinen Tonfall und dein Sprechtempo zum Ausdruck.

c Tragt beide Gedichte vor. Vergleicht eure Eindrücke von der Grundstimmung beider Gedichte miteinander.

Gedichte vergleichen

4 Vergleiche die Gedichte »Der Wind zieht seine Hosen an« und »Mondnacht« genauer.

TIPP
Nutze dazu die Ergebnisse aus den Aufgaben 1 bis 3.

a Übertrage zuerst folgende Tabelle in dein Heft und ergänze sie.

	Der Wind zieht seine Hosen an	**Mondnacht**
Dichter	Heinrich Heine	Joseph von Eichendorff
Thema	stürmische Nacht auf dem Meer	eine ruhige Mondnacht
Stimmung	…	…
Strophen	…	…
Verse	…	…
Reimschema	…	…
sprachliche Bilder	…	…
sprachliche Besonderheiten	…	…

b Suche Gemeinsamkeiten und Unterschiede heraus.

c Fasse die Ergebnisse deines Vergleichs in wenigen Sätzen zusammen. Beginne mit den Gemeinsamkeiten.

5 Wählt eins der beiden Gedichte aus und gestaltet ein Gedicht-Plakat oder ein Gedicht-Bild. Ihr könnt auch mithilfe eures Kunstlehrers einen passenden Rahmen basteln.

So kannst du Gedichte miteinander vergleichen
1. Lies die Gedichte aufmerksam.
2. Untersuche die Gedichte genauer: Dichter, Thema, Grundstimmung, Strophen, Verse, Reimschema, sprachliche Bilder, sprachliche Besonderheiten.
3. Finde Gemeinsamkeiten und Unterschiede heraus.
4. Formuliere das Ergebnis des Vergleichs in wenigen Sätzen.

6

a Lies die beiden Herbstgedichte.

Elisabeth Borchers

Oktober

Es kommt eine Zeit
Da fragen wir uns:
Was soll denn nur werden?

Die Luft schmeckt
So bitter.

Die Vögel sind
Über alle Berge.

Der Nebel macht
Die Häuser bleich.

Die kleinen Tiere gehen
Unter der Erde spazieren.

Aufs Dach trommeln
Kastanien.

Wir müssen ins Haus zurück
Da hält uns der Regen gefangen.

Eduard Mörike

Septembermorgen

Im Nebel ruhet noch die Welt,
Noch träumen Wald und Wiesen:
Bald siehst du, wenn der Schleier fällt,
Den blauen Himmel unverstellt,
Herbstkräftig die gedämpfte Welt
In warmem Golde fließen.

b Überlege, wie die Gedichte auf dich wirken. Welche Grundstimmung bringen sie zum Ausdruck?

c Vergleiche die Gedichte genauer. Gehe dabei vor wie in Aufgabe 4.

7 Suche zwei Naturgedichte zu einem Thema und vergleiche sie miteinander.

1 Untersuche den Inhalt (Thema, Grundstimmung).
2 Untersuche die Form (Strophen, Verse, Reimschema).
3 Untersuche die sprachliche Gestaltung (sprachliche Bilder, sprachliche Besonderheiten).

8

a Lies die beiden Gedichte von Renate Golpon.

lesen	**lesen**	**lesen**
lesen	**lesen**	**lesen**
lesen	**nesel**	**lesen**
lesen	**eseln**	**lesen**
lesen	**selen**	**lesen**
lesen	**eelsn**	**lesen**

zeichen setzen
ich lese, also denke ich.
ich denke, also lese ich.
ich denke also: lese ich?
ich lese also, denke ich!

b Erkläre, woran du erkennst, dass es sich um Gedichte handelt.

! Gedichte, in denen mit Sprache so experimentiert und gespielt wird, dass besondere bildliche oder klangliche Formen entstehen, bezeichnet man als **konkrete Poesie**. Dabei werden Wörter, Buchstaben oder Sätze so angeordnet, dass mit der Form eine überraschende Aussage und Wirkung verbunden ist.

9

a Lies das folgende Gedicht von Renate Welsh.

Die Brücke

Worte Worte Worte
Worte Worte Worte Worte
Worte Worte
Worte Worte
Worte Worte
ICH Worte Worte DU

b Erkläre, woran du erkennst, dass es sich um konkrete Poesie handelt.

c Tauscht euch über die Aussage des Gedichts aus.

d Vergleiche das Gedicht aus Aufgabe a mit dem Gedicht von Václav Havel. Untersuche den Inhalt und die Form.

```
                    Worte
                    Worte
                    Worte
                    Worte
                    Worte
                    Worte
                    Worte
                    Worte
                    Worte
                    Worte
                    Worte
                    Worte
                    Worte
              ich   Worte    du
          ich ich   Worte du   du
        ich   ich   Worte du    du
      ich     ich   Worte du     du
     ich      ich   Worte du       du
    ich       ich   Worte du        du
   ich        ich   Worte du         du
  ich         ich   Worte du          du
 ich          ich   Worte du           du
```

10 Versuche nun selbst, konkrete Poesie zu gestalten. Denke dir zuerst eine Überschrift aus oder nutze eine der folgenden.

Trauriger Baum | Im Regen | Schneckentempo

Was habe ich gelernt?

11 Überprüfe, was du über Gedichte gelernt hast. Beantworte dazu die folgenden Fragen.

1 Worin unterscheiden sich Paarreim, Kreuzreim und umarmender Reim? Nenne Beispiele.
2 Welche Schritte solltest du bei einem Gedichtvergleich gehen?
3 Welche Merkmale weist konkrete Poesie auf?

1 Lies zunächst das erste Gedicht. Achte darauf, wie der Morgen dargestellt wird.

Joseph von Eichendorff

Der Morgen

Fliegt der erste Morgenstrahl
Durch das stille Nebeltal,
Rauscht erwachend Wald und Hügel:
Wer da fliegen kann, nimmt Flügel!

Und sein Hütlein in die Luft
Wirft der Mensch vor Lust und ruft:
Hat Gesang doch auch noch Schwingen,
Nun, so will ich fröhlich singen!

Hinaus, o Mensch, weit in die Welt,
Bangt dir das Herz in krankem Mut;
Nichts ist so trüb in Nacht gestellt,
Der Morgen leicht macht's wieder gut.

2 Halte deine Beobachtungen zu Thema, Grundstimmung, Form (Strophen, Verse, Reimschema), sprachlichen Bildern und Besonderheiten schriftlich fest. Lege dazu eine Tabelle an wie in Aufgabe 4a (S. 84).

3 Lies nun das zweite Gedicht und wende dieselbe Vorgehensweise wie bei Eichendorffs Gedicht an. Ergänze deine Tabelle.

Georg Bydlinski

Sonnenaufgang

Die Sonne belichtet den Morgen.
Die Berge sind deutlich und nah.
Der Himmel hielt Bläue verborgen,
und plötzlich, im Licht, ist sie da.

Der Wind streicht mir über die Wangen,
noch kühl, aber gar nicht mehr kalt.
Die Nacht ist zu Ende gegangen.
Die Blumen öffnen sich bald.

Die Sonne belichtet den Morgen.
Er ist so, wie ich ihn mag.
Viel seh ich, und viel bleibt verborgen.
Mein Kopf macht ein Foto vom Tag.

4 Vergleiche nun, wie der Morgen in den beiden Gedichten dargestellt wird.

a Suche dazu aus deiner Tabelle Gemeinsamkeiten und Unterschiede heraus.

b Fasse die Ergebnisse in einigen Sätzen zusammen.

→ S. 244 Merkwissen

5 Schreibe zu dem Gedicht »Sonnenaufgang« ein Parallelgedicht mit dem Titel »Sonnenuntergang«. Sammle dazu zuerst stichpunktartig Eindrücke und Sinneswahrnehmungen.

Johann Wolfgang von Goethe

Erlkönig

Wer reitet so spät durch Nacht und Wind?
Es ist der Vater mit seinem Kind;
Er hat den Knaben wohl in dem Arm,
Er fasst ihn sicher, er hält ihn warm.

»Mein Sohn, was birgst du so bang dein Gesicht?« –
»Siehst, Vater, du den Erlkönig nicht?
Den Erlenkönig mit Kron' und Schweif?« –
»Mein Sohn, es ist ein Nebelstreif.« –

»Du liebes Kind, komm, geh mit mir!
Gar schöne Spiele spiel ich mit dir;
Manch bunte Blumen sind an dem Strand;
Meine Mutter hat manch gülden Gewand.«

»Mein Vater, mein Vater, und hörest du nicht,
Was Erlenkönig mir leise verspricht?« –
»Sei ruhig, bleibe ruhig, mein Kind;
In dürren Blättern säuselt der Wind.« –

»Willst, feiner Knabe, du mit mir gehn?
Meine Töchter sollen dich warten schön;
Meine Töchter führen den nächtlichen Reihn
Und wiegen und tanzen und singen dich ein.«

»Mein Vater, mein Vater, und siehst du nicht dort
Erlkönigs Töchter am düstern Ort?« –
»Mein Sohn, mein Sohn, ich seh es genau:
Es scheinen die alten Weiden so grau.« –

»Ich liebe dich, mich reizt deine schöne Gestalt;
Und bist du nicht willig, so brauch ich Gewalt.« –
»Mein Vater, mein Vater, jetzt fasst er mich an!
Erlkönig hat mir ein Leids getan!« –

Dem Vater grauset's, er reitet geschwind,
Er hält in den Armen das ächzende Kind,
Erreicht den Hof mit Müh und Not;
In seinen Armen das Kind war tot.

1. Sieh dir die Illustrationen an. Passen sie deiner Meinung nach gut zu dem Gedicht? Begründe deine Meinung.

2. Fasse den Inhalt jeder Strophe in einem Satz zusammen.

3. Was macht dem Knaben solche große Angst? Suche die entsprechenden Textstellen heraus.

4. Übt den gemeinsamen Vortrag des Gedichts. Legt fest, wer den Erzähler, den Vater, das Kind und den Erlkönig spricht. Überlegt, welche Stimme und Stimmung dazu passt (z. B. vernünftig, ängstlich, verführerisch).

TIPP
Ihr könnt auch Geräusche hinzunehmen, z. B. Pferdegetrappel, das ihr mit zwei Kokosnussschalen erzeugt. → **S. 145.**

Eugen Gomringer

wind

w w
d i
n n n
i d i d
w w

Eugen Gomringer

das schwarze geheimnis

das schwarze geheimnis
ist hier
hier ist
das schwarze geheimnis

Christian Morgenstern

Die Trichter

Zwei Trichter wandeln durch die Nacht.
Durch ihres Rumpfs verengten Schacht
fließt weißes Mondlicht
still und heiter
auf ihren
Waldweg
u. s.
w.

1. Betrachte das Bildgedicht »wind«. Was fällt dir bei der Anordnung der Buchstaben auf?

2. Beschreibe die Form des Gedichts »das schwarze geheimnis«.

3. Beschreibe die Wirkung, die das Gedicht »Die Trichter« bei dir hervorruft.

4. Kann man auch solche Gedichte vortragen? Überlegt euch eine passende Darbietung.

Mit Götter- und Heldensagen umgehen

1

a Tragt zusammen, was ihr bereits über Sagen wisst. Welche Sagen kennt ihr?

b Die Geschichte von Odysseus ist eine der ältesten Sagen der Welt. Der blinde griechische Dichter Homer soll sie im 8. Jahrhundert v. Chr. verfasst haben. Lies die Sage in der Fassung von Dimitar Inkiow.

Das trojanische Pferd

Um die Stadt Troja wurde ein Krieg geführt. Odysseus' Leute versuchten zehn Jahre lang erfolglos, Troja zu erobern.

»Oh, großer König«, sagte Odysseus, nachdem sie alle gut gegessen und getrunken hatten. »Wir kämpfen und kämpfen, aber Troja fällt nicht. Ich will endlich siegen, wenn ich schon so lange gekämpft habe!«
»Das wollen wir auch, Odysseus, wir auch!«, riefen viele. »Aber leider geht es nicht!«
»Nicht mit roher Gewalt. Aber wir können Troja mit List erobern.« Alle spitzten die Ohren: »Was schlägst du vor?«
»Wir sollten ein Pferd aus Holz bauen. Ein sehr, sehr großes Pferd. Die besten unserer Krieger verstecken sich dann im Bauch des Pferdes. Wir erklären in einem Schreiben feierlich den Krieg für beendet und bieten den Trojanern das Pferd als Geschenk und Entschuldigung an.«
»Und was meinst du, wird weiter geschehen?«
»Was wohl? Ich hoffe, sie werden das Geschenk annehmen und das Pferd in die Stadt bringen. Und dann fällt Troja wie ein überreifer Apfel in unsere Hand. Jetzt brauchen wir strengste Geheimhaltung, schönes festes Holz, Geduld und Fleiß. Das Pferd muss wunderschön werden. Denn ich bin mir sicher – falls wir Troja damit besiegen, wird das Trojanische Pferd in die Geschichte eingehen. Auch nach tausend Jahren wird man darüber sprechen.«
Die Griechen machten sich an die Arbeit. Holz wurde herangeschafft, Künstler und Handwerker geholt. Das Pferd wurde auf einer Holzplattform mit vier Rädern gebaut. Eine Geheimtür, die sich nur von innen öffnen ließ, führte in seinen Bauch.
Es war eine dunkle, geheimnisvolle Nacht – auch die Götter schliefen, als Odysseus sich zusammen mit dreißig seiner Krieger im Bauch des Pferdes versteckte.

Am nächsten Tag berichteten Kundschafter König Priamos von Troja: »Die griechische Flotte segelt aufs offene Meer hinaus. Kein Grieche ist in der Nähe der Stadt zu sehen. Nur ein großes Holzpferd steht da. Wir haben neben dem Pferd ein versiegeltes Schreiben gefunden. Hier ist es.«
König Priamos öffnete es und las: »An König Priamos. Wir geben auf, weil die Götter auf eurer Seite stehen. Der Krieg ist zu Ende. Als Zeichen der Versöhnung, damit ihr nicht an Rache denkt, schenken wir euch das hölzerne Pferd. Wir haben es euch zu Ehren das *Trojanische Pferd* genannt.«
König Priamos begab sich vor das Tor Trojas und betrachtete lange das hölzerne Pferd. Er befahl, es in die Stadt zu bringen und auf dem Marktplatz aufzustellen. Rundherum sollte ein Fest stattfinden.
So geschah es. Alle Trojaner kamen, um zu feiern. Ziegen, Lämmer, Gänse und Hühner wurden gebraten. Viele Fässer Wein wurden geöffnet und getrunken. Die leckeren Düfte kamen auch bis in den Bauch des Pferdes, wo die griechischen Krieger mucksmäuschenstill, verschwitzt und hungrig, eng gedrängt einer neben dem anderen lagen. Das Wasser lief ihnen im Munde zusammen. Aber keiner gab auch nur einen Mucks von sich.
Mitten in der Nacht, als die Trojaner betrunken in tiefen Schlaf gefallen waren, schlichen die Griechen aus ihrem Versteck heraus. Odysseus öffnete die Stadttore. Das griechische Heer war in der Zwischenzeit zurückgekehrt. Die Krieger strömten in die Stadt und eroberten Troja.

c Beschreibe kurz, welchen Eindruck der Text auf dich gemacht hat.

d Begründe, warum dieser Text eine Heldensage ist.
Nutze den Merkkasten.

! **Heldensagen** sind ursprünglich mündlich überlieferte Erzählungen, die vom Anfang der Welt, von Göttern, Helden und deren Taten handeln. Oft geht es in ihnen um Sieg und Niederlage, um Kampf und Bewährung und um abenteuerliche Reisen. Die Helden stehen häufig in Kontakt mit den Göttern, haben magische Helfer oder übernatürliche Kräfte. Trotzdem enthalten viele Heldensagen einen wahren historischen Kern.

Eine Sage vortragen

2 Bereite die Sage für einen Lesevortrag vor.

a Lies die Sage zuerst mehrmals nur für dich: laut, halblaut oder leise. Achte auf die Satzzeichen.

TIPP
Wenn das Buch nicht dir gehört, lege zum Arbeiten eine Folie über den Text oder nutze eine Kopie.

b Trage Lesehilfen ein, die deinen Lesevortrag unterstützen sollen. Nimm dazu die folgende Schrittfolge zu Hilfe.

So kannst du deinen Vortrag mit Lesehilfen vorbereiten

1. Teile den Text in Abschnitte ein.
2. Unterstreiche die Wörter und Wortgruppen, die du betonen willst.
3. Setze einen Schrägstrich für eine kurze Pause, /
   zwei Schrägstriche für eine lange Pause. //
4. Zeichne die Satzmelodie ein:
   - Stimme senken
   - Stimme heben
5. Gestalte die wörtliche Rede abwechslungsreich, aber auch typisch für die einzelnen Sprecher.
6. Bringe die Grundstimmung der Sage durch deinen Tonfall zum Ausdruck: aufregend, spannend, fröhlich, laut, leise usw.
7. Beachte dein Sprechtempo.

c Übe das Vorlesen des folgenden Textabschnitts. Achte auf die Lesehilfen.

»Oh, großer König«, / sagte Odysseus, / nachdem sie alle gut gegessen und getrunken hatten. // »Wir kämpfen und kämpfen, / aber Troja fällt nicht. / Ich will endlich siegen, wenn ich schon so lange gekämpft habe!« »Das wollen wir auch, Odysseus, wir auch!«, / riefen viele. »Aber leider geht es nicht!«

d Tragt euch jetzt die gesamte Sage gegenseitig vor. Einigt euch vorher, wer welchen Abschnitt vorliest. Gebt euch Hinweise, was noch verbessert werden könnte.

Was habe ich gelernt?

3 Überprüfe, was du über Götter- und Heldensagen gelernt hast.

a Lies deine Lieblingssage mithilfe von Lesehilfen vor und erzähle sie nach.

b Erkläre, warum du diese Sage gewählt hast und welche Merkmale einer Götter- und Heldensage auf sie zutreffen.

Helden und ihre Handlungsmotive verstehen

Viele Sagen erzählen von Helden und ihren Taten. Manche Sagen werden schon seit Jahrtausenden erzählt, denn die Helden von früher faszinieren uns noch immer. Nutze die folgenden fünf Fragen, um Helden und ihre Motive (die Gründe für ihr Handeln) bewerten zu können.

1 Wähle aus den folgenden Lesetexten (S. 97–105) einen Helden aus und verfasse einen Steckbrief für ihn.

	Odysseus
1. Welche Eigenschaften hat der Held? (z. B.: schlau, mutig, draufgängerisch, nachdenklich)	klug, listig, aber auch mutig
2. Welche Aufgabe muss er lösen? (z. B.: Kampf mit einem Drachen, Befreiung einer Prinzessin, Begegnung mit realen Gefahren)	Sieg im Trojanischen Krieg
3. Wie erfährt der Held von der Aufgabe? (z. B.: Auftrag von einem anderen, zufällig, er stellt sich die Aufgabe selbst)	jahrelanger erfolgloser Krieg
4. Wie löst er die Aufgabe? (z. B.: Einsatz von Kraft, List, Hilfe von Göttern)	durch List, nicht durch Gewalt
5. Warum vollbringt der Held seine Tat? (z. B.: Ruhm vergrößern, Menschen helfen)	Sieg für die Griechen, Ende des Krieges

2 Vergleicht eure Helden und den Grund ihres Handelns miteinander.

3 Tauscht euch darüber aus, was ihr von einem Helden oder einer Heldin erwartet.

Der griechische Halbgott Herakles und sein Bruder Iolaos haben sich auf Reisen begeben, um Abenteuer zu erleben. Dabei gelangen sie auch in den Kaukasus.

1 Prometheus wird vom Göttervater Zeus bestraft. Finde beim Lesen heraus, wofür er bestraft wird und welche Strafe er verbüßt.

Hannes Hüttner

Herakles befreit Prometheus

Als sie an einem Morgen Wasser im bronzenen Kessel wärmten, schwebte hoch in der Luft ein Adler vorüber, ein so riesiges Tier, dass es einer Wolke glich und die Sonne verdunkelte. Der Vogel verschwand hinter einem Felsen. Gleich darauf hörten sie aus der Höhe einen Schrei, der ihnen allen Mut benahm und den Atem stocken ließ. Dem grausen Laut folgte wenig später ein Stöhnen, das unmenschliche Qual verriet. Umständlich, als wollten sie eine Entscheidung hinauszögern, standen sie auf und suchten zusammen, was ihr Reisebündel ausmachte. Und als Herakles noch immer zögerte, schritt Iolaos als Erster bergan. Der Bruder holte ihn ein und legte ihm den Arm auf die Schulter.
Sie verstanden sich ohne Worte.
Das Stöhnen, das nach immer längeren Pausen erscholl, wies ihnen den Weg. Über Geröllhänge und mit wildem Rhododendron bedeckte Matten kletterten sie höher. Dann gerieten sie in rissigen Fels und mussten abbröckelnde Gletscherzungen queren. Endlich, nach einem Tag und einer Nacht, gelangten sie an eine Felswand, die mehrere hundert Meter emporragte. Ganz oben an dieser Wand hing im roten Glanz der Sonne eine menschliche Gestalt. Ihre Hände und Füße waren an den Fels geschmiedet.
»Ich habe es gefürchtet und gehofft, es möge nicht zutreffen«, sagte Iolaos. »Das ist Prometheus!«
Herakles wusste, was dem Bruder durch den Sinn ging. Zeus selbst hatte über Prometheus einen grässlichen Fluch gesprochen: Ein Adler riss ihm Tag für Tag die Leber aus dem Leib. Die Wunde verheilte im Laufe von vierundzwanzig Stunden – dann kam der rächende Vogel erneut. Qual ohne Ende. Dies sollte die Strafe dafür sein, dass Prometheus den Menschen das Feuer gegeben hatte. Niemand durfte Prometheus helfen; der Zorn des obersten Gottes würde den treffen, der sich gegen den Spruch verging. Auf ewig sollte Prometheus an den Kaukasus geschmiedet bleiben.

Sie starrten noch auf die Gestalt, die aus der großen Entfernung winzig erschien, als ein Schatten über sie fiel. Der Adler schwebte heran, so wie er es seit Jahrhunderten getan hatte. [...]
Prometheus sah dem schwarzen Ungetüm mit aufgerissenen Augen entgegen. Hier kam seine tägliche Qual – wieder würde ihm die Leber aus dem Leib gerissen werden, wieder würde sie nachwachsen, ein Leben ohne Hoffnung, Tag um Tag, Jahrhundert um Jahrhundert. Und nur diese Genugtuung: Die Menschen besitzen das Feuer ebenso wie Zeus. Aber auch Zweifel mischten sich drein: Machten sie wohl den rechten Gebrauch davon?
Herakles wusste, dass er sich nicht gegen den himmlischen Vater auflehnen durfte, aber er handelte ohne langes Besinnen: Außer sich vor Zorn zog er den Pfeil aus dem Köcher, legte ihn vor die Sehne und ließ ihn sausen. Prometheus sah nicht den Pfeil. Er sah nur, dass Federn stoben und die Schwingen des Riesenvogels zusammenschlugen; dann stürzte das Tier steil in die Tiefe und wurde zerschmettert. Iolaos stand wie gelähmt. Gleich musste ein Blitz herniederfahren und sie beide verbrennen. Er wartete mit eingezogenem Kopf. Es geschah nichts.
Auch Herakles hatte gezögert. »Los!«, sagte er jetzt. Er verschwand im Geklüft. Iolaos verharrte zweifelnd eine Weile, dann stieg er hinterdrein. Hatten sie es begonnen, so mussten sie es wohl auch zu Ende bringen. Der Gedanke, Herakles im Stich zu lassen, damit er, Iolaos, vor Zeus schuldlos bleibe, kam ihm nicht. Doch ängstete er sich und wusste nicht, ob sie die Sonne des nächsten Tages schauen würden.
Erst als sie schweißüberströmt oben anlangten, die Tat zu vollbringen, damit sie ihren Sinn bekäme, dachte Iolaos nicht mehr an sie beide, sondern an den Gefesselten da, der im Stein hing.

Unaussprechliche Qual hatte dessen Gesicht zerfurcht.
Als Herakles mit seinem Schwert die in den Fels getriebenen eisernen Fesseln zu sprengen versuchte, schlug Prometheus die Augen auf. [...]
»Wer bist du?«, fragte er.
»Ich bin Herakles«, sagte der Grieche. »Und das ist Iolaos!«
»Du frevelst, Herakles!«, sagte Prometheus.
»Wie du siehst!«, sprach der Zeussohn. [...] Mühselig schlug er Prometheus aus dem Fels. Er mochte dabei nicht reden, denn noch immer hockte tief im Innern die Angst. Reden brächte sie vielleicht zu Tage.
Prometheus sah diese beiden an, zwei aus dem Menschengeschlecht, das er einst geschaffen hatte; jetzt befreiten sie ihn. Er schloss die Augen und dachte: Nichts war umsonst. Wie es auch ausgeht. Dann öffnete er sie wieder. Ein Seil schlang sich um seine Brust und sicherte ihn vorm Absturz; nur ein Arm noch war gefesselt. Da sah er Iolaos ein Stück der eisernen Fessel zu einem Ring hämmern und an diesem Ring ein Stück des felsigen Gesteins. Den seltsamen Reif schob Iolaos dem Titanen auf den vierten Finger der rechten Hand, gerade als Herakles die letzte Kette zerschlagen hatte. Prometheus blickte den Griechen fragend an. Der schämte sich seiner List und war doch stolz auf den Einfall.
»Der Ring ist eine Fessel«, erklärte er, »der Stein daran ein Stück vom Kaukasus. Noch immer bist du an das Gebirge geschmiedet. Wir haben Zeus' Urteil nicht verletzt!«
Prometheus betrachtete den schlauen jungen Mann und begann zu lachen. Das Gelächter kam stoßweise, das Zwerchfell schmerzte: Er hatte viele tausend Jahre nicht mehr gelacht. Dann wurde er ernst. »Ich danke euch, dass ihr euer Leben für mich gewagt habt!«
»Es gibt zwei Dinge, die ich schwer ertragen kann, Prometheus«, erwiderte Herakles, »wenn jemand über mich lacht und wenn ein Mensch sich quält.« [...]

→ S. 62 Eine Geschichte nacherzählen

2 Erzähle mit eigenen Worten nach, wie Herakles Prometheus befreit.

3 Erkläre, worin die List des Iolaos besteht.

4 Vergleicht die Helden Herakles, Iolaos und Prometheus miteinander. Erstellt für jeden einen Steckbrief.

→ S. 96 Helden und ihre Handlungsmotive verstehen

Gretel und Wolfgang Hecht

Die Heldentaten des jungen Siegfried

In Xanten am Niederrhein herrschten vor Zeiten König Siegmund und Königin Siegelind. Sie hatten einen Sohn, Siegfried geheißen. Überall im Lande erzählte man von dem starken und schönen Königssohn aus Xanten, denn schon in jungen Jahren vollbrachte er manche Heldentaten.

Eines Tages kam Siegfried zu einem Schmied, der Mime hieß und tief im Walde seine Werkstatt hatte. Eine Weile sah er zu, wie Meister Mime und seine Gesellen am Amboss standen und mit ihren schweren Hämmern auf das glühende Eisen schlugen, dass die Funken stoben, und dann sprach er zu Mime: »Ich möchte auch das Schmiedehandwerk erlernen. Wollt Ihr es mich lehren, will ich gern bei Euch bleiben.«

Als Mime sah, dass Siegfried stark und groß gewachsen war, stimmte er zu und nahm ihn auf unter seine Schmiedeknechte. Am nächsten Morgen brachte er seinen neuen Lehrburschen mit in die Werkstatt, um zu sehen, wie er sich bei der Arbeit anstellte. Er holte eine große Eisenstange und legte sie ins Feuer. Dann gab er Siegfried den schwersten Schmiedehammer in die Hand, nahm das glühende Eisen aus dem Feuer, legte es auf den Amboss und hieß Siegfried draufschlagen.

Da schwang Siegfried den Hammer, und gleich sein erster Schlag war so gewaltig, dass er den Amboss tief in die Erde trieb und das Eisen samt der Zange, die Mime in beiden Händen hielt, wie morsches Holz zerbrachen.

Die Schmiedegesellen machten große Augen und Mime sprach: »Noch nie sah ich einen Menschen so gewaltig zuschlagen. Zum Schmiedehandwerk wirst du nie taugen.«

Siegfried jedoch bat, es noch einmal mit ihm zu versuchen, sodass Mime schließlich nachgab und Siegfried behielt. Bald aber bereute er, dass er Siegfried nicht doch weggeschickt hatte, denn der fing

mit allen Schmiedegesellen Streit an und keiner wollte mehr mit ihm arbeiten. Sie beschwerten sich bei Mime und drohten, die Schmiede zu verlassen, wenn Siegfried noch länger bliebe.
Da beschloss Mime, Siegfried umzubringen, und er dachte bei sich: »Ich will Siegfried zum Kohlenbrennen in den Wald schicken und ihm einen Weg zeigen, der zum Drachenpfuhl führt, wo der Lindwurm haust. Dann wird er bestimmt niemals wieder hierher zurückkehren.«
Siegfried ahnte nichts Böses, als Mime ihm den Auftrag gab, in den Wald zu gehen und Kohlen zu brennen. Er zog los und kam bald zu dem Weg, den Mime ihm beschrieben hatte. Da begann er, Bäume umzuhauen, trug sie auf einen großen Haufen und zündete ein Feuer an, um Holzkohle zu brennen. Als er sich jedoch auf einen Baumstumpf gesetzt hatte, um von der Arbeit auszuruhen, wälzte sich der Lindwurm heran, ein riesiges Ungeheuer mit einem Rachen, so groß, dass es einen Menschen mit Haut und Haar verschlingen konnte. Siegfried sah das Ungetüm, das schon gierig nach ihm schnappte, sprang auf, riss einen Baum aus dem Feuer und schlug mit aller Kraft auf den Drachen los. Schlag auf Schlag versetzte er ihm, bis das Untier tot war und das Blut in einem dicken Strahl herausschoss. Siegfried steckte den Finger in das dampfende Drachenblut, und siehe da, der Finger war von einer festen Hornhaut überzogen, dass kein Schwert ihn ritzen konnte. Da warf Siegfried rasch seine Kleider ab und bestrich sich von oben bis unten mit dem Drachenblut, sodass seine Haut hörnern wurde bis auf eine kleine Stelle am Rücken zwischen den Schultern, wo ein Lindenblatt hingefallen war. Dann legte er seine Kleider wieder an und machte sich auf den Weg nach Hause zur väterlichen Burg.

1 Was erfährst du bis hierher über Siegfried? Notiere in Stichpunkten.

2 Erkläre, was das Bad im Drachenblut für Siegfried bedeutet.

Lange aber hielt es ihn dort nicht, immer wieder zog er hinaus, um Abenteuer zu suchen. Einmal ritt er durch einen dunklen Wald und kam an einen Berg. Da sah er, wie Männer einen riesigen Schatz aus dem Berge holten. Noch nie hatte er so viel Gold und Edelsteine gesehen, wohl hundert Wagen hätten nicht ausgereicht, die Fülle zu tragen. Es war der Hort der Nibelungen, den die Könige Nibelung und Schilbung unter sich aufteilen wollten.

Als Siegfried näher geritten kam, erkannten ihn die Könige. Sie grüßten ihn freundlich und baten ihn, den Hort unter ihnen zu teilen, denn sie könnten sich nicht einigen. Zum Lohn wollten sie ihm das Schwert Balmung schenken. Für solchen Preis war Siegfried gern bereit, den Wunsch der Könige zu erfüllen.
Man reichte ihm das Schwert, und Siegfried begann, alles Gold aufzuteilen.
Aber er konnte es den beiden Königen nicht recht machen, jeder glaubte, bei der Teilung zu kurz gekommen zu sein.
Gemeinsam mit ihren Recken fielen sie über Siegfried her. Doch sie waren ihm nicht gewachsen, er erschlug sie alle mit dem Schwerte Balmung.
Das sah Alberich, der zauberkundige Zwerg. Um den Tod der Könige zu rächen, hängte er seine Tarnkappe um, die ihn unsichtbar machte und ihm zugleich die Stärke von zwölf Männern gab, und griff Siegfried an. Der wehrte sich aus Leibeskräften und mühte sich lange vergeblich, den Unsichtbaren zu packen. Endlich aber gelang es ihm doch, Alberich die Tarnkappe abzureißen und ihn zu überwinden.
So hatte Siegfried alle, die gegen ihn zu kämpfen gewagt hatten, erschlagen oder besiegt, und nun war er der Herr über das Nibelungenland und den Nibelungenhort. Er befahl, den Schatz wieder in den Berg zurückzubringen, und nachdem Alberich Treue geschworen hatte, setzte Siegfried ihn zum Hüter über den Hort.

→ S. 96 Helden und ihre Handlungsmotive verstehen

3 Ergänze deinen Steckbrief für Siegfried.

4 Tauscht euch darüber aus, was Siegfried zu einem Helden macht. Begründet eure Einschätzung.

5 Schreibe auf, was Siegfried einem Freund über seine Abenteuer erzählen könnte.

Diese Geschichte spielt vor ungefähr 70 Jahren in einem Ort an der kroatischen Adriaküste. Sie handelt von Kindern, die kein Zuhause haben und ums Überleben kämpfen müssen. Der zwölfjährige Branko ist vom Gendarmen Begovic in eine Zelle gesperrt worden, weil er auf dem Markt heimlich einen heruntergefallenen Fisch aufgehoben hat. Ein geheimnisvolles Mädchen versucht, Branko zu befreien.

1 Wie wird Branko befreit? Notiere beim Lesen die einzelnen Schritte.

Kurt Held

Die rote Zora und ihre Bande

Da hörte er das Kratzen am Fenster wieder. Aber es war nicht das Mädchen, das auftauchte, sondern eine Stange. Jemand schob sie durch das Kreuz herein, bis sie zwischen Kreuz und Decke festsaß. Eine Minute später saß auch das Mädchen auf dem Fenstersims.
»Da bin ich wieder«, sagte sie, zeigte ihre Zähne und lachte. »Ich habe eine Stange mitgebracht. Pass auf. Ich schiebe sie zu dir hinein.« Sie hob sie etwas, und die Stange senkte sich nach unten. »Geh auf die Seite«, zischte sie noch. Branko sprang eilig an die Wand, da stieß sie bereits unten auf.
»Nun musst du sie an das Fenster stellen«, unterwies ihn das Mädchen weiter. »Ich halte sie, und dann kletterst du an ihr herauf.«
Branko packte das dicke Holz fest zwischen Arme und Beine und zog sich daran in die Höhe. »Pass auf!« Sie reichte ihm eine Hand. Ihre Finger schlossen sich um die seinen. Noch einen Ruck, und er war oben.
Sie saßen nun dicht nebeneinander. Branko sah, dass das Mädchen einen schmalen Mund, kleine Ohren und helle, gelbe Augen hatte. Wie Bernstein glänzten sie, und die Sommersprossen saßen tatsächlich überall, sogar auf der spitzen, kühnen Nase.
»Wer bist du eigentlich?«, fragte er.
»Das erzähle ich dir später«, antwortete das Mädchen. »Jetzt musst du erst noch durch das Gitter kommen.« [...] Es war kalt und saß fest. Er versuchte, daran zu rütteln. »Ich glaube, das bringen wir nicht heraus.«
Sie lachte. »Schafskopf«, tadelte sie ihn. »Das glaube ich auch. Du musst durchkriechen.« »Meinst du, dass ich durchkomme?« Er steckte seinen Kopf in das oberste Viereck.

»Du musst es wenigstens versuchen, und wenn es nicht geht, musst du eben so lange darin bleiben, bis dich Begovic wieder hinauslässt.«

Branko schob den Kopf weiter vor, aber er blieb mit den Schultern stecken. »Ich bin zu dick«, seufzte er und wollte sich schon wieder nach unten fallen lassen.

»Nimm den Kopf wieder hinein«, kommandierte sie, »und versuch es zuerst mit der linken Hand. So«, sie half ihm. »Nun den Kopf nach. Dann die Schulter.« Sie versuchte, ihn herauszuziehen.

»Ich bin wirklich zu dick.«

»Du bist ja schon halb draußen. Komm, probier es noch einmal.«

Er schob und stieß sich weiter und wollte schon wieder sagen, es gehe nicht, da hörte er, wie es von allen Kirchen zwölf schlug und gleichzeitig auch, dass jemand den Gang entlangkam.

»Oh«, jammerte er, »ich glaube, Begovic kommt«, und stemmte und presste sich noch fester.

»Lass ihn nur kommen«, tröstete ihn das Mädchen. »Jetzt musst du nur noch etwas den Bauch einziehen, und bis er die Tür aufgesperrt hat, bist du draußen.«

Er hing tatsächlich schon halb aus dem Fenster, aber er hatte keinen Halt mehr.

»Lass dich einfach fallen«, sagte sie. »Ich halte dich.« [...]

Branko sprang. In diesem Augenblick hatte Begovic die Tür geöffnet und trat in die Zelle.

»Hier«, sagte er und wollte Branko das Essen reichen. Da sah er den Pfahl und den leeren Raum.

»Verdammt«, jammerte er, »der Kerl ist ausgerissen, und gleich kommt der Bürgermeister, um sich ihn anzusehen.«

Da blickte er nach oben.

Branko war verschwunden, aber Zora saß noch auf dem Fenster. Sie streckte ihm die Zunge heraus.

»Auf Wiedersehen, Begovic!«, rief sie.

Begovic ließ entsetzt die Schüssel mit dem Essen fallen, riss die Augen auf und starrte zu dem Mädchen hinauf.

»Bin ich betrunken«, stotterte er. »Ich habe doch einen Jungen eingesperrt, und jetzt reißt ein Mädchen aus.«

Das Mädchen schüttelte die Haare. »Ich bin auch ein Mädchen«, lachte sie, »und damit du weißt, wer ich bin: Ich bin die rote Zora.«

[...]

Im Versteck der Bande hat Branko Gelegenheit, mehr über seine Retterin zu erfahren.

Zora hatte die Augen geschlossen, und er konnte sie unverwandt ansehen. Es lag etwas Weiches und Mädchenhaftes in ihrem Gesicht, während sie bisher ernst und knabenhaft, ja manchmal sogar hart und böse ausgesehen hatte. Das rote Haar war durch die Hände verdeckt, und die Sommersprossen waren im Schatten der Ranken kaum sichtbar. Sie sah jetzt nicht nur mädchenhaft, sondern geradezu schön aus. Warum hatte sie ihn wohl aus dem Gefängnis befreit und war dann mit ihm fast über alle Zäune und Mauern von Senj geklettert, um ihn zu retten?
Branko wurde traurig, während er darüber nachsann. Er sah wieder die Gesichter der Senjer Buben, die ihn beschimpft und einen Spitzbuben genannt hatten.
Alle hatten ihn verraten und verlassen, sogar seine Freunde, nur weil er einen Fisch aufgehoben hat, und ausgerechnet dieses fremde Mädchen, die alle die rote Zora nannten, hatte ihn gerettet.
Zora spürte, dass Branko sie ansah.
Plötzlich sagte sie, ihre Augen waren noch halb geschlossen: »Was starrst du mich so an?«
Branko sagte, was er dachte. »Warum hast du mich eigentlich gerettet?«, fragte er.
»Ich weiß es nicht.«
»Ich möchte es aber wissen.«
»Ich kann es dir nicht sagen.«
»Du hast mich doch vorher gar nicht gekannt?«
»Ich habe gesehen, dass du hungrig warst, und ich weiß, wie es ist, wenn man Hunger und nichts zu essen hat. [...]«
»Mir will einfach nicht in den Kopf, dass du das alles für mich getan hast«, antwortete Branko.
»Ach«, spottete sie, »man soll überhaupt nicht so lange über etwas nachdenken. Ich tue einfach immer, was ich muss.«

→ S. 96 Helden und ihre Handlungsmotive verstehen

2 Schreibe einen Steckbrief für Zora. Entscheide dann, ob sie als Heldin bezeichnet werden kann.

●●● **3** Finde mehr über das Buch »Die rote Zora« und dessen Verfilmungen heraus.

Beschreiben

Einen Vorgang beschreiben

1 Im Alltag stoßt ihr auf verschiedene Anleitungen zum Handeln.

a Tragt zusammen, in welchen Situationen ihr schon jemandem eine Handlungsanleitung gegeben habt. Welche Besonderheiten waren zu beachten?

b Überlegt, was ihr beachten müsst, wenn ihr jemandem beschreibt, wie man einen Kuchen bäckt.

Informationen sammeln und ordnen

2 Das folgende Rezept ist durcheinandergeraten.

a Lies das Rezept.

Alle Zutaten zu einem glatten Teig verrühren, 0,5 l Milch, etwas Bratfett in der Pfanne erhitzen, 250 g Mehl, 2 Eier, Teig mit einer Kelle in die Pfanne geben und breitlaufen lassen, Salz, 1 Messerspitze Backpulver, mit Eierkuchenwender den auf der Unterseite goldgelben Eierkuchen wenden. Dazu kann Apfelmus, Marmelade oder Nutella gereicht werden.

b Schreibe die Zutaten heraus.

Zutaten: 0,5 l Milch, ...

c Schreibe die Handlungsanweisung in der richtigen Reihenfolge auf.

Zubereitung: 1. alle Zutaten zu einem glatten Teig verrühren

d Formuliere das Rezept neu und schreibe es in dein Heft.

! **Vorgangsbeschreibungen,** wie Rezepte, Spiel- oder Bastelanleitungen, beginnen mit einer Materialliste, danach folgt die Handlungsanleitung. Die Handlung wird so beschrieben, dass man sie nachvollziehen kann. Deshalb muss man darauf achten, dass die einzelnen Teilhandlungen in der richtigen Reihenfolge beschrieben werden.

3 Blumen gibt es in unterschiedlichen Farben und Formen.
Wenn es deine Lieblingsblume nicht in deiner Lieblingsfarbe gibt, färbe sie ein.

Eine Vorgangsbeschreibung untersuchen

a Lies die folgende Handlungsanleitung.

Man nehme:
– weiße Blumen (z. B. Nelken)
– farbige Tinte
– Wasser
– ein Glas

Die farbige Tinte gebt ihr in das Glas. Füllt außerdem noch Wasser dazu. Dann stellt ihr die Blume hinein und wartet. Die Blüten verfärben sich nach einiger Zeit – je nachdem, welche Tintenfarbe ihr gewählt habt.
Ihr könnt auch zweifarbige Blumen herstellen. Dafür schneidet ihr den Stängel einer Blume längs von unten bis ungefähr zur Hälfte durch. Dann stellt ihr eine Stängelhälfte in ein Glas mit beispielsweise blauer Tinte und die andere Stängelhälfte in das Glas mit roter Tinte. Die Blüten verfärben sich dann rot-blau.

b Schreibe alle Teilhandlungen in Form von Stichpunkten auf.

1. farbige Tinte in das Glas geben
2. …

4 Um Vorgänge und Handlungen möglichst genau zu benennen, verwendet man treffende Verben. Untersuche den Text in Aufgabe 3 a.

a Suche alle Verben heraus und überprüfe, ob sie die Vorgänge und Handlungen genau genug benennen.

b Bestimme Person und Zahl der finiten Verbformen. Nenne auch die infiniten Verbformen.

→ **S.164** Finite und infinite Verbformen

c Wähle ein passendes Verb aus und setze es ein.

1 Zuerst musst du das Material (besorgen, holen, zurechtlegen).
2 Deinen Arbeitsplatz solltest du immer (pflegen, aufräumen, ordnen).
3 Den Stängel musst du frisch (abschneiden, anschneiden).
4 Du kannst zweifarbige Blumen (gestalten, übergeben).
5 Zum Färben solltest du Handschuhe (überwerfen, anziehen).

5 Die Sätze einer Handlungsanleitung müssen sinnvoll miteinander verknüpft werden, sodass die Reihenfolge der Teilhandlungen deutlich wird.

a Beurteile die Verknüpfung der folgenden Sätze.

Zuerst schneidet ihr den Stängel einer Blume längs von unten bis ungefähr zur Hälfte durch. Dann stellt ihr eine Stängelhälfte in ein Glas mit blauer Tinte. Dann wird die andere Stängelhälfte in das Glas mit roter Tinte gestellt. Dann verfärben sich die Blüten rot-blau.

TIPP
Sammle zuerst weitere Wörter, mit denen du die Sätze verknüpfen kannst, z. B.: *danach, ...*

b Überarbeite die Sätze, indem du unterschiedliche Wörter zur Satzverknüpfung verwendest. Schreibe in dein Heft.

c Probiere aus, ob sich die Satzverknüpfung durch Umstellung der Satzglieder verbessern lässt.

d Untersuche die Satzverknüpfungen im Text von Aufgabe 3 a (S. 107). Welche Verknüpfung würdest du ändern? Begründe deine Meinung.

!

Vorgangsbeschreibungen/Handlungsanleitungen werden meist im Präsens verfasst.
Man kann sich entscheiden, wie man eine Beschreibung formuliert:
- **persönlich,** z. B.:
Du kannst Blumen einfärben, indem du sie in farbiges Wasser stellst.
Die farbige Tinte gebt ihr in das Glas.
- **unpersönlich,** z. B.:
Man füllt anschließend das Glas mit Wasser auf. (*man*-Form)
Das Glas wird mit Wasser aufgefüllt. (Verbform im Passiv)

→ S. 169 Aktiv- und Passivformen der Verben

6

a Untersuche, wie die Handlungsanleitung in Aufgabe 3 a (S. 107) formuliert ist.

b Formuliere die Handlungsanleitung von Aufgabe 3 a um. Verfasse sie in unpersönlicher Ausdrucksweise.

Die farbige Tinte gibt man in ...

7 Verfasse jetzt selbst eine Handlungsanleitung. Beschreibe, wie du Blattadern sichtbar machen kannst.

Eine Vorgangsbeschreibung planen

a Ordne die Stichpunkte in der richtigen Reihenfolge. Beginne mit der Materialliste.

Wachsmalstift – ein Blatt vom Malblock nehmen – Blätter im Wald sammeln – Malblock – das Blatt Papier über das Blatt legen – mit jedem Strich werden die Adern besser sichtbar – mit dem Wachsmalstift vorsichtig über das Papier streichen – eine Blattcollage anfertigen – viele Blätter mit unterschiedlichen Farben abmalen

Einen Textentwurf schreiben

b Formuliere die Handlungsanleitung und schreibe sie in dein Heft. Entscheide dich für die persönliche oder die unpersönliche Ausdrucksweise.

Den Entwurf überarbeiten

c Überarbeite deine Handlungsanleitung. Achte besonders auf die Zeitform und auf abwechslungsreiche Satzverknüpfungen.

→ **S.48** Eine Schreibkonferenz durchführen

●●● **8** Wähle ein Spiel, das dir gut gefällt, und beschreibe es. Überlege, was du bei einer Spielanleitung alles bedenken musst.

Name des Spiels, Anzahl der Spieler, ...

So kannst du eine Beschreibung verfassen

1. Denke über die Schreibaufgabe nach (Wem beschreibst du was? Zu welchem Zweck?).
2. Ordne die zu beschreibenden Merkmale in der richtigen Reihenfolge.
3. Schreibe einen Entwurf. Lass einen breiten Rand zum Überarbeiten.
4. Überarbeite den Entwurf.
5. Schreibe die Endfassung.

Eine Pflanze beschreiben

!

Eine **Beschreibung von Pflanzen** muss sehr genau und anschaulich sein, damit man die Pflanze wiedererkennen und von anderen eindeutig unterscheiden kann. Sie sollte folgende Angaben enthalten:

- Vorkommen, z. B.: *wächst von Juni bis Oktober in Nadelwäldern,*
- Bestandteile, z. B.: *besteht aus Wurzeln, Stamm und Ästen, hat Nadeln,*
- Blüten, z. B.: *hat große weiße Blüten, mit jeweils fünf Blütenblättern,*
- Blätter, z. B.: *hat handförmig gefiederte Blätter,*
- Früchte, z. B.: *trägt kleine rote Beeren,*
- Essbarkeit der einzelnen Bestandteile, z. B.: *die Früchte sind essbar.*

1 Jessica möchte am Wochenende Pilze sammeln. Sie kennt viele Pilze genau, aber bei einigen liest sie lieber nach.

a Lies den folgenden Ausschnitt aus dem Pilzbuch.

Birkenpilz (Leccinum scabrum)

Beschreibung

Hut: Durchmesser 6–12 cm, jung halbkugelig, später konvex, dickfleischig, feinfilzig, Farbe sehr variabel, von mausgrau, graubraun bis rotbraun, selten weißlich.

Röhren: jung weißlich, dann hellgrau, an Druckstellen bräunlich, englöcherig, Röhrenschicht bauchig vorgewölbt, um den Stiel ausgebuchtet. Sporenpulver oliv-bräunlich.

Stiel: 8–15 cm lang, schlank, nach oben zu verschmälert, Grundfarbe weißlich mit auf ganzer Länge graubraunen oder schwärzlichen Schüppchen dicht besetzt.

Fleisch: weiß, jung fest, später weich und schwammig, Geruch und Geschmack angenehm.

Typische Merkmale Unter Birken wachsender, großer, schlanker Röhrenpilz mit graubraunem Hut, hellgrauen Röhren und einem weißlichen Stiel, der dicht besetzt ist mit schwärzlichen Schüppchen.

Vorkommen Juni bis Oktober immer bei Birken, in Wäldern, Heiden, Mooren, einzeln oder gesellig.

Wert Jung ein guter Speisepilz, ältere Exemplare sind sehr weich und wässrig. Pilzfleisch wird beim Kochen grauschwarz.

Eine Pflanzen-
beschreibung
untersuchen

b Suche aus Aufgabe a heraus, auf welche Bestandteile man bei der Beschreibung von Pilzen achten muss.

2 Wähle einen der Pilze aus und beschreibe ihn.

Eine Pflanzen-
beschreibung
planen

a Übertrage die Tabelle in dein Heft. Ordne die folgenden Wortgruppen richtig zu.

scharlach- bis kirschrot – weiße, warzige Flocken – schlank mit Manschette – kastanienbraun – ockerbraun bis rostbraun – Hutrand stark und lange eingerollt – schlank, hellbraun – giftig – blassgelbe, später gelbgrüne Röhren – kräftig, hellbraun bis ockerbraun – weiße Lamellen – essbar – ockergelbe, am Stiel herablaufende Lamellen – giftig

Fliegenpilz

Maronenröhrling

Kahler Krempling

Merkmale	Fliegenpilz	Maronenröhrling	Kahler Krempling
Hut			
Stiel			
Futter			
Essbarkeit			

Eine Pflanzen-
beschreibung
verfassen

b Formuliere eine Pilzbeschreibung in zusammenhängenden Sätzen.

Der Fliegenpilz hat einen roten Hut, der ...

3 Im Biologieunterricht sollt ihr einen Baum beschreiben und bestimmen. Dabei helfen dir die Fotos.

Eine Pflanzenbeschreibung planen

a Überlege, welche Angaben deine Beschreibung enthalten sollte. Orientiere dich am Merkkasten auf S. 110. Übertrage die folgende Tabelle in dein Heft und ergänze sie.

Bestandteil	**Beschreibung**
Vorkommen	Mitteleuropa, sommergrüner, mittelgroßer Baum
Stamm	kräftig, ...
Krone	...
...	...

b Sammle Wortmaterial zur Beschreibung der Bestandteile.

Stamm: kräftig, braune kleinschuppige Borke, ...

Einen Textentwurf schreiben

c Schreibe einen Textentwurf.

Den Entwurf überarbeiten

d Überarbeite deine Beschreibung. Achte besonders auf eine treffende Wortwahl. Schreibe die Endfassung in dein Heft.

Was habe ich gelernt?

4 Überprüfe, was du über das Beschreiben gelernt hast. Beantworte dazu die folgenden Fragen.

1. Warum beschreibt man z. B. Pflanzen oder Vorgänge?
2. Welche der Beschreibungen sind dir leichtgefallen?
3. Was ist dir in diesem Kapitel schwergefallen?
4. Welche Merkmale sind bei einer Pflanzenbeschreibung wichtig?
5. Worauf musst du bei einer Vorgangsbeschreibung/Handlungsanleitung besonders achten?

Mit Medien umgehen

Von der Idee zum Buch

1 Die Welt der Bücher ist auch eine Welt der Rekorde.

a Lies den folgenden Text.

Wusstest du schon, dass
- die UNESCO ein Buch erst ab einem Mindestumfang von 49 Seiten als solches bezeichnet?
- das größte Buch der Welt Abmessungen von 3,07 Meter mal 3,42 Meter besitzt? Es ist ein Bildband des Autoherstellers Mazda.
- das teuerste Buch bei einer Auktion im Jahr 2000 den Rekordpreis von 8 802 500 US-Dollar erzielte?
- das aus öffentlichen Bibliotheken meistgestohlene Buch der Welt das Guinnessbuch der Rekorde ist?
- das schwerste Buch aus 300 Seiten großformatigen Pergaments 210 Kilogramm wiegt?

→ http://www.buecher-wiki.de/index.php/BuecherWiki/Buchrekorde

b Sammelt weitere spektakuläre und interessante Rekorde rund ums Buch. Nutzt dazu das Internet oder Lexika bzw. Bücher aus der Bibliothek. Sucht Antworten auf folgende Fragen.

1 Welche ist die meistverkaufte Kinderbuchreihe der Welt?
2 Wie groß ist das kleinste Buch?
3 Wie schwer ist das größte lieferbare Buch?
4 Wie heißt das wertvollste Buch?
5 Was war der kürzeste Zeitraum, in dem ein Buch entstanden ist?

Skulptur »Der moderne Buchdruck«, Berlin 2006

c Präsentiert eure Ergebnisse auf einem Plakat.

2 An der Entstehung eines Buches sind Menschen mit verschiedenen Berufen beteiligt.

a Lies den folgenden Text.

Wie Bücher entstehen

Ganz am Anfang stehen natürlich die Ideen des *Autors*. Er denkt sich Figuren und eine Handlung aus, um sie zu einer Geschichte zusammenzufügen. Er verfasst das so genannte *Manuskript*, was aus dem Lateinischen kommt und so viel bedeutet wie »das von Hand Geschriebene«. Heute werden Manuskripte allerdings nicht mehr mit der Hand, sondern mit dem Computer geschrieben. Wenn das Manuskript fertig ist, muss der Autor einen *Verlag* finden, der bereit ist, es als Buch zu veröffentlichen. Der zuständige *Lektor* im Verlag prüft das Manuskript daraufhin, ob es zum Verlagsprogramm passt und ob sich das Buch gut verkaufen wird. Manchmal schlägt er dem Autor auch Verbesserungen vor, damit das Buch eine runde Sache wird.

Oft werden *Illustrationen* extra von einem *Illustrator* angefertigt. Ein *Gestaltungsbüro* entwickelt das *Layout* und die *Umschlaggestaltung* und bespricht mit dem *Verlagshersteller* im Verlag, wie Text, Illustrationen oder Fotos angeordnet und der Umschlag gestaltet werden. Eine *Reprofirma* wandelt die Bilder in digitale Daten um. In der *Setzerei* werden alle Text- und Bildelemente zusammengefügt. Der Verlagshersteller ist der Projektmanager und kümmert sich auch um die zeitliche Planung, wie den Erscheinungstermin, Kosten und die Papiersorte. In der *Druckerei* werden die Textseiten auf große Papierbogen gedruckt. In der *Buchbinderei* werden die gedruckten Bogen gefalzt, beschnitten, zusammengeleimt oder -geheftet und mit einem Einband versehen.

b Überlegt, welche Abläufe bei der Buchherstellung auf welchen Bildern dargestellt werden. Die Lösung findet ihr im Anhang.

3

a Ordne den Berufen die richtigen Erklärungen zu. Notiere die Nummer des Berufs und den Buchstaben der dazugehörigen Erklärung.

1 Buchbinder	**A** jemand, der sich z.B. um die zeitliche Planung, die Kosten und die Papiersorte kümmert
2 Lektor	**B** jemand, der mit Druckmaschinen die Buchseiten auf große Papierbogen druckt
3 Verlagshersteller	**C** jemand, der die an den Verlag gegebenen Texte liest, mit dem Autor bespricht und eventuell Verbesserungsvorschläge macht
4 Autor	**D** jemand, der die Bilder für das Buch zeichnet
5 Drucker	**E** jemand, der die Bilder in digitale Daten umwandelt
6 Illustrator	**F** jemand, der die großen Druckbogen maschinell falzt, beschneidet, zusammenleimt oder -heftet und mit einem Einband versieht
7 Layouter (Gestaltungsbüro)	**G** jemand, der einen Text, z.B. einen Roman oder ein Gedicht, geschrieben hat
8 Mediengestalter (Reprofirma)	**H** jemand, der das Layout und die Umschlaggestaltung entwickelt, Text, Illustrationen oder Fotos anordnet

b Wie entsteht ein Buch? Bringe die Berufe in die richtige Reihenfolge vom Autor bis zum Buchbinder.

→ **S.32** Informationen sammeln

4 Informiere dich im Lexikon oder Internet über die folgenden Tätigkeiten eines Verlages: Vertrieb, Werbung und Presseabteilung. Bereite einen kurzen Vortrag vor und halte ihn vor der Klasse.

! Bücher sind wichtige **Medien (Printmedien)**, die zur Information, Wissensgewinnung, Unterhaltung, Entspannung dienen. Vom Manuskript bis zum Erscheinen eines Buches vergeht meist ein langer Zeitraum, in dem viele Menschen mit verschiedenen Berufen beteiligt sind (z.B. Autoren, Illustratoren, Lektoren, Layouter, Drucker, Buchbinder).

Was ein Buch verrät

Wenn man im Buchladen oder in der Bibliothek ein Buch auswählen möchte, schaut man meist zuerst auf den Einband. Denn der verrät schon viel über das, was im Buch steht.

1 Im linken Schaubild siehst du die vordere Umschlagseite, das Cover. Präge dir die Begriffe ein.

2 Überprüfe an einem Buch deiner Wahl, ob du dort alle Angaben auf dem Einband findest.

3 Betrachte nun das rechte Schaubild. Es zeigt die hintere Umschlagseite des Buches. Finde heraus, was sich hinter einer ISBN verbirgt.

4 Kläre die Bedeutung weiterer Begriffe, die mit dem Thema »Buch« zu tun haben: Klappentext, Vorwort, Inhaltsverzeichnis, Impressum, Buchkritik.

→ S. 118 Ein Buch vorstellen

5 Wähle aus deinem Bücherregal oder der Bibliothek ein Buch aus, das dich durch den Einband anspricht. Stelle das Buch kurz vor und begründe, warum dir dieser Einband gefällt.

Was habe ich gelernt?

6 Überprüft, was ihr in diesem Kapitel über Bücher gelernt habt. Gestaltet ein Plakat zum Thema »Wie entsteht ein Buch?«.

Präsentieren: Ein Buch vorstellen

1 Cornelia Funke hat das Buch »Tintenherz« geschrieben.

a Lies den folgenden Ausschnitt aus dem ersten Kapitel.

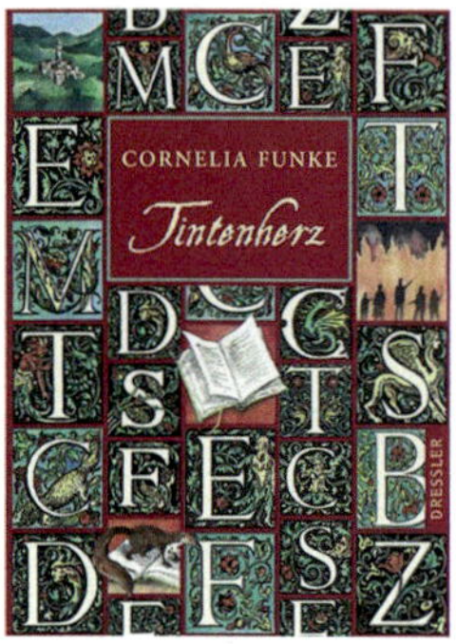

Es fiel Regen in jener Nacht, ein feiner, wispernder Regen. [...]

In jener Nacht [...] lag eins von Meggies Lieblingsbüchern unter ihrem Kissen, und als der Regen sie nicht schlafen ließ, setzte sie sich auf, rieb sich die Müdigkeit aus den Augen und zog das Buch unter dem Kissen hervor. Die Seiten raschelten verheißungsvoll, als sie es aufschlug. Meggie fand, dass dieses erste Flüstern bei jedem Buch etwas anders klang, je nachdem, ob sie schon wusste, was es ihr erzählen würde, oder nicht. [...]

In Mos Zimmer brannte noch Licht. Er war oft bis tief in die Nacht wach und las. Die Bücherleidenschaft hatte Meggie von ihm geerbt. Wenn sie sich nach einem schlimmen Traum zu ihm flüchtete, ließ sie nichts besser einschlafen als Mos ruhiger Atem neben sich und das Umblättern der Seiten. Nichts verscheuchte böse Träume schneller als das Rascheln von bedrucktem Papier. [...]

Überall in ihrem Haus stapelten sich Bücher. Sie standen nicht nur in Regalen wie bei anderen Leuten, nein, bei ihnen stapelten sie sich unter den Tischen, auf Stühlen, in den Zimmerecken. Es gab sie in der Küche und auf dem Klo, auf dem Fernseher und im Kleiderschrank, kleine Stapel, hohe Stapel, dicke, dünne, alte, neue ... Bücher. Sie empfingen Meggie mit einladend aufgeschlagenen Seiten auf dem Frühstückstisch, trieben grauen Tagen die Langeweile aus – und manchmal stolperte man über sie.

b Nenne die Gründe, warum Meggie Bücher liebt.

c Welche Bedeutung hat das Lesen für dich?
Was interessiert dich besonders?

d Sammelt in der Klasse Meinungen zum Thema »Lesen oder fernsehen?« und wertet sie aus.

e Habt ihr Lust bekommen, mehr über Meggie und Mo zu erfahren? Besorgt euch das Buch »Tintenherz« in der Buchhandlung oder in der Bibliothek und lest es.

2 *Dieses* Buch möchte ich auch einmal lesen!

a Tragt zusammen, welche Informationsquellen ihr kennt und nutzt, um etwas über Bücher zu erfahren.

b Sicherlich kennst du Kinder- und Jugendbücher, die dir besonders gefallen. Notiere die Titel einiger Bücher.

3

a Tauscht euch darüber aus, was ihr von einer gelungenen Buchvorstellung erwartet. Wie könnte man sie gestalten?

b Wählt aus den folgenden Angaben diejenigen aus, die eurer Meinung nach sehr wichtig für eine Buchvorstellung in der Klasse sind.

Verlag
Erscheinungsjahr
Erscheinungsort
Seitenzahl
vollständige Inhaltsangabe
Biografie der Autorin / des Autors
Preis
Beschreibung der Hauptfiguren
Schwachstellen des Buches
Buchgestaltung
Verfilmung
Erzählperspektive
empfohlenes Lesealter
Zusammenfassung der Handlung
Textauszug
Art des Buches

c Ordnet sie nach ihrer Wichtigkeit, beginnt dabei mit der wichtigsten Angabe.

!

Mit einer **Buchvorstellung** kann man Bücher zum Lesen weiterempfehlen.
Dabei sollten folgende Informationen genannt werden:

- Autorin/Autor und Titel des Buches,
- handelnde Personen,
- kurze Zusammenfassung der Handlung des Buches,
- Vortrag einer besonders witzigen oder spannenden Stelle.

Zum Schluss sollte man zusammenfassen, warum einem das Buch besonders gefallen hat.

4 Bereite dich auf eine Buchvorstellung vor.

Informationen sammeln und ordnen

→ S.117 Was ein Buch verrät

a Erste Informationen über ein Buch findest du auf dem Buchcover. Betrachte die Cover und nenne Autorin/Autor und Titel der Bücher.

b Lies den Klappentext zu »Rico, Oskar und die Tieferschatten«.

Eigentlich soll Rico ja nur ein Ferientagebuch führen. Schwierig genug für einen, der leicht den roten Faden verliert – oder war er grün oder blau? Als er dann auch noch Oskar kennen lernt und die beiden dem berüchtigten Entführer Mister 2000 auf die Spur kommen, geht in seinem Kopf alles ganz schön durcheinander. Doch zusammen mit Oskar verlieren sogar die Tieferschatten etwas von ihrem Schrecken. Es ist der Beginn einer wunderbaren Freundschaft ...

c Nenne die Informationen zum Buch, die du dem Klappentext entnehmen kannst.

5

a Lege eine Karteikarte zu den handelnden Personen an. Gestalte die Karte so, dass du sie später ergänzen und für deine Buchvorstellung verwenden kannst.

handelnde Personen

– Rico: soll Ferientagebuch führen, ...

– ...

b Lies die folgenden Informationen zum Buchinhalt und ergänze deine Karteikarte zu den handelnden Personen.

Der Leser hat das Ferientagebuch vor sich, das Rico schreiben sollte. Rico, der tiefbegabte Junge, in dessen Kopf es manchmal so durcheinandergeht wie in einer Bingotrommel, wohnt in Berlin-Kreuzberg in der Dieffenbachstraße 93. Er glaubt ab und zu, hinter den Schatten im dritten Stock des leeren Hinterhauses noch tiefere Schatten herumhuschen zu sehen, vor denen er sich fürchtet.
Rico lernt in der Dieffenbachstraße Oskar kennen. Der ist hochbegabt und übervorsichtig, er verlässt nie ohne seinen blauen Sturzhelm das Haus. Beide freunden sich miteinander an. Als Oskar eines Tages spurlos verschwindet, beginnt Rico, nach Oskar und dessen Entführer, Mister 2000, zu suchen.
Eines Nachmittags besucht Rico seinen Nachbarn Herrn Westbühl, den er immer nur *Bühl* nennt. Plötzlich benimmt sich dieser sehr verdächtig …

c Notiere Stichpunkte zum Handlungsablauf auf einer Karteikarte.

Handlungsablauf
– lernen sich kennen
– …

→ S. 32 Informationen sammeln

d Suche in einem Lexikon oder im Internet biografische Angaben zum Autor und schreibe sie auf eine Karteikarte.

Autor: Andreas Steinhöfel
– geboren 1962 in Battenberg
– arbeitet als Übersetzer, schreibt Drehbücher
– Autor zahlreicher Kinder- und Jugendbücher
– …

e Überlege, wie du die Buchvorstellung gliedern könntest, und ordne die Karteikarten sinnvoll.

1. Titel, Autorin/Autor
2. …

Den Vortrag gestalten

f Denke darüber nach, wie du deinen Vortrag anschaulich gestalten kannst. Notiere deine Ideen auf den Karteikarten.

Autor: Andreas Steinhöfel
– geboren 1962 in Battenberg
– …
–> Foto zeigen

→ S. 130 Lesestoff

6 Bereite eine interessante Textstelle für den Lesevortrag vor.

a Lies die folgende Textstelle aus »Rico, Oskar und die Tieferschatten«.

Wo versteckt man jemanden, den man entführt hat? Kommt darauf an, wie man ihn unterbringt. Wenn man dafür sorgt, dass er genug zu essen und zu trinken hat und ein Klo in der Nähe, kann man ihn weit von sich weg verstecken. Das Opfer kann sich dann um sich selber kümmern. Aber Bühls Opfer waren kleine Kinder […] Nein, je länger ich nachdachte, umso überzeugter war ich davon, dass der Bühl die entführten Kinder in seiner Nähe gefangen hielt, und …

… und seine Nähe war auch meine Nähe!

Exzellente Leistung, Rico!

Ich muss an dieser Stelle zugeben, dass ich allein für den letzten Nachdenkschritt ungefähr zwei Stunden brauchte. Na gut, beinahe drei. […] Draußen war es längst ratzeduster. Nur der Mond schickte etwas Licht durch die Fenster. Es gab keine Gardinen und ich wagte nicht, das Licht anzuknipsen. Nachdem er gemerkt hatte, dass ich die Polizei nicht verständigt hatte, hielt der Bühl sicher immer noch nach mir Ausschau. […]

Im dritten Stock vom Hinterhaus marschierte der Tieferschatten von Fräulein Bonhöfer an einem der Fenster ihrer ehemaligen Wohnung vorbei. […] Der Tieferschatten verschwand. Und in mir klackerte etwas. Erst dachte ich, es wären die Bingokugeln, die sich bisher erstaunlich ruhig verhalten hatten. Aber das hier hörte und fühlte sich anders an. Es hörte und fühlte sich an, als wären ein paar Puzzlesteinchen, die bis jetzt geduldig gewartet hatten, soeben an ihren richtigen Platz gefallen.

Plötzlich wusste ich alles.

Also gut, fast alles.

Auf jeden Fall wusste ich, was ich nun tun musste.

→ S. 95 Lesehilfen

b Kopiere den Text und trage Lesehilfen in die Kopie ein.

c Lest euch den Textausschnitt gegenseitig vor.
Gebt Hinweise, was noch verbessert werden könnte.

d Wenn ihr Lust bekommen habt, das Buch »Rico, Oskar und die Tieferschatten« zu lesen, besorgt es euch in der Buchhandlung oder in der Bibliothek und findet heraus, wie die Geschichte endet.

7 Erprobt eure Buchvorstellung mithilfe eurer Karteikarten. Gebt euch gegenseitig Hinweise zur Verbesserung. Wenn nötig, überarbeitet eure Karteikarten und ordnet alles noch einmal.

TIPP
Entwerft zuerst einen Bewertungsbogen.

So kannst du ein Buch vorstellen

1. Nenne die wichtigsten Informationen:
   - Autorin/Autor und Titel,
   - handelnde Personen,
   - kurze Zusammenfassung der Handlung des Buches.
2. Lies eine besonders witzige oder spannende Stelle aus dem Buch vor. Trage dazu vorher Lesehilfen in eine Kopie des Textes ein.
3. Veranschauliche deinen Vortrag, z. B. durch das Zeigen des Buches und eines Fotos der Autorin / des Autors.
4. Übe deinen Vortrag mehrmals mithilfe deiner Karteikarten.

TIPP
Nutze den Bewertungsbogen.

8 Stelle in der Klasse ein Buch vor, das du den anderen zum Lesen empfiehlst.

Was habe ich gelernt?

9 Überprüfe, was du über Buchvorstellungen gelernt hast. Beantworte dazu die folgenden Fragen.

1 Welche Informationen solltest du nennen?
2 Wo findest du Informationen über interessante Bücher?
3 Worauf musst du beim Vorlesen einer bestimmten Textstelle achten?
4 Welche Anschauungsmittel kannst du nutzen?

Ein Buch im Partnerteam vorstellen

1 Wählt ein Buch, das ihr den anderen zum Lesen empfehlt. Bereitet dazu eine Buchpräsentation vor.

Diese sieben Schritte geben euch Anregungen, wie ihr eure Buchpräsentation vorbereiten und durchführen könnt. Schon beim Lesen sollte jeder für sich wesentliche Informationen zur Handlung, zu den Personen und zu wichtigen Details notieren, z. B. in einem Lesetagebuch.

1. Geht kurz auf das Leben und wichtige Bücher der Autorin / des Autors ein.

   Autorin / Autor …

2. Beschreibt die wichtigsten handelnden Personen möglichst anschaulich. Überlegt, ob ein bestimmter Gegenstand für sie eine besondere Bedeutung hat.

   handelnde Personen …

3. Fasst den Inhalt so zusammen, dass ihr die W-Fragen (*Wer? Wo? Wann? Was passiert? Warum?*) verständlich beantwortet. Um die Spannung zu halten, solltet ihr nicht unbedingt den Schluss verraten.

   Inhaltsangabe …

4. Erklärt, aus welcher Perspektive die Geschichte erzählt wird. Geht auch darauf ein, wie das Buch geschrieben ist.

   Erzähler, Schreibweise

5. Wählt eine Textstelle (maximal eine Seite) aus, die besonders spannend, lustig oder beeindruckend ist. Kopiert sie und tragt Lesehilfen ein. Übt den Vortrag, damit ihr die Passage flüssig und mit guter Betonung vorlesen könnt.

   Textauszug …

6. Bewertet das Buch mithilfe von Lesepunkten (Höchstzahl: 5). Begründet eure Entscheidung.

   Lesepunkte …

7. Testet am Ende, was euer Publikum behalten hat. Stellt Fragen zum Inhalt eurer Buchpräsentation oder denkt euch einen Lückentext aus.

   Test …

Eine Rollenkarte erstellen

Was ist eine Rollenkarte?

Auf einer Rollenkarte stehen wichtige Informationen zu einer handelnden Person. Auf der Vorderseite steht ihr Name. Auf der Rückseite wird die Person beschrieben.

Wozu dient eine Rollenkarte?

Mithilfe einer Rollenkarte kannst du dir eine handelnde Person gut vorstellen. Außerdem kannst du dich leichter in sie hineinversetzen, bevor du sie in einer Szene als Rolle spielst.

Was gehört auf eine Rollenkarte?

Während des Lesens werden wichtige Informationen zur Person gesammelt:
- Name, Alter, Wohnort;
- Aussehen, Kleidung;
- Eigenschaften, Verhalten;
- Gedanken, Gefühle;
- eine passende Aussage.

Hier siehst du ein Beispiel für eine Rollenkarte zu Rico:

*Du wohnst in Berlin-Kreuzberg.
Du bist nicht besonders klug,
beobachtest aber sehr genau.
Du hast fast immer gute Laune.
Du bist neugierig und willst alles wissen.
Manchmal beneidest du deinen Freund
Oskar um seine Hochbegabung.
Zitat: »Mathe! Da geht bei mir
gar nichts mehr.«*

1 Erstelle eine Rollenkarte zu Oskar oder zu Ricos Mutter.

2 Spielt dann Oskars Besuch bei Rico nach.

Eine Umfrage planen und durchführen

Eine Umfrage dient dazu, das Meinungsbild einer großen Gruppe von Menschen zu ermitteln. Sie kann z. B. mithilfe eines Fragebogens durchgeführt werden. Um diesen gründlich vorzubereiten, geht ihr in folgenden Schritten vor:

1. Überlegt genau, was ihr mit eurer Umfrage herausfinden wollt. Formuliert dazu eine Hauptfrage.
- Krankenschwester oder Feuerwehrmann:
- Gibt es typische Berufe für Mädchen und Jungen?
- Abgeschminkt: Was halten Mädchen und Jungen von Make-up?
- …

2. Sammelt Fragen, die euch im Zusammenhang mit eurer Hauptfrage besonders interessieren. Von den Befragten wollen wir wissen,
- was typische Männer- oder Frauenberufe sind,
- welche Berufswünsche Mädchen und Jungen an unserer Schule haben,
- wie sie auf eine Frau am Lenkrad eines Busses oder auf einen Mann in einer Kita reagieren,
- …

3. Formuliert eure Fragen so, dass deutlich wird,
- ob man sich für Ja oder Nein entscheiden muss,
- ob etwas angekreuzt oder mit eigenen Worten beantwortet werden soll,
- ob ihr eine oder mehrere Antworten erwartet.

4. Überlegt, unter welchen Personen ihr eure Umfrage durchführen wollt.
Damit eure Ergebnisse auch aussagekräftig sind, solltet ihr so viele Menschen wie möglich befragen:
- alle Mädchen und Jungen der 6. Klassen eurer Schule,
- Eltern und Geschwister.

1 Plant mit diesen ersten vier Schritten eine eigene Umfrage.

5. Schreibt euren Fragebogen am Computer. Formuliert eine Einleitung, in der ihr das Ziel eurer Befragung nennt.

Krankenschwester oder Feuerwehrmann?

Mit dieser Befragung wollen wir, die Klasse 6, herausfinden, ob es typische Berufe für Mädchen oder Jungen gibt. Der Fragebogen ist anonym.

1) Was bist du? Kreuze an. ☐ Mädchen ☐ Junge

2) Welche der folgenden Berufe findest du typisch für eine Frau? Du kannst mehrere Antworten ankreuzen.

☐ Krankenschwester ☐ Kamerafrau
☐ Elektrikerin ☐ Verkäuferin
☐ Polizistin ☐ Hausfrau

3) Welche der folgenden Berufe findest du typisch für einen Mann? Du kannst mehrere Antworten ankreuzen.

☐ Krankenpfleger ☐ Kameramann
☐ Elektriker ☐ Verkäufer
☐ Polizist ☐ Hausmann

4) Notiere hier deinen Berufswunsch. ____________________

6. Führt eure Befragung durch. Legt einen Termin für die Abgabe der Fragebögen fest.

7. Wertet die Fragebögen aus. Sucht dafür die häufigsten und die seltensten Antworten heraus. Erstellt eine Rangfolge. Unterscheidet nach Mädchen und Jungen.

2 Führt nun eure geplante Umfrage durch und wertet sie aus.

Erwin Grosche

Das Geheimarchiv der Klara Willemsen
Die Jungs an meiner Schule

Name: Peter Meier

Aussehen: Peter Meier sieht sehr gut aus, trotz seiner hängenden Schultern und dieser Brille mit den dicken Gläsern. Peter Meier sieht genau so aus, wie ich mir einen gut aussehenden Jungen vorstelle. Manchmal lacht er mich an und merkt es gar nicht. Ich glaube, er findet mich schön. Peter Meier trägt im Winter eine Pudelmütze und dazu gehört Mut, weil jeder die runde Bommel packt und laut »Hup! Hup!« ruft. Peter Meiers Vater ist Bäcker und Peters Pullover riecht wundervoll nach Brot. Peter hat einen Wollschal, der riecht nach Streuselkuchen, als wäre er direkt neben dem Backofen gestrickt worden. Es wäre schön, einen Freund zu haben, dessen Vater Bäcker ist. Schon wegen der Spekulatius vor Weihnachten.

Alter: Peter ist genauso alt wie ich.

Besonderheiten: Peter muss manchmal auf seine kleine Schwester aufpassen. Peter fährt dann mit dem Kinderwagen durch den Zoo und trifft dort, wie zufällig, mich. Leider ist Peter sehr schüchtern, obwohl er genauso kreischen kann wie ein Pfau. *Pa-O, Pa-O, Pa-O!*

Hobbys: Peter hat keine Hobbys. Ich hörte einmal, wie er mit seinem Brötchen sprach, aber das ist doch kein Hobby, oder?

Gesamteindruck: Peter Meier ist wundervoll. Schade, dass er nicht Trompete spielen kann, aber was soll's. *Ich* kann Trompete blasen, das muss reichen.

1 Was erfährst du aus dem Steckbrief über Peter Meier?

2 Lies nun auf der nächsten Seite, wie Peter seine Mitschülerin Klara beschreibt.

Das Geheimarchiv des Peter Meier
Ein Mädchen aus meiner Klasse

Name: Klara Willemsen

Aussehen: Klara sieht einfach wundervoll aus. Ich mag sogar ihre Zahnspange. Sie trägt am liebsten grüne Pullover, grüne Strümpfe, grüne Hosen. Ich vermute, dass Grün ihre Lieblingsfarbe ist. Zum Glück habe ich grüne Augen.

Alter: Sie ist fast genauso alt wie ich. Ich bin eine Stunde und sieben Minuten älter als sie. Ihre Eltern sind Fleischer und meine Eltern sind Bäcker. So kenne ich ihre Liebe zu Geburtstagskuchen, auf die jedes Jahr ihr genaues Erscheinungsdatum gespritzt ist. Sie ist am 21. 10. geboren, um 15:02 Uhr.

Besonderheiten: Ich treffe Klara immer im Zoo. Immer, wenn ich dort mit meiner kleinen Schwester spazieren gehe, ist sie dort. Klara muss im Elefantenhaus ein Zimmer haben, weil sie dort immer wie zufällig ist und den Elefanten beim Füttern zusieht.

Hobbys: Weil Klara so gerne grüne Stricksachen anzieht, glaube ich, dass sie gerne strickt, und zwar mit grüner Wolle. Ich will ihr zu Weihnachten eine grüne Pudelmütze schenken mit einer runden Bommel obendrauf, die man ganz fest drücken muss, um dazu laut »Hup hup!« rufen zu dürfen. Vielleicht schenke ich ihr auch einen Pfau. Sie mag es, wenn ich seinen Schrei nachahme und ganz laut *Pa-O, Pa-O!* krächze.

Gesamteindruck: Klara Willemsen ist einfach wundervoll. Schade, dass sie Trompete spielen kann, da werde ich oft mit Ohrenpfropfen rumrennen müssen. Zum Glück ist sie nicht so schüchtern wie ich. Ich hoffe, dass sie mir mal ihre Elefanten vorstellt.

3 Beide Steckbriefe geben auch Auskunft über denjenigen, der ihn verfasst hat. Was sagen Klaras und Peters Beschreibungen über sie selbst aus?

4 Zeichne ein Bild von Klara, so wie Peter sie beschreibt.

Rico kann zwar sehr viel denken, aber es dauert länger als bei anderen Leuten. An seinem Gehirn liegt es nicht, das ist normal groß. Aber manchmal fallen ein paar Sachen raus, und leider weiß Rico vorher nie, an welcher Stelle. Da lernt er den hochbegabten Oskar kennen. In seinem Ferientagebuch beschreibt Rico, wie ihn Oskar zum ersten Mal in seinem Wohnhaus in Berlin-Kreuzberg besucht.

Andreas Steinhöfel

Rico, Oskar und die Tieferschatten

Mama war ziemlich platt, dass jemand mich besuchen kam. Sie beschwert sich immer darüber, dass ich keine Freunde habe. Jetzt hatte ich einen. Er war zwar sehr klein und bestimmt auch sehr jung, aber das spielte für Mama offenbar keine so große Rolle. Sie fand Oskars blauen Motorradhelm viel interessanter.
»Seit wann trägt man solche Dinger beim Radfahren?«, sagte sie. Sie lehnte mit dem Hintern gegen den Küchenherd, ihre Kaffeetasse in den Händen, an der sie immer wieder nippte.
»Ich hab kein Fahrrad«, sagte Oskar. Seine Stimme klang gedämpft, weil das Visier des Helms immer noch runtergeklappt war.
»Na, ein Motorrad aber sicher auch nicht.«
Oskar guckte sie an, als wäre sie nicht ganz richtig im Oberstübchen. Immerhin klappte er jetzt endlich das Visier hoch. Seinen Mund konnte man trotzdem nicht richtig sehen, nur die obere Reihe seiner großen weißen Zähne. »Es ist gefährlich ohne Helm«, erklärte er, als wäre Mama das Kind und er der Erwachsene. »Es passieren ständig irgendwelche Unfälle.«
»Aber nicht in meiner Küche, junger Mann!« Mama klang fast ein wenig beleidigt. »Rico wird dir das sicher bestätigen.«
Ich runzelte die Stirn. »Ich hab mir vor einer Woche den Kopf am Kühlschrank gestoßen.«
»Das war kein Unfall«, winkte Mama ab. »Du bist bloß zu schnell aus dem Flur gekommen und gegen die geöffnete Tür gerannt.«
Oskar fühlte sich unwohl in Mamas Gegenwart, das konnte ich sehen. Er lugte unter dem oberen Rand des Helms hervor wie eine erschreckte Schildkröte. Er trug ein anderes Hemd als am Samstag, aber der knallrote Flieger mit der abgebrochenen Flügelspitze war wieder daran festgemacht, auf Brusthöhe über dem Herzen. Seine

kleinen Finger tippten nervös auf dem Tisch herum, *rapp-tippi-tapp.* Wahrscheinlich befürchtete Oskar, Mama fände ihn unhöflich und würde ihn gleich auffordern, den Helm endlich abzunehmen.

Ganz falsch lag er damit nicht, aber auch nicht ganz richtig. Mama kennt sich aus mit komischen Leuten. Ihre erste Regel ist, nie jemanden zu drängeln, der nicht freiwillig mit etwas rausrückt. Jedenfalls nicht mit Worten. Aber sie guckt. Sie guckt die Leute so lange an, bis sie es nicht mehr aushalten und endlich loslegen. Jetzt guckte sie Oskar an, mit dem neugierigen Blick eines Naturforschers, der soeben eine völlig neue Pflanzenart entdeckt hat. Ich war auch neugierig, wie Oskar unter dem Helm aussah. Vielleicht hatte er in Wirklichkeit gar keine Angst vor Unfällen. Vielleicht hatte er nur zwei ganz komische Ohren, für die er sich schämte. Oder gar keine – wie ein Entführungsopfer von Mister 2000, bei dem das Lösegeld nicht ganz gereicht hatte.

Oskars Finger wurden immer langsamer, dann hörten sie mit dem Getippe auf. Er hob den Kopf, sah Mama direkt in die Augen und sagte: »Sie können mich ruhig weiter anstarren, solange Sie wollen. Das macht mir nichts aus. Aber dann starre ich zurück.« Und das tat er. Zum ersten Mal fiel mir richtig auf, wie grün seine Augen waren. Sie funkelten richtig. Nicht böse oder streitlustig. Sie funkelten einfach deshalb, weil Oskar solchen Spaß am Zurückstarren hatte. In diesem Moment beneidete ich ihn brennend um seine Hochbegabung. Wenn Mama mich anstarrt, schaue ich lieber sofort zu Boden und tue ganz interessiert, als würden da plötzlich bunte Ameisen rumlaufen oder als würde der Teppich ein bisschen brennen. Auf die Idee, ihrem Blick einfach standzuhalten, war ich noch nie gekommen.
Ich war gespannt, wer von den beiden gewinnen würde.

1 Wer gewinnt den Anstarrkampf? Begründe deine Vermutung.

2 Schreibe auf, was du bis hierher über Oskar, Rico und Ricos Mutter erfährst.

Mama war meine Mama, also sollte ich eigentlich zu ihr halten. Sie machte ihre Sache gut und zuckte mit keiner Wimper. Aber Oskar war viel kleiner als sie, und auch wenn er ebenfalls nicht mit der Wimper zuckte, fand ich den ganzen Anstarrkampf ein bisschen unfair. Entweder Mama dachte das auch, oder sie hatte keine Lust mehr. Jedenfalls sagte sie auf einmal:
»Ich brauch neue Fußnägel.«
Oskar und ich guckten gleichzeitig auf ihre Fußnägel. Auf jedem war ein winziger Delfin drauf, nur auf die beiden kleinen Nägel hatten keine gepasst.
»Was wollen Sie denn statt der Delfine draufkleben?«, sagte Oskar, und es klang wie ein Friedensangebot.
Mama zuckte die Achseln. »Mal sehen. Vielleicht irgendwelche anderen Fische.«
Sie stellte ihre Kaffeetasse auf der Spüle ab, raffte den japanischen Morgenmantel zusammen und ging aus der Küche. Oskar wartete, bis sie außer Hörweite war, dann sagte er leise in meine Richtung:
»Delfine sind keine Fische.«
»Sie mag dich«, sagte ich.

Er schüttelte den Kopf. »Sie weiß noch nicht, ob sie mich mag. Sie findet mich komisch, wegen des Helms.« Er klappte das Visier wieder runter. Seine Stimme klang jetzt wieder ganz dröhnig. »Jedes Jahr verunglücken fast vierzigtausend Kinder in Deutschland. Beinahe jedes dritte als Beifahrer in Autos. Fast vierzig Prozent mit dem Fahrrad. Und fünfundzwanzig Prozent als Fußgänger.«

Mathe! Ich hab's ja schon erwähnt: Da geht bei mir gar nichts mehr.

»Die meisten erwischt es auf dem Schulweg und nachmittags beim Spielen«, murmelte Oskar düster weiter. »Von den Radfahrern die meisten, weil sie die falsche Fahrbahn benutzen. Von den Fußgängern die meisten, weil sie, ohne zu gucken, über die Straße rennen. Ich gucke immer. Immer!«

Mir fiel ein Unterschied zwischen uns auf. Ich habe fast dauernd gute Laune, weiß aber nicht so viel. Oskar wusste jede Menge merkwürdiger Dinge, aber seine Laune war dafür im Keller. Bestimmt ist das so, wenn man sehr schlau ist – es fallen einem zu allen schönen Sachen auch gleich noch ein paar schreckliche ein.

Ich sprang auf. Mir war eine Idee gekommen. »Ich zeig dir was«, sagte ich. »Es ist völlig ungefährlich und ganz toll!«

»Was denn?« [...]

»Wir gehen rauf in den Fünften«, sagte ich mit gesenkter Stimme.

»Was ist da?«

»Na, der Fünfte.«

»Ich meine, was wollen wir da?«

Ich grinste. »Du wirst schon sehen. Ich hoffe, du bist schwindelfrei.«

»*Schwindelfrei?*«, kreischte Oskar wieder los. Es klang wie eine durchgedrehte Alarmsirene. »Du willst doch nicht etwa mit mir aufs *Dach?*« [...]

→ S. 62 Eine Geschichte nacherzählen

3 Wie verläuft der erste Besuch von Oskar? Erzähle den Textabschnitt nach.

4 Schreibe auf, wie die Geschichte weitergehen könnte.

Wenn man in der Mitte des Dachgartens steht, die Arme ausgestreckt und sich im Kreis dreht, kann man in jede Himmelsrichtung über Berlin gucken. Man sieht hunderte von Häuserdächern und tausende grüner Baumkronen, die gläserne, in der Sonne blitzende Reichstagskuppel, jede Menge Kirchtürme, den Fernsehturm am Alex, die Hochhäuser am Potsdamer Platz und, ein bisschen weiter weg, sogar das Schöneberger Rathaus. […] Dreht man sich etwas schneller, flirren all diese Bilder ineinander und es wird einem schwindelig. […]

Oskar war von alldem kein bisschen beeindruckt. Er drückte sich mit dem Rücken gegen die Terrassentür, und was der Helm von seinem Gesicht freigab, war sehr bleich. Sogar seine Stimme war irgendwie bleich, als er sich beklagte. Und vorwurfsvoll.

»Du hast gesagt, hier oben wäre es toll und ungefährlich!«

»Ist es doch auch.«

Meine Hoffnung, er würde den Helm mal abnehmen, konnte ich mir wohl abschminken. Was war bloß mit ihm los? Ich hatte angenommen, dass jemand, der immer nur an geplättete Radfahrer und überfahrene Fußgänger dachte, sich über ein bisschen Abwechslung freuen würde. Und es *war* ungefährlich hier oben, außer natürlich, ein Flugzeug plumpste aufs Haus. Ich überlegte, ob ich Oskar fragen sollte, wie viel er über Flugzeugabstürze wusste, aber vermutlich war das keine gute Idee.

»Ich war noch nie auf einem Dach«, sagte er kläglich. »Und jetzt weiß ich auch, warum.« […]

»Hast du eigentlich immer vor irgendwas Schiss?«, sagte ich.

»Das ist kein Schiss. Es ist Vorsicht.« […]

»Reine Vorsicht«, wiederholte Oskar murmelnd.

»Selbsterhaltungstrieb.«

5 Erkläre, warum Rico mit Oskar aufs Dach gehen möchte und warum Oskar Angst davor hat.

Was wäre, wenn …

Auf die Frage »Was wäre, wenn du in der Haut des anderen Geschlechts stecktest?« gab es in Schüleraufsätzen einer 8. Klasse folgende Antworten:

Mädchen: Wenn ich ein Junge wäre, …

- … würde ich sehr unglücklich sein.
- … wäre ich schlecht in der Schule.
- … wäre mein Aussehen schrecklich.
- … würde ich mich einmal die Woche waschen.
- … würde ich ganz bestimmt nicht schüchtern sein.
- … würde ich netter zu Mädchen sein.
- … würde ich Kleinere unterstützen und auf sie aufpassen.
- … würde ich am Wochenende machen, was ich will.
- … würde ich in Action-Filme gehen, in denen viel Blut spritzt.

Jungen: Wenn ich ein Mädchen wäre, …

- … würde man von mir erwarten, dass ich Musik spiele oder lese. Ich hätte dann wahrscheinlich keine eigene Playstation. Ich würde später den Haushalt machen, dafür bekäme ich dann Klamotten und Schuhe.
- … müsste ich mich dauernd schminken und Pferde lieben.
- … würde ich mich erst einmal ganz lange bemitleiden, indem ich sehr viel weine.
- … wäre ich schneller in der Pubertät, weil die Mädchen sich schneller entwickeln als die Jungen.

1 Tauscht euch über die Vorstellungen der Jungen und Mädchen über das jeweils andere Geschlecht aus. Wo stimmt ihr zu und wo nicht?

2 Stelle dir vor, du würdest dich für einen Tag in ein Mädchen bzw. einen Jungen verwandeln. Beschreibe diesen Tag in deinem Heft.

3 Was heißt „Typisch Mädchen. Typisch Junge.“? Beschreibt in zwei bis drei Sätzen, was ihr an eurer Lernpartnerin / eurem Lernpartner „typisch“ findet.

Bücher lesen oder Fußball spielen?

Nennung der häufigsten Freizeitbeschäftigungen
Alter: 6–13 Jahre

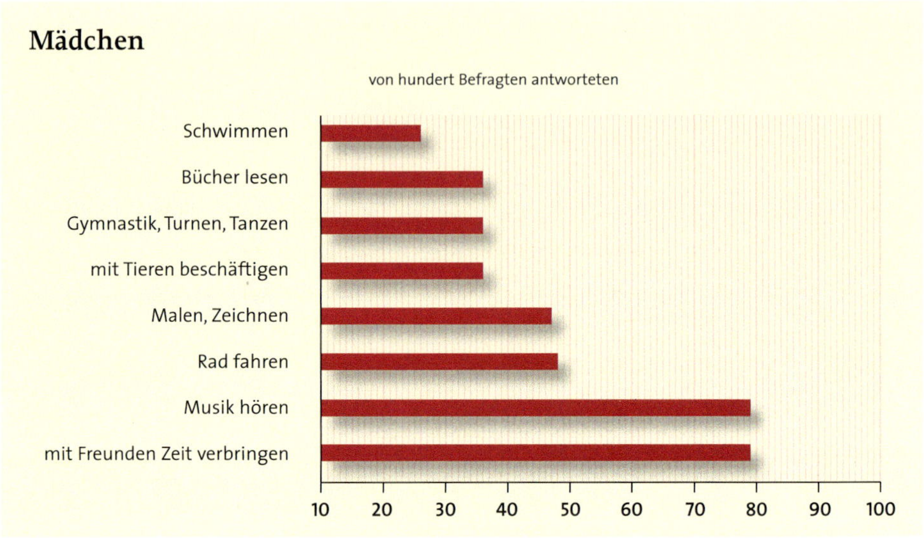

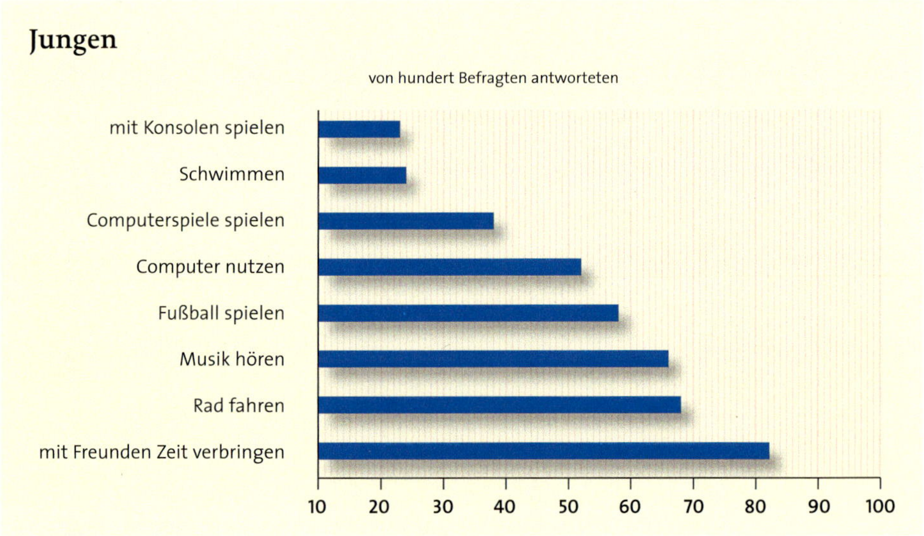

1 Vergleiche die Aussagen der Mädchen und Jungen über ihre Freizeit. Welche Gemeinsamkeiten und welche Unterschiede gibt es?

2 Führt in eurer Klasse eine Umfrage zu Freizeitbeschäftigungen durch. Beachtet dabei die Tipps auf S. 126–127.

»Die Kinder von Arden«
Wie ein Hörspiel entsteht

1 Lies den folgenden Auszug aus einem Kinderbuch.

Edith Nesbit

Die Kinder von Arden. Das Wappentier

Die Geschwister Edred und Elfrida wohnen in dem alten Schloss Arden, das dringend repariert werden muss. Weil die beiden aber nicht reich sind, wollen sie den Familienschatz finden, von dem die Leute erzählen. Als sie einem weißen, sprechenden Maulwurf begegnen, beginnt ihre abenteuerliche Suche.

Sie ging zuversichtlich den Flur entlang, wo die Spinnen die Bilder mit grauen Seidenschleiern verhängt hatten. Hier lagen viele Türen nebeneinander, und Elfrida blieb plötzlich vor einer stehen, vor einer, die genauso aussah wie alle anderen.
»Diese!«, sagte sie und streckte ihre Hand aus, bis sie den Holzrahmen berührte. »Dies ist die richtige Tür.«
Sie tastete nach der Klinke, drückte sie hinunter und trat ein. […]
Edred folgte zögernd. […]
Sie standen in einem großen, schmalen Bodengelass direkt unter dem Dachfirst. Es war ein Raum, den sie noch nie betreten hatten. Er hatte keine Fenster und keine Decke. Uralte, wurmzerfressene Balken gaben den Blick auf die Ziegelreihen frei, durch deren Ritzen hier und da ein goldstaubiger Lichtstrahl hereinbrach. Von draußen erklang das Tick-Tick-Tick scharrender Taubenfüße und das geschäftige Ruckedigu aus vielen Taubenkehlen. Der langgestreckte Raum war leer. Nur an den beiden Schmalseiten standen rechts und links dicht unter dem Dachsparren eine Anzahl alter Truhen, von denen keine der anderen glich.
»Oh«, stieß Edred hervor, »ich bin auf einmal ganz gütig und weise! Ich spüre es in meinem Magen. Und jetzt finden wir den Schatz, und dann können wir das Schloss wieder aufbauen.«
Er lief zu der am nächsten stehenden Truhe und rüttelte an ihrem Deckel, aber Elfrida musste ihm helfen, die schwere Platte hochzustemmen. Doch als sie nun hineinblickten, entdeckten sie keinen Schatz in der geheimnisvollen Tiefe, sondern nur einen Haufen Kleider.

Die Kinder versuchten ihr Glück bei der nächsten Truhe und der übernächsten – aber nicht eine einzige enthielt Silber oder Gold, sondern alle waren nur vollgestopft mit Kleidern, Kleidern und noch mehr Kleidern.

Eine Hörspielszene und einen Buchausschnitt vergleichen

2 Lies nun die beiden folgenden Hörspielszenen. Vergleiche sie danach mit dem Auszug aus dem Kinderbuch (Aufgabe 1, S. 137) und benenne Gemeinsamkeiten und Unterschiede.

Ursula Ruppel

Die Kinder von Arden

Elfrida und Edred vor der Tür

Elfrida Das muss sie sein. Na los, mach schon auf.

Edred Wer? Ich?! Wieso denn ich? Du hast sie doch entdeckt.

Elfrida »Tapfer, klug und gut« – pah. Also dann los, versteck dich hinter meinem Rockzipfel.

(Sie machen die knarrende Tür auf und gehen in die Dachkammer – die Tauben gurren und scharren.)

Erzählerin Sie standen in einer großen, schmalen Bodenkammer direkt unter dem Dachfirst. Es war ein Raum, den sie noch nie betreten hatten. Er hatte keine Fenster und keine Decke. Wurmzerfressene Balken gaben den Blick auf die Ziegelreihen frei, durch deren Ritzen hier und da ein goldstaubiger Lichtstrahl hereinbrach. Der langgestreckte Raum war leer, nur an den beiden Schmalseiten stand eine Reihe von Truhen, von denen keine der anderen glich.

In der Bodenkammer

Edred Ich spür's in meinem Magen, Frida. Da ist der Schatz drin. Und zwar so ein Riesenschatz, dass eine Truhe gar nicht ausgereicht hätte, ist doch klar, und deshalb haben sie den Schatz auf mehrere Truhen verteilt. Jetzt können wir endlich das Schloss reparieren lassen [...]

Elfrida Jetzt hör doch mal mit dem Geschnatter auf, Edred! Mir ist die Sache nicht ganz geheuer. In dieser Truhe sind jedenfalls nur Kleider.

(quietschende Truhen)

Edred Hier auch!

Elfrida Und hier.

Edred Da sind überall nur alte Klamotten drin. Wie sollen wir denn damit die Handwerker bezahlen?

Eine Hörspielszene mit verteilten Rollen lesen

3 Lest mit verteilten Rollen, wie die Hörspielszene weitergeht.

Elfrida Vielleicht bist du noch nicht tapfer, klug und gut genug?

Edred Was?

Elfrida Na, der Maulwurf hat doch gesagt, wir finden den Schatz erst, wenn du tapfer, klug und gut bist!

Edred Aber ich will den Schatz!

Elfrida Auf jeden Fall können wir uns mit den Sachen prima verkleiden.

Edred Mit dem alten Zeug?

Elfrida Hier, der Reitmantel ist für dich. Dann noch die Stiefel. Und obendrauf ein Hut.

Edred Wie steht er mir?

Elfrida Sieht lustig aus. Und dieser Strohhut ist für mich.

(Tauben/Musik/überraschte Reaktionen von Elfrida und Edred)

Erzählerin In diesem Augenblick machten sich die Kleider selbstständig. Sie hoben sich aus den Truhen und streiften sich über ihre Glieder. Im Nu standen sich die Geschwister in Gewändern gegenüber, wie sie sie noch nie gesehen hatten. Elfrida trug ein hochgegürtetes Kleid mit langem, engem Rock aus grün geblümter Baumwolle, Edred schneeweiße Hosen, die ihm bis unter die Arme reichten und eine blaue Jacke mit Messingknöpfen und Halskrause.

Edred Das Ding kratzt.

Elfrida Sieht aber gut aus! Los komm, wir wollen uns Tante Edith zeigen.

(Tür quietscht – Treppe runter)

Auf der Treppe vor der Kammer

Edred Hat sie den Flur geputzt?

Elfrida Den Flur? Das sieht eher so aus, als hätte sie das ganze Schloss auf Vordermann gebracht!

Edred In der letzten halben Stunde?

Elfrida Alles ganz sauber.

Erzählerin Die Kinder rannten den Flur entlang und die Treppen hinunter, um von Tante Edith zu erfahren, was geschehen war. Im Wohnzimmer erblickten sie zu ihrem Erstaunen eine weißhaarige alte Dame in kerzengerader Haltung, die in einer Zeitung las. Sie hatte sonderbare Kleider an, ähnlich denen, die sie jetzt selbst trugen.

4 Stelle Vermutungen an, was an den Kleidern aus den Truhen besonders sein könnte.

Sich Geräusche zu einem Hörspiel überlegen

5 Schreibe bis hierher alle Hinweise auf Geräusche auf. Ergänze eigene Vorschläge.

Im Wohnzimmer von Lady Arden

Kaminfeuer – Standuhr

Lady Arden Welcher Übermut! Mir scheint, wir vergessen unsere Haltung. Mach dein Kompliment, mein Fräulein.

Elfrida Habe die Ehre …

Lady Arden Um euch Respekt vor Älteren zu lehren, empfehle ich, eines der prächtigen geistlichen Lieder von Doktor Watts auswendig zu lernen.

Edred *(flüstert)* Von wem?

Lady Arden Wiederholt mir also die Strophe: »Glückliche Kinder, die schon in der Jugend eifrig und sittsam gelernt.« Na?

Elfrida *(zögerlich)* Glückliche Kinder, die schon in der Jugend eifrig und sittsam gelernt …

Lady Arden *(stöhnt)* Manchmal frage ich mich wirklich, woher ich die Geduld nehme. Hier, nehmt das Gesangbuch zur Hand und setzt euch dort hinüber in die Ecke, damit ich euch beim Auswendiglernen im Visier habe.

Elfrida Jawohl, Madame!

(Die beiden gehen rüber. Lady Arden schüttelt geräuschvoll den Kopf.)

Edred *(flüstert)* Wer ist die Frau?

Lady Arden *(ruft rüber)* Ihr sagt es beim Mittagsmahl auf, sonst gibt es keine Nachspeise.

Edred Hör dir das an!

Elfrida Sei still!

Edred Das lass ich mir nicht gefallen. Ich sag es Tante Edith!

Elfrida Kapierst du nicht? Wir haben uns verwandelt und sind in einer anderen Zeit. Das ist wahrscheinlich eine Ururgroßmutter von uns.

Lady Arden *(ruft rüber)* Ihr sollt lernen, nicht flüstern!

Elfrida Jawohl, Madame, entschuldigen Sie bitte. [...]

Edred *(flüstert)* Hast du gesehen?

Elfrida Was denn?

Edred Das Datum auf der Zeitung?

Elfrida Nein!

Edred Es ist die *Times* vom 16. Juni 1807.

Elfrida 1807? Wenn ich nur wüsste, was 1807 in der Weltgeschichte los war. Wir sind in der Schule nie weitergekommen als bis zu Edward dem Vierten. Und das war Vierzehnhundertirgendwas.

Edred Wir sind nicht in der Weltgeschichte, wir sind auf Schloss Arden.

Elfrida Wir sind trotzdem in der Geschichte und es wird noch ziemlich schrecklich werden, wenn wir nicht wissen, wer zurzeit König ist.

Edred Ich möchte zu Tante Edith zurück.

Lady Arden Seid ihr fertig, Kinder? Könnt ihr die Verse hersagen?

Elfrida Ja, Madame.

Lady Arden Dann geht in die Küche und bringt der Mamsell den Speisezettel. [...]

Erzählerin Nichts war den Kindern lieber, als diesen Raum zu verlassen. Sie rannten los, um die Kammer zu finden, in der sie sich verkleidet hatten. Edred lief vorneweg. Er hatte sich gewünscht, in eine andere Zeit zu reisen, doch jetzt wollte er nur noch zurück. Vergessen war der Schatz, vorbei die Abenteuerlust. Aber die Kinder fanden die Kammer nicht, so sehr sie auch suchten. Edred fing an zu weinen, und Elfrida hätte gerne den Maulwurf zu Hilfe gerufen, war aber viel zu verstört, um ein Gedicht zustande zu bringen. [...]

6 Beschreibe, wie Edred und Elfrida auf die ungewöhnliche Situation reagieren.

7 Nur der weiße Maulwurf kann die Kinder in ihre Zeit zurückbringen. Dazu müssen sie ihn mit einem eigenen Gedicht rufen. Überlege dir einen Reim für den Maulwurf.

Elfrida und Edred liegen im Bett

Edred wimmert.

Elfrida Jetzt hör schon auf zu heulen. Denk dir lieber ein Gedicht aus. Der Maulwurf hat gesagt, wenn wir nicht mehr weiterwissen, können wir ihn rufen.

Edred Ich habe schon eins.

Elfrida Na dann los, sag's auf!

Edred Maulwurf, Maulwurf, komm heraus
aus deinem dunklen Maulwurfhaus.
Ich weiß, dir fehlt der Augen Licht,
aber das kümmert mich nicht.

Elfrida Sehr gut!

Edred Und wo ist er?

Elfrida Ich weiß nicht.

Edred Der lässt uns bestimmt hängen!

Elfrida Edred?

Edred Ja?

Elfrida Hast du das selbst gedichtet?

Edred Ja. *(überlegt es sich noch mal)* Also so gut wie.

(von draußen Unruhe)

Elfrida Edred, erinnert dich das nicht ein bisschen an »Schnecke, Schnecke, komm heraus und strecke deine Fühler aus«?

Edred Na ja, es gibt da vielleicht eine gewisse Ähnlichkeit ...

Elfrida Was ist denn da draußen los? [...]

(Elfrida geht ans Fenster und öffnet es. Auf dem Schlosshof Gejohle.)

Erzählerin Im Schlosshof flackerten die Fackeln, und das Gesinde drängte zum Tor hinaus Richtung Küste. Von überallher kamen Soldaten und Bauern mit Schaufeln und Äxten, schreiend und johlend, um sich Mut zu machen. Irgendjemand hatte vom Strand aus zwei Schiffe gesehen und Alarm geschlagen. Aber selbst wenn es die Franzosen gewesen wären, hätten sie die Küste bei diesem Wetter nur schwer erreichen können. Elfrida und Edred wollten trotzdem nicht warten und sie traten vom Fenster zurück.

Elfrida Los, sprich mir nach:
O Maulwurf, sei doch jetzt zur Stell'!
Ich kann nicht mehr. So komm doch schnell.

Edred Findest du das gut?

Elfrida Ist doch egal. Hauptsache wir haben's gedichtet. Also sag schon.

Edred Maulwurf, sei doch jetzt zur Stell'!
Ich kann nicht mehr, oh, komm doch schnell.

Der Maulwurf weist die Treppe

Auftritt Maulwurf – Musik

Maulwurf Na, toll ist dieses Gedicht wirklich nicht ...

Elfrida Da ist er! Lieber Maulwurf ...

Maulwurf Eine Zumutung, mich mit so was zu rufen.

Elfrida Tut mir leid, auf die Schnelle ist uns nichts Besseres eingefallen.

Maulwurf Na schön, für dieses Mal soll's genügen. Lauft die Treppe dort hoch, da habt ihr eure Tür.

Edred Was denn für eine Treppe?

(Musik)

Edred Frida, wo kommt denn auf einmal diese Treppe her?

Elfrida Frag nicht so viel, los komm schon, wir haben keine Zeit mehr zu verlieren.

Erzählerin Dankbar liefen die Kinder die Treppe hinauf, und als sei sie immer da gewesen, öffnete sich die vertraute Tür. Vor ihnen lag der weitläufige Bodenraum mit seinen Deckenbalken. Die Truhen standen in langen Reihen unter dem schrägen Dach. Da

fiel die Tür hinter ihnen ins Schloss und alles schien auf einmal so zu sein, wie vor ihrer Reise in die Vergangenheit. Goldenes Licht drang durch die Ritzen zwischen den Ziegeln, und von draußen erklang das helle Tick-Tick-Tick der Taubenfüße.

Eine Hörspielszene gestalten

8 Wie lässt sich die Szene im Hörspiel gestalten? Überlege dir, wie die beiden Kinder, Lady Arden, der Maulwurf und die Erzählerin sprechen könnten.

9 Suche für die letzte Szene und den Auftritt des Maulwurfs passende Klänge.

10 Stellt euch vor, ihr würdet in eine andere Zeit reisen. Denkt euch dazu einen witzigen Dialog aus.

Geräusche selbst erzeugen

Manchmal ist es ganz einfach, ein tolles Geräusch herzustellen. Vieles entsteht auch durch Ausprobieren. Hier sind Tipps von Hörspielregisseur Robert Schoen:

Feuer: Zellophan dicht vor dem Mikrofon zerknüllen, kleine Zweige zerbrechen, sodass es leise knackt
Pferde: zwei leere Kokosnussschalen aufeinanderschlagen, Geräuschemacher klopfen oft nur mit den flachen Händen auf ihre Oberschenkel, es ist nur eine Frage des Rhythmus, dass es echt klingt
Wind: leicht über den Rand einer Flasche oder eines Weinglases pusten
Regen: Reis oder Erbsen in eine Pappschachtel, Blechdose oder in ein metallenes Küchensieb rieseln lassen
Donner: Haselnüsse oder Murmeln in einen Luftballon stecken, aufblasen und schütteln oder ein großes Stück Blech hin und her schütteln
Meeresrauschen: mit einer Kleider- oder Schuhbürste über Karton oder Blech kreisen
flatternde Vögel: weite Hosenbeine oder Jackenärmel schnell hin und her bewegen
Türknarren: langsam an einer gespannten Gitarren- oder Geigensaite entlangschaben

1 Ordnet den Fotos die passenden Geräusche zu.

2 Gestaltet Stimmungen, Gefühle oder Situationen ohne Sprache, nur mithilfe von Geräuschen und Musik. Themen könnten sein: Zeitreise, Leben in der Großstadt, Urwald, nachts allein zu Hause.

Interview mit einem Hörspielregisseur

Nicht nur beim Film, auch bei einem Hörspiel gibt es einen Regisseur oder eine Regisseurin. Um mehr über diese Arbeit zu erfahren, haben wir Robert Schoen interviewt, der beim Hörspiel »Die Kinder von Arden« Regie geführt hat.

Worin besteht das Besondere an einem Hörspiel?
Ein schlauer Kopf hat mal gesagt, »Hörspiel« sei ein doppelter Aufruf: zum Hören und zum Spielen! Beim Hörspiel bekommt man nur einen Teil des fertigen Werks geliefert, nämlich den Ton. Den Rest muss sich der Hörer selbst im Kopf zusammenbasteln. Vielleicht ist das so, als würde man zum Essen eingeladen und der Gastgeber sagt einem, wo die Zutaten stehen. Jeder wird da etwas anderes köcheln.

Wie entsteht ein Hörspiel?
Nehmen wir »Die Kinder von Arden«. Da kam der Hörspieldramaturg Herr Schmitz auf die Idee, dieses schöne alte Kinderbuch zum Klingen zu bringen. Er bat zuerst die Hörspielfreundin Frau Ruppel, ausgehend vom Buch, ein Hörspielmanuskript zu schreiben. Dann rief er mich an. Ich sagte ihm, dass ich sehr gerne mit den Kindern von Arden durchs Hörspielstudio tollen würde, und überlegte mir die Besetzung. Das ist so ziemlich das Wichtigste, denn die Stimmen der Schauspieler müssen zur Rolle passen und gut voneinander zu unterscheiden sein. Dann geht es mit Schauspielern, Toningenieur und Regieassistenz ins Studio. Die Dialoge der Szenen werden aufgenommen und alle Versprecher herausgeschnitten, Geräusche gemacht und die vorher produzierte Musik daruntergemischt. Am Ende kommen Herr Schmitz und Frau Ruppel und hören sich das fertige Werk an.

Was hat ein Regisseur bei der Aufnahme eines Hörspiels zu tun?
Der Regisseur überlegt sich, wie die ganze Geschichte klingen soll: realistisch, märchenhaft oder verfremdet. Was erzählen die Geräusche und die Musik? Liegt der Schwerpunkt auf der Spannung oder der Atmosphäre? Im Studio arbeite ich dann intensiv mit den Schauspielern: Wie sollen sie eine Szene spielen, damit es natürlich oder geheimnisvoll wirkt? Oft nehmen wir mehrere Fassungen auf und wählen dann die beste aus.

Carmen-Maja Antoni, die Erzählerin der »Kinder von Arden«, bei Aufnahmen im Studio

Wie setzen Sie Geräusche ein?

Das hängt vom jeweiligen Stück und der Situation ab. Geräusche können eine Szene begleiten: Wenn zum Beispiel davon die Rede ist, dass Kinder über eine schöne Sommerwiese laufen, dann hören wir freundliche Vögel und den Wind in den Blättern, die Schritte der Kinder und das Gluckern eines Baches. Wenn dann aber plötzlich ein Habichtruf ertönt, kann das ein Hinweis auf eine drohende Gefahr in der nächsten Szene sein. Auch Musik kann die Funktion von Geräuschen übernehmen: Wenn ein Bär durch den Wald tappen soll und wir hören eine dunkle Tuba, dann verbinden wir das automatisch mit den Schritten des Bären.

Nehmen Sie echte Geräusche auf oder werden die künstlich erzeugt?

Vögel auf einer Sommerwiese findet man schnell im Archiv auf CD. Andere Geräusche nehmen wir an Originalorten auf. Wenn zum Beispiel ein Mann in einem Aufzug feststeckt und sich über die Lichtluke befreit, dann steigen wir schon mal in den Aufzugsschacht des Senderfahrstuhls und nehmen dort das Klettergeräusch und das Schlagen der Seile auf. Andere Situationen lösen wir mit Fantasie. Einmal sollten 5000 Fische durch die Decke in eine Gaststube platschen. Da haben wir mit nassen Handtüchern auf den Boden geklatscht. Am Ende war die Regieassistentin völlig durchnässt, aber das Geräusch war prima.

1 Trage zusammen, was du über die Arbeit eines Hörspielregisseurs erfährst.

2 Erkläre, welche Funktion Geräusche und Klänge in einem Hörspiel haben.

Was habe ich gelernt?

3 Überprüfe, was du über Hörspiele gelernt hast. Beantworte dazu die folgenden Fragen.

1 Was unterscheidet ein Hörspiel von einem Buch?
2 Wie entsteht ein Hörspiel?

Ein Hörspiel produzieren

Um eine Szene oder ein ganzes Hörspiel selbst zu produzieren, sind gute Vorbereitung und Teamarbeit wichtig. Die folgenden Punkte helfen dabei:

Ein Hörspielmanuskript erstellen

Wenn ihr keinen fertigen szenischen Text verwendet, muss zuerst ein Erzähltext umgeschrieben werden. Dazu werden auf dem kopierten Text die Redeanteile der einzelnen Personen, Hinweise auf Geräusche und wesentliche Aussagen zum Handlungsverlauf, die ein Erzähler übernehmen soll, verschiedenfarbig markiert. Um es lebendiger zu machen, könnt ihr weitere Dialoge dazu erfinden. Vergesst nicht die Regieanweisungen!

Personen beschreiben und ihre Sprechweise festlegen

Aus Handlungen und Äußerungen von Personen lassen sich ihre Eigenschaften ableiten. Überlegt also, in welcher Tonlage und in welcher Art die Personen sprechen sollen (tiefe oder piepsige Stimme, hochnäsig, cool, ...).

Aufgaben bei der Hörspielproduktion verteilen

Rollen: Sprecher festlegen, dialogisches und szenisches Lesen üben
Tontechnik: sich mit der Ausrüstung und Aufnahmetechnik vertraut machen
Geräusche: Möglichkeiten zur Nachahmung überlegen und Geräusche produzieren
Musik: passende Musik und Klänge heraussuchen oder mit eigenen Instrumenten selbst spielen

Checkliste für die Aufnahme

– Technik überprüfen (Batterien, Mikrofonkabel)
– Sprechprobe (Abstand vom Mikro, Lautstärke)
– Nebengeräusche ausschließen und abschnittsweise aufnehmen

1 Plant nun eigene Hörspiele. Ihr könnt zum Beispiel euren Dialog von Aufgabe 10 (S. 144) nutzen oder ein Gedicht (S. 88–92) vertonen.

1 Lies nun von einer weiteren Zeitreise, die Edred und Elfrida unternommen haben.

Edith Nesbit

Die Kinder von Arden. Die Gefangenen im Tower

Weil Elfrida eine Verschwörung angekündigt hat, wird sie im Tower, dem berüchtigten Gefängnis von London, gefangen gehalten. Edred will sie mit einem Trick befreien.

Die Wache am Eingang zum Tower wurde stets mit Beginn der Abenddämmerung abgelöst, und eine Viertelstunde vor dieser Zeit hielt Lady Ardens Kutsche vor dem großen Tor. Eine alte Kinderfrau mit Halskrause und Haube und in einem weiten roten Mantel kletterte umständlich heraus und half zwei jungen Herren beim Aussteigen. Der eine – in Schwarz mit einem eichhörnchenfellbesetzten Mantel – war Edred, und der andere – in grauem Samt mit Marderpelz – war Richard.

Der Kommandant wurde herbeigerufen. Er las die Genehmigung der Königin, nickte Edred freundlich zu, und alle drei durften eintreten. Während sie den Hof zum Weißen Turm überquerten, fiel der Schnee dicht und weich auf ihre Mäntel und fror daran fest in der schneidenden Kälte, und die Amme murmelte wieder: »Umso besser, umso besser!«

Als sie Lord Ardens Zelle betraten, war Elfrida gerade bei ihm. Sie sprang mit einem Freudenschrei von seinen Knien und fiel ihrem Bruder um den Hals. »Geh mit der Kinderfrau hinaus«, flüsterte er ihr eilig zu, »und tu genau, was sie sagt!«

»Aber ich habe ein Gedicht gemacht«, flüsterte Elfrida zurück, »und wir könnten jetzt ...«

»Tu, was ich dir sage«, befahl Edred kaum hörbar, aber fest entschlossen. »Wir müssen hier raus. Sei nicht so schwer von Begriff [...]«

»Kommt jetzt mit mir hinaus«, forderte die alte Kinderfrau sie auf, »ich möchte an Euch Maß nehmen für ein neues Gewand.« [...]

Sie griff nach Elfridas Hand und zog das Mädchen in ein Nebenzimmer. »So«, flüsterte sie dort und lag schon auf den Knien, um Elfridas Kleid aufzuhaken, »keinen Augenblick gilt es mehr zu verlieren! Presst Euer Taschentuch gegen das Antlitz und gebt vor, zu weinen, wenn wir gehen. [...]

Sie holte eilig unter ihren weiten steifen Röcken einen kleinen schwarzen Anzug hervor, der mit Hut, Mantel, Strümpfen und Schuhen dem von Edred aufs Haar glich, und im Handumdrehen stand Elfrida als genaues Abbild ihres Bruders da.

Flink wie ein Wiesel eilte die Amme zur Tür und redete auf die Wache ein: »Gott schütze Euch, guter Mann«, sagte sie, »mein kleiner Herr ist erkrankt. Er ist zu zart für diese traurige Begegnung. Ich bitt Euch, geleitet uns zum äußersten Tor! Dort wartet unser Wagen, der ihn heimbringen kann. Und später werde ich wiederkehren, um meinen anderen Schützling zu holen.«

»Was Ihr nicht sagt«, erwiderte der Wächter freundlich, »armes Kind! [...]«

Er durfte allerdings seinen Posten vor Lord Ardens Tür nicht verlassen, aber er erklärte ihnen den Weg und sie liefen allein über den Hof.

Die Torwache, die vor einer Weile in wirbelnden Schneeschauern eine alte Amme mit zwei kleinen Jungen hatte hereinstapfen sehen, erblickte eine dick verschneite alte Amme, die mit einem kleinen Jungen wieder hinauseilte. Er schien bitterlich zu weinen, und die Kinderfrau erklärte, dies sei kein Wunder, da er seinen Vater und seine Schwester unter solchen Umständen hätte wiedersehen müssen.

»Ich will ihn nur schnell zu unserer Kutsche geleiten, gute Herren«, rief sie den Soldaten zu, »dann komm ich gleich zurück, um meinen anderen Schützling zu holen.«

Und auf diese Weise brachte sie Elfrida durchs Tor und in den wartenden Wagen. »Geschwind unter den Sitz!«, befahl sie, stieß das Mädchen hinein, schloss die Wagentür und lief schnell davon. So weit, so gut.

Doch nun kam der weitaus bedenklichere Teil des Abenteuers. Die alte Frau wurde von den Männern, die sie eben hatten hinausgehen sehen, ohne Schwierigkeit eingelassen, und während sie langsam über den verschneiten Hof schritt, erdröhnte der Torweg hinter ihr von den stampfenden Tritten der Soldaten, die zur Ablösung anmarschiert kamen. Wieder so weit, so gut. Aber der Posten vor der Tür zu Lord Ardens Räumen war noch gefährlich genug, ganz zu schweigen von der Möglichkeit, dass jemand von der alten Wachmannschaft in der Nähe herumlungerte, wenn die Kinderfrau zum zweiten Mal kam – und zwar nicht mit einem Jungen, sondern mit zweien. Aber das musste gewagt werden.

Die Alte wartete still in einer Ecke, während sich Lord Arden mit den Jungen unterhielt. Endlich entschloss sie sich jedoch zu mahnen: »Die Zeit ist um, Mylord!« Denn sie wusste, dass die Wache vor der Tür inzwischen ebenfalls abgelöst worden war.

»Jetzt bloß schnell fort!«, murmelte Edred, während er und Richard der Amme eilig über die engen Treppen und den verschneiten Innenhof folgten.

Der neue Posten am Tor hielt sie an, las das Handschreiben der Königin, das sich die alte Kinderfrau vorsorglich hatte wiedergeben lassen – und da ganz offenkundig Master Edred Arden und Master Richard Arden mit einer Begleitperson eingelassen worden waren, wurde den dreien gestattet, wieder hinauszugehen. Zwei Minuten später rumpelte eine geräumige Kutsche durch die schneeverwehten dunklen Straßen Londons, und drinnen lagen sich die vier Insassen glücklich in den Armen. Der Plan war gelungen.

2 Erkläre, worin die List bei der Befreiung besteht.

3 Schreibt den Erzähltext in eine Hörspielfassung um. Beachtet dabei die Tipps auf S. 148. Erfindet zusätzliche Dialoge, zum Beispiel das Gespräch an der Torwache.

4 Leiht euch das Hörspiel in der Bibliothek aus und hört es euch gemeinsam an.

Die Geschichte unserer Sprache

Erbwörter

1 Sicherlich müsst ihr oft englische Vokabeln lernen.

a Vergleicht die englischen Wörter mit ihren deutschen Übersetzungen. Was stellt ihr fest?

bread – Brot | water – Wasser | salt – Salz | rain – Regen | sun – Sonne | father – Vater | brother – Bruder | foot – Fuß | hand – Hand | cow – Kuh | (to) drink – trinken | (to) run – rennen | (to) eat – essen | red – rot

b Stellt Vermutungen an, wieso Wörter aus den beiden Sprachen sich ähneln.

! Die deutsche Sprache gehört zur Gruppe der **germanischen Sprachen**, wie auch das Englische, Friesische, Niederländische, Dänische, Isländische und Norwegische. Die ältesten Wörter unserer Sprache bezeichnen wir als **Erbwörter**. Sie entstanden vor ungefähr 5000 Jahren und geben uns heute noch Auskunft über die Lebensweise der germanischen Stämme. Sie können sich deshalb innerhalb der Gruppe der germanischen Sprachen ähneln.

c Sucht weitere Wörter, die im Deutschen und Englischen ähnlich sind.

TIPP
Sucht z. B. Bezeichnungen für Verwandte, Körperteile, Haustiere, Farben und Zahlen.

2 Untersuche, was dir Erbwörter über das Leben der Menschen in der damaligen Zeit verraten.

a Übertrage dazu die folgende Tabelle in dein Heft.

Familie	…	Arbeitsgeräte	Pflanzen	…
…	Schwein	…	…	säen
…	…	…	…	…

b Ordne die Erbwörter in die richtige Spalte ein.

Rind – Vater – Hund – Beil – weben – Gerste – Zange – Sohn – Ziege – Tochter – zähmen – Hacke – Kuh – bauen – Erbse – Hengst – sprechen – Wolf – Sippe – Rad – Schaf – flechten – Eiche

c Ergänze die fehlenden Oberbegriffe im Tabellenkopf.

●●● **d** Schreibe 3–4 Sätze in dein Heft, in denen du über das Leben der Menschen früher erzählst. Benutze die Wörter aus der Tabelle.

! Etwa ab 2000 v. Chr. bis ungefähr 500 n. Chr. wanderten viele Stämme aufgrund von Naturkatastrophen und Kriegen in neue Siedlungsgebiete in Europa. Dort lernten sie **neue Lebensweisen** kennen. Aus dieser Zeit stammen **weitere Erbwörter**, die von vielen Veränderungen zeugen.

3

→ S. 34 Im Lexikon Informationen suchen

a Lies die folgenden Wörter. Schlage dir unbekannte Wörter nach.

ringen – Adel – Reuse – König – Netz – Graf – Steuer – Herzog – Waffe – Schiff – Herd – Schwert – rösten – Hafen – Bogen – Fleisch – Schild – Brot – Helm – Hof – Halle – Saal – Brett – Bank – Bett – Dieb – Bann – Herr – Speck – braten – See – Segel – Kahn – Strand – Salz – raufen

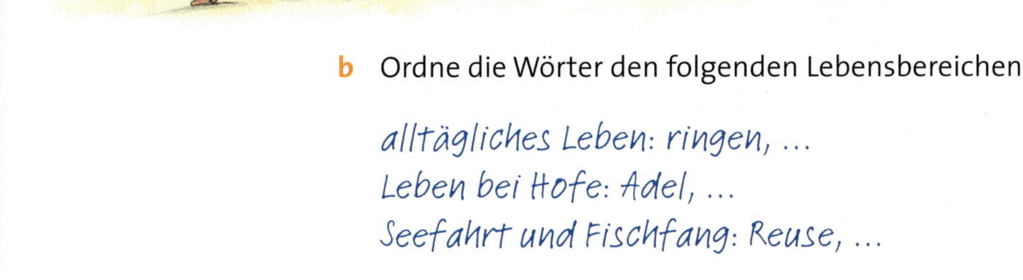

b Ordne die Wörter den folgenden Lebensbereichen zu.

alltägliches Leben: ringen, …
Leben bei Hofe: Adel, …
Seefahrt und Fischfang: Reuse, …

c Vergleiche sie mit den ältesten Erbwörtern aus Aufgabe 2 b. Was fällt dir auf?

●●● **d** Nenne mögliche Gründe für die Veränderungen im Leben der Germanen.

Lehnwörter

! Wörter, die aus anderen Sprachen »entliehen« wurden, heißen **Lehnwörter**. Sie haben sich im Laufe der Zeit in **Aussprache**, **Schreibung** und **Beugung** der deutschen Sprache so weit **angepasst**, dass wir ihre eigentliche Herkunft oft gar nicht mehr erkennen, z. B.: *Portal* (von lateinisch *porta*), *Fenster* (von lateinisch *fenestra*).

1 Weite Teile Germaniens wurden in den ersten Jahrhunderten n. Chr. von den Römern besetzt gehalten. Dadurch lernten die Germanen die Lebensweise der Römer kennen und »entliehen« auch entsprechende Bezeichnungen aus der Sprache der Römer, dem Lateinischen.

a Sieh dir die Abbildung eines römischen Hauses an.

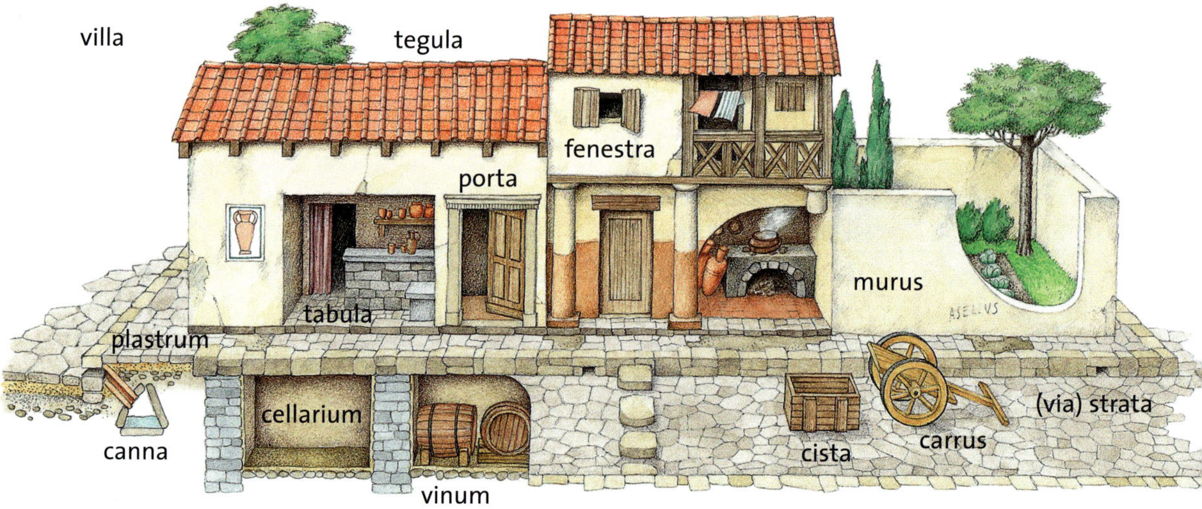

b Welche deutschen Wörter haben sich aus den lateinischen Bezeichnungen entwickelt? Schreibe sie in dein Heft.

tegula – Ziegel, …

●●● **c** Überlege, wie die Häuser der Germanen ausgesehen haben könnten, bevor sie den Hausbau von den Römern gelernt haben.

2

a Lies den folgenden Text.

Die Germanen lernten von den Römern, Ziegel herzustellen, mischten Kalk mit anderen Materialien und errichteten Mauern statt der alten Holz- oder Lehmwände. Sie ließen Platz für Fenster und bauten unter dem Haus einen Keller. Für das Dach verwendeten sie Schindeln.
Neu war für die Germanen auch der Handel mit Geld. Im Austausch mit den Römern lernten sie, ihre Waren in Korb, Sack oder Kiste zu verpacken, sie auf einen Markt zu bringen und mit Münzen zu bezahlen. Viele Handelswege führten schon über befestigte Straßen.

b Ordne den unterstrichenen Lehnwörtern die lateinischen Wörter zu.

tegula – moneta – saccus – fenestra – scindula – cista – murus – mercatus – (via) strata – cellarium – corbis – calx

Ziegel – tegula, …

3 Das 12./13. Jahrhundert war stark durch die Kultur des Rittertums geprägt. Viele Lehnwörter aus diesem Bereich stammen aus dem Französischen.

a Setze die Wörter richtig in die Lücken des folgenden Textes ein.

Page – Turnier – Panzer – Abenteuer – Tanz – Preis

1 Der Sohn eines Ritters wurde mit 7 Jahren zum ___ ausgebildet.
2 Er musste alle Fertigkeiten erlernen, die für einen Ritter lebensnotwendig waren, z. B. reiten, jagen, fechten, aber auch höfische Umgangsformen, wie den ___.
3 Ausgerüstet mit ___ und Schild kämpften sie in einem ___ um den ___.
4 So musste jeder junge Ritter viele ___ bestehen.

b Ordne die altfranzösischen Wörter den Lehnwörtern aus Aufgabe a zu.

page – pris – aventure – tornoi – pancier – danse

1. Page – page, 2. Turnier – …

Fremdwörter

! Wörter, die aus anderen Sprachen zu uns kamen, sich aber in **Aussprache**, **Schreibung** und **Betonung nicht** oder nur zum Teil dem Deutschen **angepasst** haben, nennt man **Fremdwörter**.

1

a Überlege, woran du erkennst, dass diese Wörter Fremdwörter sind.

Cousine – Baguette – Jeans – Ragout – Sweatshirt – Ingenieur – T-Shirt – Screen – Bassin – Porto – Restaurant – Zucchini – Operateur – Pasta – Portemonnaie – Broccoli – Makkaroni

b Tragt alle Wörter zusammen, deren Bedeutung ihr nicht kennt.

c Findet die Bedeutung der unbekannten Wörter heraus.

d Erklärt, warum man im Rechtschreibwörterbuch zu einigen Fremdwörtern zwei verschiedene Schreibweisen findet, z. B.: *Cousine – Kusine, Portemonnaie – Portmonee.*

e Ordne die Wörter aus Aufgabe a nach den Sprachen, aus denen sie übernommen wurden.

Französisch: Cousine, ...
Englisch: Jeans, ...
Italienisch: Porto, ...

TIPP
Schlagt z. B. in einem Fremdwörterbuch nach.

2 Schreibe die folgenden Fremdwörter in dein Heft und schlage in einem Wörterbuch ihre Bedeutung nach.

Chip – Rendezvous – Interview – Internet – Agreement – Champion – Havarie – Input – Freak – Comedy – Headline

→ S. 34 Im Lexikon Informationen suchen

! Heute bestehen zwischen Ländern der ganzen Welt Kontakte und Austausch z. B. in Wirtschaft und Wissenschaft. Deshalb werden **viele Fremdwörter** in unsere Sprache **übernommen**, z. B.:
aus dem Französischen: *Pommes frites, Limousine, Croissant,*
aus dem Englischen: *Computer, Download, Fastfood, Outfit,*
aus dem Italienischen: *Zucchini, Broccoli, Pizza.*

3 Bei Tina ist in den Ferien die Oma zu Besuch. Die beiden haben manchmal Verständigungsprobleme.

a Ersetze die markierten Wörter durch deutsche Bezeichnungen.

Sieh mal, Oma, ich habe eine E-Mail von Anne bekommen! Morgen gehe ich zu ihr, denn sie will mir zeigen, wie sie ihre neue Homepage gestaltet hat. Alle Mädchen der Klasse sind jetzt online. Wir treffen uns nachmittags immer im Chatroom. Danach surfe ich noch ein bisschen im Internet.

b Nenne Gründe dafür, warum jemand die unterstrichenen Begriffe nicht verstehen könnte.

c Sammelt eigene Beispiele für Fremdwörter. Denkt dabei z. B. an moderne technische Geräte.

4 Es werden ständig neue Wörter aus anderen Sprachen in den deutschen Wortschatz aufgenommen.

a Stelle Vermutungen an, warum die Wörterbücher der deutschen Sprache trotzdem nicht immer umfangreicher werden.

b Sammelt Wörter, die in den letzten Jahren, z. B. durch die technische Entwicklung, aus dem Sprachgebrauch verdrängt wurden. Fragt auch eure Eltern und Großeltern.

Was habe ich gelernt?

5 Überprüfe, was du über die Entwicklung der deutschen Sprache gelernt hast. Beantworte dazu die folgenden Fragen.

1. Welches sind die ältesten Wörter der deutschen Sprache?
2. Welche Wörter haben sich im Laufe der Zeit der deutschen Sprache angepasst?
3. Woran kannst du Fremdwörter erkennen?

Wortarten und Wortformen

Nomen/Substantive

1

a Lest euch gegenseitig den folgenden Text ohne die unterstrichenen Nomen vor. Sagt, worum es in dem Text gehen könnte.

[1] Bicycle Moto Cross

Die BMX[1]-Fans in Australien kennen *ihren* Namen, denn Caroline Buchanan holt *einen* Meisterpokal nach dem anderen. *Die* BMX-Premiere bei *den* Olympischen Spielen in Peking 2008 hat *die* junge Frau verpasst. Mit *ihren* 17 Jahren war *der* australische Star auf zwei kleinen 20-Zoll-Rädern zu jung für *den* Start. Bei Olympia müssen BMX-Fahrerinnen mindestens 19 sein.

Caroline Buchanan

b Lest den Text noch einmal mit den Nomen und sagt, worum es geht.

c Richtig oder falsch? Überprüft die folgende Aussage.

Auf Nomen/Substantive kann man nicht verzichten. Sie bezeichnen Lebewesen, Gegenstände, Gefühle, Gedanken, Orte und geben einem Text erst einen Sinn.

!

Nomen/Substantive bezeichnen Lebewesen, Gegenstände, Gefühle, Vorstellungen, Vorgänge, Orte und Veranstaltungen, z. B.:
Ziege, Rad, Freude, Erholung, Fahrt, Prag, Olympia.
Nomen haben in der Regel einen **Begleiter** bei sich:
- bestimmter Artikel: *die Bremse,*
- unbestimmter Artikel: *ein Helm,*
- Possessivpronomen: *sein Rad.*

An den Begleitern erkennt man meist
- das grammatische **Geschlecht** (Genus): männlich, weiblich, sächlich,
- die **Zahl** (Numerus): Singular, Plural und
- den **Fall** (Kasus): Nominativ, Genitiv, Dativ, Akkusativ.

Über den Fall der Nomen entscheiden Verben und Präpositionen, z. B.:

Jan fährt ein BMX-Rad.	Wer?	fährt	Wen? Was?
	Nominativ	Verb	Akkusativ

Er schwärmt von seinem Team. Von wem? Präposition + Dativ

→ S. 182 Subjekt
→ S. 185 Objekt (Ergänzung)

TIPP
Die Begleiter der Nomen in Aufgabe 1a sind schräg gedruckt.

2 Übertrage die Tabelle in dein Heft. Ordne die Nomen aus Aufgabe 1a mit ihren Begleitern richtig ein. Unterstreiche die Begleiter.

bestimmter Artikel	**unbestimmter Artikel**	**Possessiv-pronomen**	**ohne Begleiter**
<u>die</u> BMX-Fans	…	…	…

3 Die Nomen in den folgenden Sätzen stehen im richtigen Fall.

a Setze auch die Begleiter der Nomen und die Adjektive in den richtigen Fall. Schreibe die Sätze in dein Heft.

1 BMX-Fahrer erkennt man an ___ (ihr) Crossrad und ___ (der spezielle) Helm.
2 Früher fuhr Caroline nur mit ___ (die) Jungen.
3 Die Mädchen hielten ___ (dieser) Sport für zu gefährlich.
4 Siebenmal hat sie ___ (der australische) Pokal gewonnen.
5 Bei ___ (die nächste) Olympischen Spielen will sie dabei sein.

TIPP
Nutze die Frage- oder die Ersatzprobe.

b Markiere die Dativ- und Akkusativformen verschiedenfarbig.

TIPP
Ein Nomen hat keine Plural- und eins keine Singularform.

4 Übertrage die Tabelle in dein Heft, ordne die Nomen aus Aufgabe 3 a in die richtige Spalte ein. Ergänze die jeweils fehlende Zahlform mit dem bestimmten Artikel.

Singular (Einzahl)	**Plural (Mehrzahl)**
der BMX-Fahrer …	die BMX-Fahrer …

5 Wähle eine Präposition aus, setze sie ein und schreibe die Wortgruppen in dein Heft. Notiere den Fall, den die Präposition fordert.

vor – von – in – über

BMX-Fahrerinnen/-Fahrer dürfen sich nicht …

1 ___ einem Sprung fürchten.
2 ___ einer Steilkurve ängstigen.
3 ___ einen Sturz ärgern.
4 ___ einem Mitfahrer abdrängen lassen.

1. vor einem Sprung fürchten (Dativ), 2. …

Nominalisierte/Substantivierte Verben und Adjektive

!

Im Deutschen kann jedes Wort **als Nomen/Substantiv gebraucht** – also nominalisiert/substantiviert – werden. Es wird dann auch **großgeschrieben** und **dekliniert** (gebeugt) und kann von einem Artikel, Adjektiv, Pronomen, einer Präposition oder einem Zahlwort begleitet werden.

Verb: *surfen* — *das Surfen, stundenlanges Surfen, gefährliches Surfen, beim (bei dem) Surfen, nach dem Surfen*

Adjektiv: *rot* — *das knallige Rot, mein Rot, mit dem Rot, alles Rote*

1 Verben können nominalisiert/substantiviert werden.

a Verwende die Verben in Klammern als Nomen und schreibe sie mit den Wörtern auf, die sie begleiten.

1 Das Hobby von Marta und Layla ist *das* ▬ (schwimmen).
2 Sie gehen aber nicht *zum* ▬ (planschen) ins Schwimmbad.
3 Marta und Layla üben sich *im synchronen* ▬ (schwimmen).
4 Sie trainieren *das gleichzeitige* ▬ (ausführen) von Figuren.
5 *Ausdauerndes* ▬ (tauchen) ist dafür eine Voraussetzung.

●●● **b** Bestimme die Wortart der Begleitwörter.

2 Entscheide, welche Verben hier als Nomen verwendet werden. Begründe deine Entscheidung. Schreibe die nominalisierten Verben mit ihren Begleitern in dein Heft.

1 Die 11- bis 13-jährigen Rettungsschwimmer (ü)ben einmal pro Woche das (k)raulen, das (t)auchen und das (s)chwimmen mit Flossen.
2 Imke und Kim (l)ernen verschiedene Rettungstechniken.
3 Beim (a)bschleppen (z)ieht der Rettungsschwimmer den Verunglückten.
4 Imke und Kim (f)inden das (z)iehen einer Person im Rettungsring sehr anstrengend.
5 Denn zum schnellen (s)chwimmen bleibt ihnen dabei nur ein Arm.

1. das Kraulen, …

3 Aus Adjektiven werden Nomen. Schreibe die nominalisierten Adjektive mit ihren Begleitern in dein Heft.

1 Das ___ (besondere) am Kitesurfen ist, dass ein Drachen den Surfer übers Wasser zieht.
2 Dieser Sport ist nur etwas für ___ (wagemutig).
3 Das ___ (gefährlich) am Kitesurfen sind die hohen Geschwindigkeiten von bis zu 90 km/h.
4 Auf einem Brett übers Wasser zu schießen, ist das ___ (faszinierend) am Kitesurfen.
5 Die Balance auf dem Surfbrett zu halten, ist das ___ (schwierig).
6 Das ___ (erstaunlich) ist die Erfahrung, wie hart und holprig Wasser sein kann.

1. das Besondere, 2. …

4 Groß oder klein? Schreibe die folgenden Sätze in dein Heft.

TIPP
Bezieht sich das Adjektiv auf ein Nomen, wird es kleingeschrieben.

Achtung, Fehler!

a Entscheide, ob du die schräg gedruckten Wörter groß- oder kleinschreiben musst. Begründe deine Entscheidung.

1 Das ist nichts für *ängstliche*. **2** Das ist nichts für *ängstliche* Personen. **3** Dieses Angebot ist etwas für *abenteuerlustige* Jugendliche. **4** Dieses Angebot ist etwas für *abenteuerlustige*. **5** Wellenreiten ist ein *gefährliches* Vergnügen. **6** Das *gefährliche* am Kitesurfen sind die hohen Geschwindigkeiten. **7** Tom ist immer der *schnellste*. **8** Unsere *schnellsten* Schwimmer sind Marek und Tom. **9** Wer kennt diesen *fremden?* **10** Der *fremde* Mann ist der neue Trainer.

b Markiere in deinem Heft die Begleiter der nominalisierten Adjektive.

5 Diktiert euch die Sätze gegenseitig. Schreibt sie richtig auf. Achtet auf die Großschreibung aller Nomen.

Achtung, Fehler!

1 Beim rettungsschwimmen zählt jede sekunde.
2 Schnelles schwimmen mit einem arm strengt an.
3 Beim training feuern wir die kleinen an.
4 Das interessante am rettungsschwimmen ist seine vielseitigkeit.

Pronomen als Stellvertreter und Begleiter von Nomen/Substantiven

1 Suche aus den Sätzen die Pronomen heraus. Nenne jeweils das Nomen, auf das sie sich beziehen.

1 Artur steht an der Spitze des Brettes, das jetzt leicht wippt.
2 Er federt in den Knien, dann springt er ab.
3 Das Sprungbrett lässt ihn fliegen.
4 Mit diesem Sport erfüllt sich Artur seinen Traum vom Fliegen.
5 »Wie oft haben Sie Ihren Sprung geübt?«, wird der Sieger gefragt.

! **Pronomen** können Stellvertreter oder Begleiter eines Nomens/Substantivs sein. Sie können wie Nomen **dekliniert** (gebeugt) werden.

Personalpronomen: *ich, du, er, sie, es;* *wir, ihr, sie; Sie, Ihr*	stehen stellvertretend für Nomen, z. B.: *Jugendliche fahren Inlineskates.* *Sie erreichen damit ein hohes Tempo.*
Possessivpronomen: *mein, dein, sein, ihr, sein;* *unser, euer, ihr*	zeigen den Besitz oder die Zugehörigkeit an, z. B.: *Das sind meine Inlineskates.*
Demonstrativpronomen, z. B.: *dieser, diese, dieses; diese;* *jener, jene, jenes; jene;* *der, die, das; die*	weisen auf ein vorher genanntes Nomen hin, z. B.: *Gute Skater erreichen eine Geschwindigkeit von bis zu 60 km/h.* *Dies/Das kann gefährlich werden.*
Relativpronomen, z. B.: *der, die, das; die,* *welcher, welche,* *welches; welche*	leiten Nebensätze ein, die ein Nomen im Hauptsatz näher erklären, z. B.: *Ein Skater, der auf dem Fußweg fährt, nimmt Rücksicht auf Fußgänger.*

2 Vermeide die Wortwiederholungen mithilfe passender Pronomen.

1 Wasserspringer trocknen sich ab, bevor Wasserspringer springen. Die Haut der Wasserspringer darf nicht feucht und glatt sein, sonst finden die Hände keinen Halt an den Beinen. **2** Das Wasserspringen ist eine Sportart. Die Sportart wurde 1904 als olympische Disziplin anerkannt.

→ S.162 Pronomen (Demonstrativpronomen)

3 Suche das Demonstrativpronomen und das Nomen, das es begleitet. Bestimme den Fall und nenne das Bezugswort.

1 Lena zeigt einen doppelten Salto. Diesen Sprung hat sie oft geübt.
2 Früher ist Lena auch vom Zehnmeterturm gesprungen. Seit jenem missglückten Sprung vor einem Jahr meidet sie diesen Turm.
3 Seit den Olympischen Spielen 2000 in Sydney (Australien) können zwei Turmspringer auf einem Brett nebeneinander den gleichen Sprung ausführen. Diesen Sport nennt man Synchronspringen.
4 Wasserspringen hat einen guten Ruf. Anders als Schwimmen gilt dieser Wassersport nicht als Dopingsportart.

1. diesen Sprung (Wen? Was? Akkusativ) –> Salto

→ S.194 Der zusammengesetzte Satz

4 Nenne das Nomen des Hauptsatzes, auf das sich das unterstrichene Relativpronomen im Nebensatz bezieht.

1 Wasserspringen gehört zu den Sportarten, die so gut wie nie im Fernsehen zu sehen sind.
2 Wasserspringen ist etwas für Leute, die Mut und Ausdauer haben.
3 Der Zehner ist der Turm im Freibad, zu dem Kinder mit einem mulmigen Gefühl im Bauch hochschauen.
4 Jeder Sprung, den Theresa vom Dreier, Fünfer oder Zehner zeigt, muss automatisiert sein.

TIPP
Achte auf die Stellung der finiten Verbform.

5

a Forme die beiden Einzelsätze in einen zusammengesetzten Satz um. Ersetze dabei das Nomen im zweiten Satz durch ein Relativpronomen.

1 Wasserspringen ist ein Sport. Der Sport hat neue Fans gewonnen.
2 Vom Boden des Schwimmbeckens steigen Luftblasen auf. Die Luftblasen markieren für den Springer die Wasseroberfläche.
3 Die Badegäste schauen zum Fünfmeterturm. Auf dem Fünfmeterturm steht Janek.
4 Mehrmals wippt das Brett. Von dem Brett springt Janek.
5 Er macht einen Fehler. Die Zuschauer hören den Fehler am »Platsch«.

b Schreibe die Sätze in dein Heft und unterstreiche jeweils das Nomen und das Relativpronomen.

1. Wasserspringen ist ein Sport, der …

Verben

Finite und infinite Verbformen

TIPP
Achte darauf, dass Subjekt und finite Verbform in Person und Zahl übereinstimmen.

1

a Übertrage die Sätze in dein Heft und setze die finiten Verbformen ein.

1 Inlineskating ___ (haben) in den letzten Jahren viele Fans gewonnen.
2 Diese Sportart ___ (erfreuen) sich großer Beliebtheit in allen Altersgruppen.
3 Die lineare Anordnung der Räder ___ (ermöglichen) Geschwindigkeiten bis zu 60 km/h.
4 Richtiges Bremsen ___ (gehören) deshalb zum A und O des Skatens.

b Unterstreiche in jedem Satz das Subjekt.

2

a Setze die Wortpaare in Klammern in der richtigen Form ein.

1 Inlineskating erfreut sich einer ___ (wachsen/Fangemeinde).
2 Die ___ (fließen/Bewegungen) wirken elegant.
3 Dieser Sport eignet sich nicht nur für ___ (trainieren/Sportler).
4 Bei uns können die 6. Klassen unter den ___ (anbieten/Sportkurse) auch Inlineskating wählen.
5 Kostenlos erhalten sie die ___ (passen/Skates) und einen Helm.
6 Knieschützer sollen ___ (aufschlagen/Knie) vorbeugen.

→ S. 182 Subjekt

!

Verben bezeichnen Tätigkeiten, Vorgänge und Zustände. Sie haben finite (gebeugte) und infinite (ungebeugte) Verbformen.
Die **finite Verbform** stimmt in Person und Zahl mit dem Subjekt des Satzes überein, z. B.:
Beim Marathon startet das Läuferfeld hinter den Skatern.
3. Person Singular
Die **infiniten Verbformen** sind:
- der Infinitiv, z. B.: *fließen, trainieren,*
- das Partizip I, z. B.: *fließend, trainierend,*
- das Partizip II, z. B.: *geflossen, trainiert.*

Beide Partizipien kann man wie Adjektive verwenden, z. B.:
die fließenden Bewegungen, ein trainierter Sportler.

b Übertrage die Tabelle in dein Heft. Suche aus deiner Lösung der Aufgabe a die Partizipien heraus und ordne sie richtig ein.

Infinitiv	**Partizip I**	**Partizip II**
wachsen …	wachsend …	gewachsen …

c Ergänze das jeweils fehlende Partizip und den Infinitiv.

d Untersucht und erklärt die Bildung der beiden Partizipien. Überlegt euch zuerst, wie ihr dabei vorgehen könnt.

3

a Schreibe aus dem folgenden Text alle Partizipien heraus.

Prerow. Ein Spaziergänger (62) ist bei einem Zusammenstoß mit einem Inlineskater verletzt worden. Der Inlineskater (35) aus G. war vom Dammweg abgekommen und weitgehend ungebremst in eine Wandergruppe gefahren. In Anbetracht der stetig wachsenden Skater-Fangemeinde und der alarmierenden Zahl der Unfälle mit Fußgängern in den vergangenen drei Monaten ermahnt die Polizei zur gegenseitigen Rücksichtnahme.

Partizip I: … *Partizip II: …*

b Entscheide, welche Partizipien als Adjektiv gebraucht werden.

→ **S.196** Satzgefüge (Relativsätze)

4 Formuliere die Nebensätze (Relativsätze) in Partizipien um. Schreibe die neuen Wortgruppen auf.

1 mehrere Skater, die verletzt worden sind, …
2 Unfallzahlen, die gesunken sind, …
3 Bremstechniken, die zu erlernen sind, …
4 Schutzbekleidung, die nicht getragen wird, …
5 Gefahrenstellen, die markiert worden sind, …
6 auf Wegen, die ausgeschildert sind, …

1. mehrere verletzte Skater, 2. …

Zeitformen (Tempusformen) der Verben

1 Ein Märchen und ein Ausschnitt aus einem Interview sind durcheinandergeraten.

a Lest die folgenden Sätze und sortiert sie. Schreibt das Märchen und den Interviewausschnitt in euer Heft.

1 Es war einmal ein Junge, der hieß Kristof.
2 Ich trainiere seit zwei Jahren in einem Judoklub.
3 Wie ich dazu gekommen bin? Mich haben die Jungs auf dem Schulhof immer gehänselt, weil ich eine Brille trage und schwächlich aussehe.
4 Die anderen Jungen hänselten ihn, weil er eine Brille trug und schwächlich aussah.
5 Einmal sah er, wie ein zierlicher Mann mit bloßen Händen und Füßen starke Männer in die Flucht schlug. Der Mann beherrschte Judo.
6 In einem japanischen Film habe ich Judokämpfer gesehen. Da wusste ich, das ist der richtige Sport für mich.
7 Da beschloss der Junge, auch ein Judoka zu werden.

b Markiert die Zeitformen mit verschiedenen Farben. Bestimmt, welche Zeitformen im Märchen und welche im Interview vorkommen.

!

Verben bilden **Zeitformen** (Tempusformen). Diese sagen aus, ob eine Tätigkeit, ein Vorgang, ein Zustand schon abgeschlossen ist, noch andauert oder erst in der Zukunft stattfinden wird, z. B.:

Präsens	*Sie lebt in der Stadt.* *Sie fährt morgen an die See.*	Gegenwart (andauernd) Zukunft
Präteritum	*Sie lebte in der Stadt.* *Sie fuhr an die See.*	Vergangenheit (abgeschlossen)
Perfekt	*Sie hat in der Stadt gelebt.* *Sie ist an die See gefahren.*	Vergangenheit (abgeschlossen)
Plusquam-perfekt	*Sie hatte in der Stadt gelebt.* *Sie war an die See gefahren.*	Vergangenheit (bereits vorher abgeschlossen)
Futur	*Sie wird in der Stadt leben.* *Sie wird an die See fahren.*	Zukunft

TIPP
Überlege, was zuerst und was danach passiert ist.

2 Präsens oder Perfekt? Setze die Verben in der richtigen Zeitform ein.

1 Meine Freizeit ____ (gehören) dem Rasenhockey, seit unser Sportlehrer das Spiel im Unterricht ____ (vorstellen).
2 Seit ich mein Interesse für den Hockeysport ____ (entdecken), ____ (gehen) ich dreimal in der Woche zum Training.
3 Weil unser Team schon drei Auswärtsspiele ____ (gewinnen), ____ eine kleine Feier ____ (stattfinden).

1. Meine Freizeit gehört dem Rasenhockey, seit ...

! Spricht oder schreibt man im **Präsens**, dann verwendet man das **Perfekt** für die Handlung, die bereits zuvor abgeschlossen ist (**Vorzeitigkeit**), z. B.:
Wir haben das Training beendet und gehen jetzt ins Kino.
Perfekt — Präsens

3 Übertrage die Tabelle in dein Heft. Ordne die Sätze richtig ein.

Das hatte vorher stattgefunden.	Das fand später statt.
1 Schon im 16. Jahrhundert waren indianische Ureinwohner ..., ...	aber erst ... ...

1 Schon im 16. Jahrhundert waren indianische Ureinwohner mit Bällen übers Eis gejagt, aber erst 1875 fand in Kanada das erste Eishockeyspiel der Welt statt.
2 Niemand verwendete mehr Gummibälle zum Eishockey, nachdem William Fleet Robertson 1877 den Puck erfunden hatte.
3 Robertson hatte von einem Gummiball den oberen und unteren Teil abgeschnitten. Übrig blieb die typische Eishockeyscheibe.
4 Vor 1877 gab es immer wieder Spielunterbrechungen, weil der Ball aus dem Spielfeld gesprungen war.

! Spricht oder schreibt man im **Präteritum**, verwendet man das **Plusquamperfekt** für die Handlung, die zuvor bereits abgeschlossen war (**Vorzeitigkeit**), z. B.:
Nachdem wir das Training beendet hatten, gingen wir ins Kino.
Plusquamperfekt — Präteritum

4 Was ist vorher passiert?

a Ergänze die richtige Zeitform.

1 Der Golfball landete im heißen Sand von Namibia, nah am Loch. Reinhold ___ weit ___ (ausholen) und den Ball mit ganzer Kraft ___ (schlagen).
2 Rosa saß strahlend auf dem Gipfel. Sie ___ ihren ersten Felsen in der Sächsischen Schweiz ___ (erklettern).
3 Layla zeigte mit dem Kunstrad in der Turnhalle den Sattellenkerstand. Dafür ___ sie neun Monate lang ___ (trainieren).
4 Vor Enttäuschung kamen Lars die Tränen. Er ___ gerade den entscheidenden Elfmeter ___ (verschießen).
5 Max hielt stolz den Pokal in die Kamera. Er ___ soeben den Sieg im Tischtennis ___ (erringen).

b Bestimme die Zeitformen in den Satzpaaren.

5 Setze die Verben in der vorgegebenen Zeitform richtig ein.

Breakdance im Sportunterricht

1 In der Aula ___ (warten, Präsens) die Schülerinnen und Schüler auf ihren Auftritt. **2** Viele Wochen ___ sie sich darauf ___ (vorbereiten, Perfekt). **3** Das Projekt Breakdance ___ (starten, Präteritum) im Herbst des vergangenen Jahres. **4** Jede Woche ___ (erhalten, Präteritum) die 6 a eine Stunde Breakdance im Sportunterricht. **5** Nachdem sie die Basisschritte ___ (üben, Plusquamperfekt), ___ (beginnen, Präteritum) sie mit den Proben für den Auftritt. **6** Dieser akrobatische Tanzstil ___ (erfordern, Präsens) Kraft und ein gutes Rhythmusgefühl. **7** Der Sportlehrer der 6 a ___ (sein, Präteritum) ganz überrascht, mit welcher Freude sich alle zur lauten Musik ___ (bewegen, Perfekt).

Aktiv- und Passivformen der Verben

1

a Lies die folgenden Informationen zum Ablauf eines Wettkampfes. Um welche Sportart(en) könnte es sich handeln?

1 Zu Beginn werden die Preisrichter vorgestellt.
2 Dann werden die Wettkämpfer der Reihe nach aufgerufen.
3 Nach jedem Auftritt werden die A- und B-Noten vergeben.
4 Der Sieger wird lautstark bejubelt.
5 Die erreichten Punkte werden zusammengezählt.

b Benenne die Information, die in allen Sätzen fehlt.

c Nenne für jede Handlung jemanden, der sie ausführt. Wähle dazu eine der folgenden Personen aus und schreibe die Sätze aus Aufgabe a in dein Heft.

die Wettkampfleiterin – der Bürgermeister – die Sportjournalisten – die Preisrichter – die Zuschauer – die Fans – der Stadionsprecher – der Computer

1. Die Wettkampfleiterin stellt die …

d Prüfe, ob und wie sich durch die Personenangabe die Verbformen in den Sätzen jeweils ändern.

! Von den meisten Verben kann man eine Aktivform und eine Passivform bilden.
Will man ausdrücklich betonen, wer handelt, verwendet man die **Aktivform** (Verbform im Aktiv), z. B.:
Der Stadionsprecher ruft den Sieger auf.
Ist unwichtig oder unbekannt, wer handelt, verwendet man die **Passivform** (Verbform im Passiv), z. B.:
Der Sieger wird (vom Sprecher) aufgerufen.

2 In der folgenden Zeitungsmeldung häufen sich Passivformen.

a Begründe, warum das so ist. Überlege bei jedem Satz, wer handelt und warum sie/er nicht genannt wird.

Dreiste Einbrecher

Leipzig. In der Nacht zum Montag wurde in zwei Turnhallen eingebrochen. Die Hallen wurden verwüstet, Böden und Matten mit Graffiti besprüht, Bälle und andere Sportgeräte entwendet. Am Dienstag konnte die Polizei noch keine Angaben zu möglichen Tätern machen. Ein 35-Jähriger, der vorläufig festgenommen worden war, wurde wieder freigelassen. Ihm konnte keine Beteiligung an den Einbrüchen nachgewiesen werden. Die Ermittlungen werden fortgesetzt.

b Bestimmt, um welche Zeitform es sich bei den einzelnen Passivformen handelt. Nehmt den Merkkasten zu Hilfe.

TIPP
Überlegt zuerst, wie ihr dabei vorgehen wollt.

!

Passivformen bildet man mit dem Hilfsverb ***werden*** **+ Partizip II** eines anderen Verbs.

Präsens:	*Der Sieger*	*wird*	*aufgerufen.*	
Präteritum:	*Der Sieger*	*wurde*	*aufgerufen.*	
Perfekt:	*Der Sieger*	*ist*	*aufgerufen*	*worden.*
Plusquamperfekt:	*Der Sieger*	*war*	*aufgerufen*	*worden.*
Futur:	*Der Sieger*	*wird*	*aufgerufen*	*werden.*

3

a Nenne die Handelnden in den folgenden Sätzen.

1 Unbekannte haben im Stadtpark zehn Bäume gefällt.
2 Jemand rief die Polizei.
3 Ein Anwohner hatte verdächtige Personen gesehen.
4 Man befragt jetzt sogar die Taxifahrer.

b Entscheide, ob in allen Sätzen der Handelnde zum Verständnis benötigt wird. In welchen Sätzen kannst du auf ihn verzichten? Forme diese Sätze mithilfe von Passivformen um.

4

a Übertrage die folgende Tabelle in dein Heft. Ordne die Aktivformen aus Aufgabe 3 a richtig ein.

Zeitform	**Aktivform**	**Passivform**
Präsens	…	…
Präteritum	…	…
Perfekt	haben gefällt	…
Plusquamperfekt	…	…

b Ergänze die entsprechenden Passivformen.

c Markiere in den Passivformen die Partizipien II.

5 Formuliere die folgenden Sätze zu typischen Meldungen um. Verwende dabei Passivformen.

1. In L. fassten unbekannte Personen einen Bankräuber kurz nach dem Überfall.
2. Mehrere Verkehrspolizisten mussten die Autobahn wegen des Blitzeises vorübergehend sperren.
3. Krankenwagen brachten die Verletzten in Krankenhäuser der Umgebung.

6 Überprüfe im folgenden Zeitungsbericht, wo die Angabe des Handelnden weggelassen werden kann. Formuliere mithilfe von Passivformen um und schreibe die Sätze in dein Heft.

Tiefschnee – ein tödliches Vergnügen

In den letzten Tagen wurden mehrere Wintersportler von Lawinen verschüttet. Wegen der kräftigen Schneefälle hat man in den bayerischen Alpen mit der Warnstufe vier die zweithöchste Warnstufe ausgerufen. In allen untersuchten Fällen zeigte sich, so der Leiter der Lawinenwarnzentrale in Bayern, dass leichtsinnige Wintersportler die Lawinen ausgelöst haben. Viele Skifahrer ignorieren jedoch die Gefahr. Heftig diskutiert man nach den Lawinenunglücken der letzten Tage, wer die Kosten zahlt. Beispielsweise kostet eine Hubschrauber-Minute zwischen 40 und 90 Euro. Auch über die Gefahr für die Rettungskräfte, die ihr Leben riskieren, diskutieren viele.

Adjektive

1 Welchen der beiden folgenden Texte findest du interessanter?
Was unterscheidet sie voneinander?

a Lies die Texte und begründe deine Meinung.

A Lacrosse ist heute in Kanada ein Nationalsport. Gespielt wird mit einem Schläger, an dessen Ende sich ein Netz befindet. Ziel dieses Mannschaftsspiels ist es, den Gummiball mit dem Schläger ins Tor zu befördern. Die Spieler müssen eine Schutzbekleidung aus Mundschutz, Helm und Handschuhen tragen. Früher haben Indianerstämme mit ihren Schlägern Kämpfe mit Stämmen nachgespielt.

B Lacrosse ist heute in Kanada ein populärer Nationalsport. Gespielt wird mit einem paddelförmigen Schläger, an dessen Ende sich ein geflochtenes Netz befindet. Ziel dieses schnellen Mannschaftsspiels ist es, den tennisballgroßen Gummiball mit dem Schläger ins gegnerische Tor zu befördern. Die Spieler müssen eine umfassende Schutzbekleidung aus Mundschutz, Helm und Handschuhen tragen. Früher haben kanadische Indianerstämme mit ihren hölzernen Schlägern Kämpfe mit feindlichen Stämmen nachgespielt.

b Suche die zusätzlichen Informationen aus Text B heraus.
Wie kannst du sie erfragen? Benenne die Wortart, zu der sie gehören.

!

Adjektive bezeichnen **Eigenschaften** und **Merkmale** von Lebewesen, Gegenständen, Tätigkeiten und Vorgängen. Sie passen ihre Form in Fall (Kasus), Zahl (Numerus) und Geschlecht (Genus) dem Nomen an.
Adjektive lassen sich wie die Nomen **deklinieren** (beugen), z. B.:
Mit großen Schlägern wird der kleine Ball ins Tor gespielt.
Dativ Plural (großen) – Nominativ Singular (kleine)

Adjektive kann man auch **komparieren** (steigern), z. B.:

Positiv (Grundstufe):	*Rasenhockey ist schnell.*
Komparativ (Mehrstufe):	*Lacrosse ist schneller als Rasenhockey.*
Superlativ (Meiststufe):	*Eishockey ist am schnellsten.*

Bei **Vergleichen** verwendet man mit dem Positiv *wie* und mit dem Komparativ *als*, z. B.:
Rasenhockey ist so schnell wie Fußball.
Lacrosse ist schneller als Rasenhockey.

2 Eure Meinung ist gefragt. Formuliert Vergleiche.

1 Welche Sportarten sind unter Jugendlichen heutzutage beliebter als früher?
Volleyball – Streetball/Surfen – Schwimmen/Radfahren – Turnen

2 Welchen Sport mögen Mädchen lieber als Jungen oder genauso gern wie Jungen?
Inlineskaten – Gymnastik/Boxen – Rodeln/Eishockey – Eiskunstlaufen

3 Welcher Sport ist für die Halle besser geeignet?
Tennis – Federball/Klettern – Turnen/Reiten – Karate/Handball – Fußball

1. Ich denke, … ist heute beliebter unter Jugendlichen als …

TIPP
Bei Vergleichen gilt: Positiv + ***wie***, Komparativ + ***als***.

3 Vergleiche die Ergebnisse folgender Sportler und Sportlerinnen miteinander.

Marathon	Conny (Rumänien) 2:28 h	Cathérine (Kenia) 2:27 h	Li (China) 2:44 h
Hochsprung Männer	Andrzej (Polen) 2,36 m	Claus (Schweiz) 2,30 m	Raoul (Kuba) 2,29 m
Weitsprung Frauen	Ying (China) 7,03 m	Frida (Mexiko) 7,01 m	Siri (Schweden) 6,94 m
Weitsprung Männer	Irving (Panama) 8,34 m	Khotso (Südafrika) 8,24 m	Ibrahim (Kuba) 8,20 m

a Schreibe vier Sätze in dein Heft.

1. … lief fast so schnell wie … / schneller als …
2. …

b Bestimme die Komparationsstufen der Adjektive und markiere sie mit unterschiedlichen Farben.

Adverbien

1 Setze jedes Adverb in den Satz ein und prüfe, ob und wie sich der Sinn des Satzes verändert.

abends – oft – morgens – unten – hier – überall – zusammen – deswegen – immer – oben – gemeinsam – dort – manchmal – nie

Die Fußballerinnen spielen ▬▬ in der Halle.

! **Adverbien** geben an, wann, wo, wie und warum etwas geschieht.

Adverbien der Zeit *Ich sah dich gestern.* Wann? *Er trainiert selten.* Wie oft?	**Adverbien der Art und Weise** *Er trainiert gern.* Wie?
Adverbien des Ortes *Ich warte draußen.* Wo? *Wir rannten hinaus.* Wohin?	**Adverbien des Grundes** *Die Halle war geschlossen. Deshalb konnten wir nicht spielen.* Warum?

Adverbien sind in der Regel **unveränderbar**. Oft ersetzen sie Wortgruppen oder Sätze, z. B.:
Carla spielt Fußball. Deshalb trainiert sie oft. Warum?

2 Ordne die Adverbien aus Aufgabe 1 den Fragen zu.

Wann? *abends, morgens, …* Wie oft? …
Wo? … Wie? …
Warum? …

TIPP
Manchmal musst du den Satz etwas umformulieren.

3 Ersetze die schräg gedruckten Wortgruppen durch ein Adverb.

dann – dort – ausnahmslos – bedauerlicherweise – scharenweise

1 Anstelle von Shorts zogen die Fußballerinnen aus Berlin-Kreuzberg Trainingsanzüge an. **2** Sie banden sich *ohne Ausnahme* auch einen Schleier um. **3** *Nachdem sie sich so angekleidet hatten,* liefen sie auf das Fußballfeld im Teheraner Stadion. **4** *Im Stadion* erwartete sie die iranische Damen-Nationalmannschaft. **5** Die weiblichen Fans waren *in Scharen* herbeigeeilt. **6** Als Zuschauer waren nur Frauen zugelassen, *was bedauerlich war.*

Numeralien

!

Numeralien (Singular: das Numerale) sind Zahlwörter, die eine Menge oder eine Anzahl angeben. Man unterscheidet zwei Arten:
- **bestimmte Numeralien**, z. B.: *eins, zwei, hundert, erster,*
- **unbestimmte Numeralien**, z. B.: *einige, wenige, viele, alle.*

Numeralien gehören **zu verschiedenen Wortarten**, z. B.:
- Nomen: *Millionen Zuschauer sahen die Wettkämpfe im Fernsehen.*
- Adjektiv: *Viele Menschen kennen nur zwei Tennisspieler.*
- Adverb: *Er trat dreimal zum Wettkampf an.*

1

a Schreibe alle Numeralien aus dem folgenden Text in dein Heft. Ordne sie nach bestimmten und unbestimmten Numeralien.

1 »In Afghanistan glauben viele Leute immer noch, Fußball sei nichts für Mädchen, genauso wie Auto fahren, arbeiten, studieren«, sagt Zhela N. (17 Jahre alt). **2** Zum ersten Mal ist die Frauen-Fußballnationalmannschaft für zwei Wochen ins deutsche Trainingslager nahe Stuttgart gekommen. **3** Erst in den letzten Tagen hat sich Zhela fürs Tor entschieden, angereist war sie als Feldspielerin. **4** Ihr Vater unterstützt Zhela und ihre zwei Jahre ältere Schwester, die als Mittelstürmerin spielt. **5** Nur in Kabul, der Hauptstadt, gibt es einige Frauenteams mit ungefähr 600 Spielerinnen. **6** Alle Frauenmannschaften trainieren und spielen unter Ausschluss der Öffentlichkeit. **7** Spielen die Männer im Kabuler Stadion, kommen tausende Zuschauer, natürlich nur Männer.

●●● b Bestimme, zu welcher Wortart die Numeralien aus Aufgabe a jeweils gehören.

2 Wähle das richtige Numerale aus und setze es ein.

viele – tausende – einige – zwei – neun – vier

1 Jeweils ▬▬ Spieler bilden ein Beachvolleyballteam.
2 Beim Doppel stehen ▬▬ Tennisspieler auf dem Platz.
3 Zum Berlin-Marathon melden sich jedes Jahr ▬▬ Läufer an.
4 In einem Achter-Ruderboot sitzen insgesamt ▬▬ Sportler.

Konjunktionen

!

Konjunktionen (Bindewörter), wie *und, als, wenn, dass, weil,* verbinden Wörter, Wortgruppen und Teilsätze miteinander.
Es gibt verschiedene Arten, z. B.:

- **aufzählende Konjunktionen**, wie *und, sowie, sowohl ... als auch ..., oder, weder ... noch ...,* treten bei Aufzählungen auf, z. B.: *Er siegte über 100 und 400 m. Sie lief weder die 100 noch die 400 m.*
- **entgegenstellende Konjunktionen**, wie *aber, doch, nicht nur ..., sondern auch,* drücken einen Gegensatz aus, z. B.: *Mark ging als Favorit an den Start, aber Simon gewann.*

1 Im folgenden Text sind alle Konjunktionen unterstrichen.

a Nenne die Wörter, Wortgruppen bzw. Teilsätze, die sie verbinden. Entscheide jeweils, ob es sich um eine Aufzählung oder einen Gegensatz handelt.

1 Im Nordosten Chinas lernen ca. 60 000 Schüler, überwiegend Jungen, Kung-Fu in 80 Schulen, aber ausschließlich für Mädchen gibt es in ganz China nur eine einzige Kampfkunstschule. **2** Sie erhalten ihre 6-jährige Ausbildung in einem ehemaligen Nonnenkloster. **3** Das Kloster Yongtai war verfallen, doch eine reiche Chinesin ließ es wieder aufbauen und 2001 als Kampfkunstschule eröffnen. **4** Die 70 Schülerinnen zwischen 6 und 18 Jahren kommen aus armen Bauernfamilien. **5** Ihr Traum ist es, später entweder als Polizistin, Stewardess oder Soldatin zu arbeiten oder ein Kung-Fu-Filmstar zu werden.

→ S. 193 Kommasetzung bei Aufzählungen

b Formuliere die Regeln für die Kommasetzung vor den Konjunktionen.

2 Sucht aus dem folgenden Text alle Konjunktionen heraus.

1 Kung-Fu heißt »geduldige Arbeit«: Die Mädchen müssen Körper und Geist gleichermaßen trainieren. **2** Aber zimperlich dürfen sie nicht sein. **3** Sie schlafen in ungeheizten Zehnbettzimmern und waschen sich im Hof. **4** Ihr Tag beginnt um 5:20 Uhr und endet um 21 Uhr. **5** Sie dürfen weder den Schulunterricht noch ihre Trainingsstunden vernachlässigen. **6** Die Übungen am Anfang sind noch einfach, doch dann folgen schwere Sprünge. **7** Die Königsdisziplin ist der Kampf sowohl mit den Fäusten als auch mit Stock oder Schwert.

TIPP
Beachte die Kommasetzung.

3 Bilde sinnvolle Sätze mithilfe der Konjunktionen. Achte darauf, ob du etwas aufzählst oder einen Gegensatz ausdrückst.

sowohl ... als auch ... – weder ... noch ... – entweder ... oder ... – und – nicht nur ..., sondern auch ... – aber – oder

1 Kung Fu ___ Aikido sind Kampfsportarten.
2 Freistil ist olympische Disziplin, ___ Rettungsschwimmen noch nicht.
3 In unserem Ort gibt es ___ Angebote zum Tanzen ___ zum Reiten.
4 Fußball ist eine Sportart ___ für Männer ___ für Frauen.
5 Mein Bruder mag ___ Kraftsport ___ Breakdance.
6 Ich kann ___ Eis laufen ___ Ski fahren.

TIPP
Vergiss das Komma vor der Konjunktion *dass* nicht.

→ **S.194**
Der zusammengesetzte Satz

4 Formuliere Nebensätze mit *dass*. Schreibe die Sätze in dein Heft.

1 Ich weiß,	»Kung Fu Panda« ist ein Animationsfilm.
2 Man erfährt,	Der kleine Pandabär möchte Kung-Fu-Kämpfer werden.
3 Man erzählt sich,	Pandabären naschen gern.
4 Der Film zeigt,	Aus einem Antihelden kann etwas werden.
5 Ich habe gehört,	Angelina Jolie spricht die Tigerin.
6 Es stellt sich heraus,	Nur ein kleiner Bär kann das Tal des Friedens retten.

1. Ich weiß, dass „Kung Fu Panda" ein Animationsfilm ist.
2. ...

5 Bilde Sätze mit einem Nebensatz, der mit *dass* eingeleitet wird.

1 Hier wurde eine Badmintonhalle eingeweiht.
2 Badminton ist seit 1992 olympische Disziplin.
3 Das Spiel mit dem Federball hat in Deutschland viele Anhänger.
4 Das Regelwerk wurde 2006 aktualisiert.

Ich habe gehört/gelesen/erfahren/nicht gewusst, dass ...

das oder *dass*?

!

Die Entscheidung, ob man ***das*** oder ***dass*** schreiben muss, hängt davon ab, welcher Wortart es zuzuordnen ist:

- **bestimmter Artikel**: *das Mädchen, das Schwert*
- **Relativpronomen**: *Das Mädchen, das Kung-Fu trainiert, ist 12.*
- **Konjunktion**: *Sie wissen, dass die Ausbildung 6 Jahre dauert.*

Zur Unterscheidung von *das* und *dass* nutzt man die **Ersatzprobe**. Kann man *da■* durch *dieses* ersetzen, handelt es sich um den Artikel *das*. Kann *da■* durch *welches* ersetzt werden, ist es das Relativpronomen *das*. Ergibt der Satz bei dieser Probe keinen Sinn, so handelt es sich um die Konjunktion *dass*.

Da■ (dieses) Mädchen trainiert Kung-Fu. → *das*
Das Mädchen, da■ (welches) Kung-Fu trainiert, ist 12. → *das*
Sie wissen, da■ (~~welches~~) die Ausbildung hart ist. → *dass*

1 Entscheide, ob die unterstrichenen Wörter bestimmte Artikel, Relativpronomen oder Konjunktionen sind.

1 Unter Regisseuren hat es sich herumgesprochen, dass in Yongtai erstklassige Kämpferinnen ausgebildet werden. **2** Das ehemalige Kloster Yongtai, das ganz im Nordosten Chinas liegt, ist nach der Prinzessin Yongtai benannt. **3** Diese verließ das kaiserliche Elternhaus, um im Kloster Buddhismus und Kung-Fu zu lernen. **4** Das Kloster, das heute Chinas einzige Kampfschule nur für Mädchen ist, bildet 70 Schülerinnen aus. **5** Alle wissen, dass die Ausbildung kein Zuckerschlecken ist. **6** Das harte Training mit Gewichten gehört ebenso dazu wie das Erlernen der Kampftechniken mit Säbel, Stock und Schwert. **7** Die Mädchen berichten, dass auch Mathematik, Englisch, Tanzen und Kalligrafie, die Kunst des Schönschreibens, zum Lehrplan gehören.

2 *das* oder *dass*? Schreibe die Sätze in dein Heft und setze richtig ein.

1 Geschickt wirft _____ Mädchen ihren Partner auf die Matte. **2** Trainer Toni H. erklärt, _____ zunächst _____ Fallen gelernt wird. **3** Er erläutert, _____ bei diesem Kampfsport die Reflexe und Schwächen des Partners ausgenutzt werden. **4** _____ Können, _____ sie im Training erwerben, stärke _____ Selbstbewusstsein im Alltag.

Satzbau und Zeichensetzung

Der einfache Satz

1 Am Ende der folgenden Sätze fehlen die Satzschlusszeichen.

Achtung, Fehler!

a Lies die Sätze und entscheide, welche Aussageabsicht in jedem Satz steckt und welches Satzschlusszeichen jeweils passt.

1 Wo wohnst du eigentlich
2 Lass uns im Garten ein kleines Baumhaus bauen
3 Wir wohnen seit einem Jahr in einer 4-Zimmer-Wohnung mit Balkon
4 Beduinen leben in Zelten in der Wüste
5 Meine Mutti, ihre Freundin, Kater Lu und ich wohnen in einem Haus am Stadtrand
6 Weißt du, was ein Iglu ist
7 Pack das Zelt für den Ausflug ein
8 Mein großer Bruder wohnt in einem Sportinternat

b Lies die Sätze laut vor und verdeutliche dabei die Satzart.

!

Aussagesatz: mitteilen, informieren	• finite (gebeugte) Verbform an zweiter Stelle, z. B.: *Wir wohnen in der 1. Etage eines Altbaus.* • Satzschlusszeichen: Punkt
Fragesatz: fragen	• Fragewort oder finite (gebeugte) Verbform an erster Stelle, z. B.: *Wo leben deine Großeltern?* *Hast du ein eigenes Zimmer?* • Satzschlusszeichen: Fragezeichen
Aufforderungssatz: auffordern zum Handeln	• finite (gebeugte) Verbform an erster Stelle, z. B.: *Hör sofort auf damit!* *Erzähle mir bitte etwas über eure Wohnung.* • Satzschlusszeichen: Ausrufezeichen (Befehl, ausdrückliche Aufforderung), Punkt (Bitte, Wunsch)

→ S. 182 Subjekt
→ S. 183 Prädikat
→ S. 185 Objekt
→ S. 188 Adverbialbestimmung

!

Sätze bestehen aus Wörtern und Wortgruppen. Diese bilden **Satzglieder**. Jedes Satzglied erfüllt im Satz eine bestimmte Aufgabe. Welche Wörter und Wortgruppen ein Satzglied bilden, kann man mit der **Umstellprobe** ermitteln. Die Wörter, die sich nur zusammenhängend vor die finite (gebeugte) Verbform umstellen lassen, bilden ein Satzglied. Alle weiteren Satzglieder stehen dahinter, z. B.:

Satzglied 1	2	3	4	...
Shi Bao	lebt	mit ihren Eltern	in China.	
In China	lebt	Shi Bao	mit ihren Eltern.	
Mit ihren Eltern	lebt	Shi Bao	in China.	

An der ersten Stelle im Aussagesatz steht immer nur *ein* Satzglied. An der zweiten Stelle steht immer die finite (gebeugte) Verbform.

TIPP
Ein Satz – viele Wörter, aber nur wenige Satzglieder.

2 Lies die Sätze. Die finite Verbform ist schon für dich markiert. Zähle pro Satz die Wörter und ermittle die Anzahl der Satzglieder.

1 Shi Bao lebt mit ihren Eltern in China.
2 Im Chinesischen steht der Familienname vor dem Vornamen.
3 Bao wohnt mit ihrer Familie in einem neuen Wohnblock.
4 Zwei Zimmer, Küche und Bad gehören zur Wohnung.
5 Ihre alte Wohnung hatte weder Bad noch Toilette.
6 Sie benutzten das öffentliche Badehaus in ihrer Straße.

1. Shi[1] Bao[2] / lebt[3] / mit[4] ihren[5] Eltern[6] / in[7] China[8]. (8 : 4)

3

a Lest Mareks Bericht.

1 Ich komme aus Polen.
2 Vor drei Jahren ist meine Familie in diese Stadt gezogen.
3 Hier haben meine Eltern Arbeit gefunden.
4 In Polen lebten wir mit den Großeltern auf dem Bauernhof.
5 Jetzt wohne ich mit meinen Eltern in einem Hochhaus.
6 Am meisten vermisse ich den Wald und meine Pferde.

TIPP
Nutzt die Umstellprobe!

b Nennt in jedem Satz das erste Satzglied. Probiert aus, was passiert, wenn andere Satzglieder an die erste Stelle rücken.

4

a Finde passende Antworten und schreibe sie in einem ganzen Satz auf.

Gülhans Großvater – seit vorigem Jahr – ein Zimmer – dort – mit ihren Eltern und zwei Brüdern – über der Autowerkstatt des Vaters

1. Mit wem wohnt Gülhan hier?
2. Wo befindet sich ihre Wohnung?
3. Wer lebt in Anatolien (Türkei)?
4. Wo betreibt ihr Großvater auch eine Autowerkstatt?
5. Was mussten sich die drei Geschwister früher teilen?
6. Seit wann hat Gülhan ein eigenes Zimmer?

b Markiere in deinen Antworten die finite Verbform und überprüfe, ob sie die zweite Stelle einnimmt.

! Mit der **Umstellung von Satzgliedern** kann man die Aussageabsicht verändern und außerdem Sätze flüssiger miteinander verbinden, z. B.:
In Anatolien lebt Gülhans Großvater. Er betreibt dort eine Werkstatt.
Gülhans Großvater lebt in Anatolien. Dort betreibt er eine Werkstatt.

5

a Lies, was Gülhan geschrieben hat, und beurteile, wie der Text klingt.

Ich interessiere mich für Technik. Ich habe schon als kleines Mädchen nicht gern mit Puppen gespielt. Ich habe viel lieber an Spielzeugautos herumgeschraubt. Ich helfe manchmal meinem großen Bruder in der Autowerkstatt. Ich möchte deshalb Kfz-Mechatronikerin werden. Ich habe eine Begabung dafür, sagt mein Vater.

b Gestalte Gülhans Text lebendiger, ohne Wörter hinzuzufügen. Stelle Satzglieder so um, dass sich der Text flüssiger liest. Probiere verschiedene Möglichkeiten aus.

Ich interessiere mich für Technik. Schon als kleines Mädchen habe ich …

Subjekt

1

a Wer wo wohnen oder übernachten möchte, ist nicht zu verstehen, weil alle durcheinanderreden. Formuliere die Fragen, die du stellen musst, um vollständige Informationen zu erhalten.

Wer möchte auf einem Hausboot wohnen?

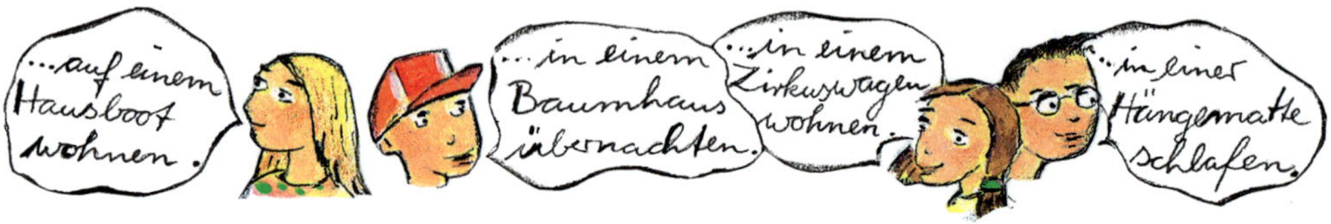

b Beantworte die Fragen aus Aufgabe a.

Das blonde Mädchen möchte auf einem Hausboot wohnen.

→ S. 158 Nomen/Substantive (Fall)

! Das Satzglied **Subjekt** ist der Satzgegenstand des Satzes. Über das Subjekt wird etwas ausgesagt. Es steht im Nominativ.
Man erfragt das Subjekt mit *Wer?* oder *Was?*, z. B.:

Mareks Großeltern führen den Hof.	Wer?
Der Hof wird von Mareks Großeltern geführt.	Was?

2

TIPP
Es gibt mehrere Lösungen.

a In den folgenden Sätzen fehlen die Subjekte.
Wähle ein passendes Subjekt aus und schreibe die Sätze in dein Heft.

Max und sein Freund – der alte Burgturm – Thomas –
diese Wohnwagen – die schönste Berghütte – meine Eltern – Mia

1 ____ war noch nie in einem Hotel.
2 ____ wohnen in Amsterdam auf einem Hausboot.
3 ____ würde gern auf einem Schloss leben.
4 ____ möchten nicht mehr im Zelt übernachten.
5 ____ bieten Platz für vier Personen.
6 ____ liegt abseits der Wanderwege.
7 ____ dient heute als Jugendherberge.

1. Thomas war noch nie in einem Hotel.

b Ersetze die Subjekte durch ein passendes Personalpronomen.

Prädikat

TIPP
Subjekt und Prädikat stimmen in Person und Zahl überein.

1 Prädikate werden durch Verben ausgedrückt. Wähle ein passendes Verb aus und setze es in der richtigen Form ein.

wohnen – ziehen – nehmen – besitzen – funktionieren – teilen

1 Wir ▬ im Zentrum von Warschau im 7. Stock.
2 Ich ▬ mir das Zimmer mit meinem kleinen Bruder.
3 Meine Urgroßeltern ▬ 1976 mit ihren Kindern hierher.
4 Alle Wohnungen ▬ Einbauküche, Bad und Balkon.
5 Erstaunlicherweise ▬ der Fahrstuhl an den meisten Tagen.
6 Trotzdem ▬ ich lieber die Treppe.

1. wohnen, 2. …

! Das Satzglied **Prädikat** sagt etwas über das Subjekt aus (Satzaussage). Subjekt und Prädikat sind die Hauptbestandteile des Satzes. Sie bilden den Satzkern. Sie werden mithilfe von Fragen bestimmt, z. B.:

Der Junge	*wohnt*	*im Internat.*
Wer? Was?	Was wird ausgesagt?	
Subjekt	Prädikat	

Wenn das Prädikat nur aus der finiten (gebeugten) Verbform besteht, nennt man es **einteiliges Prädikat**.

2

a Beantworte folgende Fragen schriftlich in Sätzen mit einem einteiligen Prädikat.

1 In was für einem Gebäude wohnst du?
2 Wo verbringst du deine Zeit am liebsten?
3 Wo erledigst du deine Hausaufgaben?
4 Wo feiert ihr deinen Geburtstag?

1. Ich wohne in einem Mehrfamilienhaus.

b Markiere in deinen Antworten den Satzkern.

→ S. 166 Zeitformen (Tempusformen) der Verben

c Wie war es früher? Beantworte die Fragen im Präteritum.

Früher wohnten wir in der 10. Etage eines Wohnblocks.
Als ich klein war, …

!

Ein **mehrteiliges Prädikat** besteht aus der finiten Verbform und anderen infiniten (ungebeugten) Verbformen (Partizip II, Infinitiv) oder weiteren Wörtern, z. B.:
Leas Eltern haben in einer Wohngemeinschaft gelebt.
Mein Bruder zieht zum Jahresende aus.
Dann darf ich in seinem Zimmer wohnen.
Mehrteilige Prädikate können andere Satzglieder einrahmen. Dann bilden sie einen **prädikativen Rahmen**.

→ **S. 166** Zeitformen (Tempusformen) der Verben

3

a Vervollständige die Sätze mit einem mehrteiligen Prädikat. Verwende die Verben *anmalen* (Satz 1 und 2) und *bewahren sollen* (Satz 3).

1 Im alten China ___ viele Chinesen ihre Haustür rot ___.
2 Noch heute ___ einige Chinesen ihre Haustür rot ___.
3 Die Farbe Rot ___ Haus und Bewohner vor Schaden ___.

b Bestimme, woraus die mehrteiligen Prädikate in Satz 1 bis 3 bestehen.

TIPP
Die finite Verbform stimmt mit dem Subjekt in Person und Zahl überein.

4

a Nenne in jedem mehrteiligen Prädikat die finite Verbform.

1 In Indien können wir an vielen Häusern die Farbe Blau sehen.
2 Von der Farbe geht eine kühlende Wirkung aus, sagt man.
3 Das Blau soll auch Moskitos abwehren.
4 In Marokko streichen die Berber ihre Fensterläden ockerfarben an.
5 Mit Mustern in Ocker sollen böse Geister vertrieben werden.

b Ermittle in allen Sätzen das Subjekt und lies den Satzkern vor.

c Lies die Satzglieder im prädikativen Rahmen der Sätze 1 bis 5 vor.

5 Schreibe Sätze mit folgenden zusammengesetzten Verben auf. Unterstreiche den prädikativen Rahmen zweimal und die eingerahmten Satzglieder einmal.

umziehen – einziehen – wegziehen – anbauen – umbauen – einbauen

1. Voriges Jahr zog meine Familie nach Marokko um.
2. …

Objekt (Ergänzung)

TIPP
Nutze die Frage- oder die Ersatzprobe.

1 Lies Satz für Satz. Erfrage und ergänze die fehlenden Dativ- und Akkusativobjekte.

die Jurten – den Aufbau – Filz – den Filz – dem heftigen Steppenwind – den Zeltstoff

1 Seit 13 000 Jahren stellen die Menschen in Zentralasien ▬ her.
2 ▬ nutzen die Mongolen in den Steppen für ihre Wohnzelte.
3 Heute kaufen sie ▬ in Platten.
4 Das runde Holzgerüst hält ▬ gut stand.
5 Man kann ▬ leicht abbauen und transportieren.
6 Zwei bis drei Personen erledigen ▬ in höchstens einer Stunde.

1. Wen oder was stellen die Menschen her? –> Filz, 2. …

!

Das **Objekt** ist ein Satzglied, das das Prädikat ergänzt. Verben verlangen ein Objekt im Dativ, im Akkusativ oder – ganz selten – im Genitiv, z. B.:

Kim hilft seinem Vater.	Wem?	Dativobjekt
Er ruft seinen Bruder.	Wen?	Akkusativobjekt
Ich hole den Sattel.	Wen oder was?	Akkusativobjekt
Er erbarmte sich des Hundes.	Wessen?	Genitivobjekt

Man kann Dativobjekte mithilfe der Frage *Wem?* und Akkusativobjekte mithilfe der Fragen *Wen?* oder *Was?* bestimmen.

2 Schreibe die Sätze in dein Heft. Bestimme durch Fragen, ob es sich bei den markierten Objekten um ein Dativ- oder ein Akkusativobjekt handelt.

1 Die Tipis der Indianer ähneln den Jurten der Mongolen.
2 Nomadenvölker in Afrika bedecken ihre Zelte mit Bastmatten oder Bahnen aus Kamelhaut.
3 Die Schäfer in Anatolien verwenden einfachere Zelte.
4 Den Schäfern dient ein großer Überwurf aus Filz als Zeltdach.

1. Die Tipis der Indianer ähneln den Jurten der Mongolen.
Wem ähneln die Tipis der Indianer? –> DO
2. …

> **!** Prädikate können durch **Genitivobjekte** ergänzt werden. Heute verwendet man Verben mit dieser Ergänzung meist nur in der Schriftsprache, z. B.:
> *Mein Vater rühmt sich <u>seiner Malkünste</u>.* Wessen? Genitivobjekt
> Genitivobjekte lassen sich mithilfe der Frage *Wessen?* bestimmen.

3 Setze mithilfe der Frageprobe in den folgenden Sätzen die passenden Genitivobjekte ein.

jeder Kritik – unserer Topfpflanzen – der Katzen – bester Gesundheit – unserer Hilfe – des Einbruchs

1. Meine Großeltern erfreuen sich ___.
2. Trotzdem bedürfen sie ___.
3. Mein Vater enthielt sich erstaunlicherweise ___ an unseren Plänen.
4. Bei unserem Umzug nahm sich eine Freundin ___ an.
5. Sie erbarmte sich ___, für die in der neuen Wohnung kein Platz mehr ist.
6. Der Nachbar beschuldigte uns ___.

1. Meine Großeltern erfreuen sich bester Gesundheit. – Wessen erfreuen sie sich?
2. …

4 Folgende Verben verlangen als Ergänzung ein Genitivobjekt.

a Wähle fünf Verben aus und schreibe je einen Satz in dein Heft.

sich annehmen – bedürfen – beschuldigen – sich bedienen – sich enthalten – sich entledigen – sich erbarmen – sich erfreuen – sich erinnern – gedenken – sich rühmen – sich schämen

Pawel rühmt sich seiner Bärenkraft. …

b Bestimme mithilfe der Frageprobe die Genitivobjekte in deinen Sätzen und unterstreiche sie.

Pawel rühmt sich <u>seiner Bärenkraft</u>. Wessen rühmt er sich?

!

Objekte, deren Fall von einer Präposition bestimmt wird, nennt man **Präpositionalobjekte**. Viele Verben verlangen eine Ergänzung mit einem Präpositionalobjekt im Dativ oder im Akkusativ, z. B.:

Sie treffen sich mit Freunden. Mit wem?
Wir hoffen auf gutes Wetter. Worauf?
(umgangssprachlich: Auf wen oder was?)
Vater kümmert sich um das Zelt. Worum?
(umgangssprachlich: Um wen oder was?)

5 Schreibe die Sätze ab. Unterstreiche die Präpositionalobjekte, bestimme den Fall und umrahme das zur Präposition gehörende Verb.

1 Ein Zelt der Tuareg besteht aus 30 zusammengenähten Tierhäuten.
2 Fett und rotes Ocker schützen die Zelthaut vor Sonne und Regen.
3 Die Tuareg-Frauen kümmern sich um das Aufstellen der Zelte.
4 Sie gelten als die Besitzerinnen der Zelte.
5 Sie sorgen für Ordnung im Zelt.
6 Viele Tuareg sind heute sesshaft und leben von Viehzucht.

1. Ein Zelt der Tuareg besteht aus 30 zusammengenähten Tierhäuten. –> PO A
2. …

6 Die folgenden Verben erfordern zwingend eine bestimmte Präposition. Notiere das Verb mit einem passenden Präpositionalobjekt zum Thema Urlaub/Abenteuer und bestimme den Fall.

TIPP
Einige Verben können als Ergänzung verschiedene Präpositionen haben.

Verben: beginnen – bitten – berichten – sich freuen – sich interessieren – sich konzentrieren – sich kümmern – sich vorbereiten – telefonieren – etwas verheimlichen – stimmen

Präpositionen: auf – für – gegen – mit – über – um – von – vor

1. beginnen mit dem Reiseplan –> PO D
2. …

Adverbialbestimmung (Umstandsbestimmung)

!

Prädikate werden häufig durch **Adverbialbestimmungen der Zeit** (**Temporalbestimmungen**) und **des Ortes** (**Lokalbestimmungen**) näher bestimmt.

- **Temporalbestimmungen** erfragt man mit:
  Wann? *Vor einem Jahr ist Luis zu uns gezogen.*
  Bis wann? *Bis Mai letzten Jahres wohnte Luis bei seinem Vater.*
  Wie lange? *Wir haben zehn Jahre in dieser Wohnung gewohnt.*
  Seit wann? *Das Gebäude steht seit 2010 leer.*
- **Lokalbestimmungen** erfragt man mit:
  Wo? *Unsere neue Wohnung liegt am Stadtrand.*
  Wohin? *Britta zieht nach Leipzig.*
  Woher? *Mishas Großeltern kommen aus der Ukraine.*

TIPP
Nutze die Frageprobe.

1 Übertrage die Tabelle in dein Heft. Suche die Temporal- und Lokalbestimmungen aus den Sätzen heraus und ordne sie richtig ein.

Temporalbestimmung	Lokalbestimmung
1883	...

1 Der allererste Wohnwagen wurde 1883 in England gebaut.
2 Ein englischer Arzt und Schriftsteller wollte mehrere Monate im Jahr durch die Welt ziehen.
3 Bauhilfen fand er im Eisenbahnwagenbau.
4 Zwei Pferde zogen das Gefährt von Ort zu Ort.
5 150 Bücher soll er in seinem Wohnwagen geschrieben haben.
6 Später wurde sein Wohnwagen ins Museum gebracht.

2 Befragt euch gegenseitig, *was* ihr zu den angegebenen Zeiten gemacht habt oder *wo* ihr gewesen seid. Beantwortet die Fragen in eurem Heft.

1 heute vor einer Woche
2 gestern Nachmittag
3 während der Winterferien voriges Jahr
4 zu Weihnachten
5 am Wochenende

1. Was hast du heute vor einer Woche gemacht? / Wo warst du heute vor einer Woche?

> **!** Das Prädikat kann durch eine **Adverbialbestimmung der Art und Weise** (**Modalbestimmung**) näher bestimmt werden. Man fragt danach mit *Wie?* oder *Auf welche Art und Weise?*, z.B.:
> *Mit Interesse las er die Anzeige.* Wie? Auf welche Art und Weise?

3

a Lies die Sätze. Suche aus jedem Satz das Satzglied heraus, mit dem Felix beschreibt, *wie* etwas passiert oder geschehen ist.

1 Ich wohne mit meinem Vater dauerhaft im Wohnwagen.
2 Den Campingplatz haben wir nach langem Suchen gefunden.
3 Und dann sind wir Knall auf Fall umgezogen.
4 Die Arbeitslosigkeit hatte Vater total aus der Bahn geworfen.
5 Wir leben wie Abenteurer auf dem Campingplatz.
6 Für wenig Geld mieten Dauercamper hier einen Wohnwagen oder pachten den Stellplatz für ihren Caravan.
7 Viele ärmere Leute leben mit staatlicher Unterstützung hier.

b Schreibe diese Satzglieder mit dem dazugehörigen Verb im Infinitiv heraus.

1. dauerhaft wohnen
2. …

4 Befragt euch gegenseitig und beantwortet die folgenden Fragen mit Angaben zur Art und Weise.

1 Wie möchtest du dein Zimmer einrichten?
modern – traditionell – praktisch – verspielt – bebildert – einfach – bunt dekoriert – in Schwarz und Weiß – in hellen Farben – im alten/chinesischen/orientalischen Stil

2 Wie möchtest du deine Freizeit verbringen?
allein – spontan – so interessant wie möglich – ohne lange Planung – in Absprache mit meinen Eltern/Freunden – nach meinen Wünschen – so aufregend wie möglich

3 Wie liest du ein Buch?
mit leiser Stimme – laut/still – schnell/langsam – mit viel Interesse – im Liegen – stehend – Satz für Satz

!

Das Prädikat kann durch eine **Adverbialbestimmung des Grundes (Kausalbestimmung)** näher bestimmt werden.
Man fragt danach mit *Warum? Weshalb? Weswegen? Aus welchem Grund? Wozu?*, z.B.:

Wegen der hohen Miete zogen wir zu den Großeltern.	Weswegen?
Weil sie ein Haus haben, ist für uns noch Platz.	Warum?
Wir fahren zur Erholung ins Gebirge.	Wozu?

TIPP
Nutze die Ersatzprobe mit *darum, deshalb, dazu, deswegen.*

5 Lies die folgenden Sätze und schreibe die Satzglieder heraus, die einen Grund angeben.

1 Zum Wohlfühlen brauchen wir einen geschützten Ort.
2 Deshalb ziehen wir bei einer Änderung der Lebensumstände um.
3 Hirten ziehen mit ihrer Herde zur Nahrungssuche von Ort zu Ort.
4 Nomadenvölker sind überall heimisch, weil sie ihr Haus mitnehmen.
5 Aufgrund ihrer Bauweise waren Tipis ideale Wohnstätten der Indianer Nordamerikas.
6 Die Zelte der Beduinen in Afrika schützen wegen ihrer niedrigen Decken vor den Wüstenwinden.
7 Heute wechseln viele Menschen den Wohnort, weil sie dem Arbeitsplatz folgen.

6 Stellt euch gegenseitig folgende Fragen und beantwortet sie. Achtet bei den Antworten auf die Kausalbestimmungen.

1 Warum baut man Wolkenkratzer?
2 Aus welchem Grund darf man bei Feuer keine Aufzüge benutzen?
3 Weshalb errichtete man früher Stadtmauern?
4 Warum bauten die Inuit in Grönland für die Winterjagd Unterkünfte aus Schnee- oder Eisblöcken?
5 Warum ziehen manche Nomadenvölker mit Zelten umher?
6 Weshalb baut man in manchen Gegenden der Welt an Seen und Flüssen Häuser auf hohen Pfählen?

Attribut (Beifügung)

!

Attribute (Beifügungen) bestimmen Nomen/Substantive näher. Sie bestehen aus einem Wort, einer Wortgruppe oder einem Satz. Man erfragt sie mit *Was für ein(e)?* oder *Welche(r, -s)?*, z.B.:

eine helle Wohnung mit Balkon — Was für eine Wohnung?
die Wohnung, die in der 5. Etage liegt, … — Welche Wohnung?

Attribute sind keine selbstständigen Satzglieder. Sie können nicht allein umgestellt werden, sondern bleiben immer bei dem Nomen, zu dem sie gehören. Sie werden deshalb **Satzgliedteil** genannt.

1

a Lies folgende Beschreibungen und ordne sie den Abbildungen zu.

1 moderner Wohnblock aus Stahl und Beton, mit mehreren Stockwerken; die Wohnungen haben großzügige, z.T. verglaste Balkons

2 kegelförmige, farbig bemalte Zelte der Indianer aus zusammengenähten Planen aus Büffelhäuten, die fächerartig zusammengestellte, lange, schlanke Kiefernstämme bedecken und schnell auf- und abbaubar und gut transportierbar sind

3 fensterlose, mit kegelförmigen Strohdächern bedeckte, hellbraune Lehmquader, die das Volk der Dogon an einem Felshang in Mali (Afrika) als Wohnhäuser und Getreidespeicher errichtet hat

TIPP
Attribute können vor oder hinter dem Nomen stehen.

b Nenne in den drei Beschreibungen das Nomen/Substantiv, das durch die vielen Attribute näher bestimmt wird.

2 Schreibe aus dem folgenden Text die unterstrichenen Nomen/Substantive mit den dazugehörigen Attributen heraus.

1 Ein geübter Mann baut ein Iglu in nur einer Stunde.
2 „Iglu“ bedeutet „Haus“ in der Sprache der Inuit.
3 Im Winter wurden Iglus als vorübergehende Jagdhütte genutzt.
4 Schnee aus festen Kristallen kann Kälte gut abhalten.
5 Dieser Schnee wird in große Blöcke geschnitten und in Form einer Spirale aufeinandergeschichtet.
6 Bei bitterkalten Außentemperaturen von –50 Grad Celsius erzielen Brennöfen eine „kuschlige“ Wärme von 15 Grad Celsius.
7 Sobald die Wärme den Schnee antaut, gefriert das Schmelzwasser, das die Wände herabläuft, und stabilisiert dadurch die Wände des Iglus.

3

a Schreibe den folgenden Satz in dein Heft. Unterstreiche die Attribute.

Die Inuit, die heute noch auf Jagd gehen, fahren mit schnellen Motorschlitten und kehren in ihre festen Holzhäuser zurück.

b Ermittle mithilfe der Umstellprobe die Anzahl der Satzglieder und grenze sie durch senkrechte Striche ab.

4 Gebt mithilfe von Attributen eine immer genauere Beschreibung der folgenden Dinge.
Arbeitet zu viert reihum. Der Zweite wiederholt den Satz des Ersten und ergänzt um ein weiteres Attribut. Der Dritte wiederholt den erweiterten Satz des Zweiten und ergänzt ihn wiederum um ein Attribut. Hat das vierte Gruppenmitglied seinen ebenfalls erweiterten Satz beendet, beginnt ihr mit dem nächsten Beispiel von vorn. Dieses Mal darf der Zweite als Erster beginnen usw.

1 Ein Zelt ist eine Unterkunft
2 Ein Zoo ist ein Ort
3 Ein Aquarium ist ein Behältnis
4 Ein Hochhaus ist ein Gebäude
5 Das Rathaus ist ein Gebäude

1. Ein Zelt ist eine Unterkunft aus Stoff.
2. Ein Zelt ist eine schnell auf- und abbaubare Unterkunft aus Stoff.
3. Ein Zelt ist eine schnell auf- und abbaubare Unterkunft aus Stoff, die man auf Campingplätzen sieht. 4. …

Kommasetzung bei Aufzählungen

→ S.176 Konjunktionen

!

Manche Sätze enthalten **Aufzählungen** von Wörtern oder Wortgruppen. Sie werden **durch Komma voneinander getrennt**, auch wenn die Glieder der Aufzählung miteinander verbunden sind durch eine **entgegenstellende Konjunktion**, wie *aber, doch, jedoch, nicht nur ..., sondern (auch) ...*, z. B.:
Mein Bruder tischlert in seiner Freizeit, aber er treibt auch gern Sport.
Er hat nicht nur meine Regale gebaut, sondern auch meinen Schrank.
Das Komma entfällt bei **aufzählenden Konjunktionen**, wie *und, oder, sowie, sowohl ... als auch ...*, z. B.:
Im Gartenhaus wohnen mein Bruder, sein Partner und Hund Widu.
Sowohl mein Bruder als auch mein Vater wären gern Tischler geworden.

TIPP
Wenn du unsicher bist, lies im Merkkasten nach.

1 Schreibe die Sätze ab, unterstreiche die Aufzählungen und setze die fehlenden Kommas.

Achtung, Fehler!

1 Weiße Hautfarbe ein guter Job und finanzieller Wohlstand sind ein gängiges Klischee[1] in Südafrika.
2 Im Township[2] Blikkiesdorp in Kapstadt fallen Ester ihr Mann und ihre drei Söhne wegen ihrer weißen Hautfarbe auf.
3 Als sowohl Ester als auch ihr Mann arbeitslos wurden, rutschte die Familie in die Armut.
4 Der Umzug in die 13 m^2 große Blechhütte war für sie nicht nur eine Katastrophe sondern auch ein Kulturschock.
5 Privatheit lassen die dünnen Blechwände nicht zu aber dafür Zusammenhalt mit den Nachbarn.
6 „Heute verstehe ich mich mit Schwarzen oder Farbigen[3] besser als mit Weißen, die sich für etwas Besseres halten", sagt Ester.
7 In der Blechhüttensiedlung Blikkiesdorp leben Menschen friedlich zusammen: Flüchtlinge aus Afrika Schwarze Inder und Weiße.
8 Townships wurden während der Apartheid[4] in Südafrikas Großstädten wie Johannisburg Durban Pretoria oder Kapstadt angelegt, um nicht-weiße Südafrikaner an die Stadtränder zu drängen.

1 allgemeine Vorstellung
2 städtische Siedlung für nicht weiße Bevölkerung
3 *hier* Inder
4 politisch-gesellschaftliche Trennung von schwarzen und weißen Südafrikanern

1. Weiße Hautfarbe, ein guter Job und finanzieller Wohlstand sind ein gängiges Klischee in Südafrika.
2. ...

Der zusammengesetzte Satz

1

a Sofie hat einen Dokumentarfilm über den Südwesten Amerikas gesehen. Lies ihre Beschreibung. Was gefällt dir an ihrem Text, was nicht? Begründe.

Der Wind weht durch menschenleere Straßen. Fenster und Türen schlagen auf und zu. In der Bar stehen Gläser im Schrank. Man denkt es. Gleich kommt jemand. Die Stadt ist verlassen. Es ist eine Geisterstadt.
Beim Zuschauen habe ich mich schon gefragt. Sind die Bewohner überfallen worden oder wurden sie Opfer einer Seuche? Der Film zeigt das. Die Stadt hatte eine kurze Blütezeit. Zur Zeit des Goldrauschs lebten hier Goldwäscher und Minenarbeiter. Die Goldvorkommen waren erschöpft. Die Menschen zogen weiter. Heute sind die Abraumhalden bewachsen. Touristen kommen jetzt hierher. Die leeren Häuser der Goldsucher, ihr Saloon, das Gefängnis üben eine gruselige Faszination aus.

TIPP
Du musst die Sätze beim Zusammenfügen verändern und Kommas setzen.

b Ermittle, welcher Zusammenhang zwischen den Sätzen besteht und wie Sofie das ausgedrückt hat. Entscheide, bei welchen Sätzen der Zusammenhang deutlicher wird, wenn du sie zusammenfügst. Überarbeite Sofies Text und nutze dazu die folgenden Konjunktionen.

dass – aber – ob – dass – als – weil

Man denkt, dass gleich jemand kommt ...

! Aus einfachen Sätzen, die inhaltlich eng zusammengehören, kann man **zusammengesetzte Sätze** bilden.
Die **Teilsätze** eines zusammengesetzten Satzes werden in der Regel durch Komma voneinander abgetrennt. Jeder Teilsatz enthält seinen eigenen Satzkern, also **Subjekt** und **Prädikat**.

TIPP
Nutze die Frageprobe. Beachte: Subjekt und finite Verbform stimmen in Person und Zahl überein.

c Unterstreiche in deinen zusammengesetzten Sätzen jeweils Subjekt und Prädikat.

Satzgefüge

→ S.176 Konjunktionen

!

Satzgefüge bestehen aus **mindestens einem Hauptsatz und einem Nebensatz**. **Hauptsätze** erkennt man daran, dass die finite Verbform in der Regel an zweiter Stelle steht.
Nebensätze erkennt man
- am Einleitewort, z. B. den Konjunktionen *als, bevor, damit, dass, nachdem, seitdem, ob, obwohl, sodass, weil, wenn* und
- an der finiten (gebeugten) Verbform am Satzende.

Ein Nebensatz kann vor oder hinter dem Hauptsatz stehen und wird durch ein Komma von ihm getrennt.
Wir wohnen am Stadtrand, weil es dort ruhiger ist.

[HAUPTSATZ] , [NEBENSATZ] .

Seitdem ich in einem Hochhaus wohne, kann ich die Stadt überblicken.

[NEBENSATZ] , [HAUPTSATZ] .

1

a Welche Konjunktion passt? Schreibe die Sätze richtig in dein Heft.

1 ▬▬ von Geisterstädten die Rede ist, denkt man an den Wilden Westen.
als – weil – wenn

2 Craco in Italien wurde zur Geisterstadt, ▬▬ die Natur stärker war.
obwohl – bevor – weil

3 ▬▬ wieder ein Erdrutsch drohte, verließen die Bewohner ihre Stadt.
als – damit – dass

4 Wer kann sich vorstellen, ▬▬ heute noch Geisterstädte entstehen?
ob – dass – als

5 ▬▬ sich 1986 die Atomreaktor-Katastrophe in Tschernobyl (Ukraine) ereignete, wurde die 3 km entfernte Stadt Prypjat geräumt. Prybjat ist seitdem ein unbewohnbares Gebiet.
wenn – bevor – nachdem

b Unterstreicht in euren Sätzen den Hauptsatz einmal und den Nebensatz zweimal. Notiert zu Satz 1 bis 5 das jeweils passende Satzbild.

[HAUPTSATZ] , [NEBENSATZ] .

[NEBENSATZ] , [HAUPTSATZ] .

TIPP
Achte auf das Komma zwischen den Teilsätzen.

→ S.162 Pronomen (Relativpronomen)

TIPP
Relativsätze erfragt man mit *Was für ein?* oder *Welche/r?*.

!

Einleitewörter von **Nebensätzen** können auch **Relativpronomen** sein, z.B. *der, die, das, welcher, welche, welches*.
Deshalb nennt man diese Nebensätze auch **Relativsätze**.
Das Relativpronomen bezieht sich auf ein Nomen (Bezugswort) im vorangegangenen Hauptsatz und charakterisiert es näher, z.B.:

Aisha ist ein Mädchen, das in Kairo lebt.

HAUPTSATZ , NEBENSATZ .

In einen Hauptsatz eingeschobene Relativsätze werden von Kommas eingeschlossen, z.B.:

Der 12-Jährige, dem wir am Nil begegnen, heißt Nabil.

HAUPTSATZ , NEBENSATZ , HAUPTSATZ .

2

a Schreibe die Sätze 1 bis 6 ab und füge hinter dem fett gedruckten Wort einen passenden Relativsatz aus A bis F ein. Setze die Kommas.

1 Aisha lebt an einem **Ort**.
2 Ihr Zuhause ist ein **Friedhof**.
3 Acht Geschwister und die Eltern teilen sich einen **Platz**.
4 Für ihre **Toten** bauten Reiche einst prächtige Häuser.
5 Heute teilen sich die **Lebenden** das Haus mit den Verstorbenen.
6 Aishas Familie bewohnt ein solches **Wohngrab**.

A **der** über einer Grabkammer liegt.
B **den** auch viele Ägypter nicht kennen.
C **der** vor den Toren Kairos liegt.
D **die** hier in Grabkammern bestattet liegen
E **das** aus drei winzigen Räumen besteht.
F **die** hier Zuflucht gefunden haben

1. Aisha lebt an einem Ort, den auch viele Ägypter nicht kennen.

b Zeichne für die Sätze 1 bis 6 das jeweilige Satzbild.

1. HAUPTSATZ , NEBENSATZ .

→ S.191 Attribut

c Weise nach, dass du mit den Relativsätzen A bis F Attribute ergänzt hast.

3

a Schreibe ab und setze das Relativpronomen im richtigen Fall ein.

1. Nabil, ____ (der) wir treffen, wohnt auch mitten in Kairo.
2. Sein Vater, ____ (der) die Wohnung gehört, arbeitet in der Ölindustrie.
3. Der Wohnblock liegt an einer Schnellstraße, ____ (die) mitten durch Kairo führt.
4. An den Lärm, ____ (der) die Autos erzeugen, hat sich Nabil gewöhnt.
5. Von der Wohnung, ____ (die) sich im 8. Stock befindet, kann man leider die Pyramiden nicht sehen.

→ **S.158** Nomen/Substantive (Fall)

b Bestimme den Fall des Relativpronomens und unterstreiche das Verb im Relativsatz, das für den Fall verantwortlich ist.

1. Nabil, den wir treffen, wohnt auch mitten in Kairo. (A)

TIPP
Relativsätze werden durch Komma(s) vom Hauptsatz abgetrennt.

c Finde heraus, auf welche der Sätze 1 bis 5 das folgende Satzbild zutrifft.

HAUPTSATZ , NEBENSATZ , HAUPTSATZ .

4

Achtung, Fehler!

a Schreibe die Sätze in dein Heft und trenne den Relativsatz durch Komma(s) vom Hauptsatz ab. Umrahme das Relativpronomen.

1. Man spricht von Tausenden die illegal in Kairos Totenstadt leben.
2. Dank der Strom- und Wasseranschlüsse die die Regierung hat legen lassen gibt es in dem Armenviertel auch Krankenhäuser und Grundschulen.
3. Das Krankenhaus das sich in Aishas Wohnviertel befindet wurde in einem Grabhaus eingerichtet.
4. Aishas Vater den wir per Videotelefon erreichen ist stolz auf sie.
5. Nur wenige Kinder gehen auf die Mittelschule die außerhalb der Totenstadt liegt. Aisha ist eines von ihnen.

b Unterstreiche in den Hauptsätzen das Nomen (Bezugswort), auf das sich das Relativpronomen im Nebensatz bezieht.

c Unterstreiche die finite Verbform im Hauptsatz und im Nebensatz doppelt und markiere den Nebensatz. Zeichne die Satzbilder.

1. Man spricht von Tausenden, die illegal in Kairos Totenstadt leben. (HS, NS.)

Satzreihe (Satzverbindung)

→ S.176 Konjunktionen

!

Die Verbindung von **zwei und mehr Hauptsätzen** nennt man **Satzreihe (Satzverbindung)**. Die Sätze werden mithilfe von Konjunktionen, wie z.B. *und, oder, aber, denn, sondern, (je)doch,* miteinander verbunden.
Auf Kommas wird verzichtet, wenn die Hauptsätze mit *und, oder, beziehungsweise (bzw.), sowie* verbunden sind, z.B.:
Caracas ist die Hauptstadt von Venezuela und die Hauptstadt Brasiliens heißt Brasilia.

TIPP
Kein Komma bei *und* oder *oder*.

1 Lies die Satzreihen. Die finite Verbform ist für dich markiert. Benenne die Teilsätze und setze die Kommas. Begründe die Kommasetzung.

1 Enrique lebt im 9. Stock des Torre David und hier hat man einen tollen Blick über Caracas.
2 Der Turm war nicht nur als Bürohaus geplant sondern er sollte mit 45 Stockwerken einer der höchsten Wolkenkratzer Lateinamerikas werden.
3 28 Stockwerke waren ausgebaut, aber dann folgte der Bankencrash.
4 Man stellte die Arbeiten ein und Obdachlose besetzten die Bauruine.

TIPP
Konjunktionen sind keine Satzglieder.

Achtung, Fehler!

2

a Schreibe die Sätze ab und setze, falls erforderlich, ein Komma. Ermittle dazu die Teilsätze und unterstreiche die Konjunktion.

1 Die Politik duldet die Besetzung des Torre David denn heute leben ca. 2500 Menschen in dem halb fertigen Wolkenkratzer.
2 Die Bewohner haben sich zu einer Kooperative zusammengeschlossen und sie haben sich ein wenig Komfort selbst organisiert.
3 Jetzt gibt es eine Versorgung mit Strom und Wasser und Putz-, Müll- und Sicherheitsdienste hat die Kooperative auch organisiert.
4 Aber Bewohnern, die sich nicht an die Hausordnung halten, stellt die Kooperative Wasser und Strom ab oder sie fordert deren Auszug.

b Unterstreiche in allen Teilsätzen die finite Verbform zweimal und markiere das Satzglied, das jeweils die erste Stelle einnimmt.

Die Politik duldet die Besetzung des Torre David, denn heute leben ca. 25000 Menschen in dem halb fertigen Wolkenkratzer.

Mehrfach zusammengesetzte Sätze

!

Wenn **drei oder mehr Haupt- und Nebensätze** miteinander verbunden sind, spricht man auch von einem **mehrfach zusammengesetzten Satz**. Die Teilsätze werden in der Regel durch **Komma** voneinander getrennt, z. B.:
Nachdem der Fotograf Armenviertel der Welt bereist hatte, veröffentlichte er Fotos und Texte der Slumbewohner, weil er ihnen eine Stimme und ein Gesicht geben will.

NEBENSATZ, HAUPTSATZ, NEBENSATZ.

1

a Lies die folgenden Sätze und übertrage sie in dein Heft.

1 Seit ich mich erinnern kann, wohnen wir unter einer Brücke, die über den Fluss Kali Krukut in Jakarta (Indonesien) geht.
2 Während über uns Autos hupen und Fahrräder klingeln, schlafen und essen wir auf den Brettern, die zwei Meter über dem Fluss hängen.
3 Die Vögel, die du auf dem Foto siehst, hat mein Vater gefangen, damit wir morgens von schönen Melodien geweckt werden.

TIPP
NS: finites Verb am Ende
HS: finites Verb an zweiter Stelle

b Ermittle, aus wie vielen Teilsätzen jeder Satz besteht. Markiere in jedem Teilsatz die finite (gebeugte) Verbform.

c Kennzeichne die Einleitewörter und zeichne die Satzbilder.

2 Schreibe die beiden Sätze in dein Heft und setze die fehlenden Kommas. Prüfe dazu, wo ein Teilsatz aufhört und der nächste beginnt.

Achtung, Fehler!

1 Wenn der Wasserpegel steigt hat meine Mutter Angst dass wir es nicht schnell genug auf die Brücke schaffen weil die Fluten unsere Hütte wegreißen.
2 Sobald oben ein Laster über die Brücke fährt werden wir im Schlaf durchgeschüttelt und ich frage mich dann ob die Brücke das aushält.

Zeichensetzung bei der direkten (wörtlichen) Rede

1

a Lies das Gespräch vor. Verdeutliche beim Vorlesen die Unterschiede zwischen der direkten Rede und den anderen Textteilen.

„Ich bin als Achtjährige mit Vater, Mutter und Bruder in eine Wagenburg in Berlin gezogen", erzählte Katia. „Warum haben Ihre Eltern das gemacht?", fragte ich. „Sie wollten nach Spanien auswandern!", erklärte die heute 35-Jährige. „Deshalb haben sie die Wohnung aufgelöst und sich einen Bus gekauft." Lachend ergänzte sie: „Der Plan hat sich zerschlagen und so sind wir eben mit unserem Bus in der Wagenburg geblieben."

!

Direkte (wörtliche) **Rede** kennzeichnet man am Anfang und am Ende durch **Anführungszeichen**. Oft steht vor, zwischen oder nach der direkten Rede ein **Begleitsatz**, der die Sprecherin oder den Sprecher nennt, z. B.:
Ich fragte: »Was gefiel Ihnen am Leben in der Wagenburg?«
»Wir lebten draußen im Grünen«, erklärte Katia.
»Für meinen Bruder«, sagte die junge Frau, »ist es der Lebenstraum!«
Wenn der Begleitsatz vor der direkten Rede steht, folgt ihm ein **Doppelpunkt**. Steht der Begleitsatz nach der direkten Rede oder ist er eingeschoben, wird er durch **Komma(s)** abgegrenzt.
Ausrufe- und Fragezeichen, die zur direkten Rede gehören, stehen innerhalb der Anführungszeichen.

b Erläutere die Regeln für die Zeichensetzung bei der direkten Rede anhand der Sätze in Aufgabe a.

2 Schreibe den folgenden Interviewausschnitt ab und kennzeichne die direkte Rede.

Achtung, Fehler!

1 Ich erkundigte mich Wie war das Leben in der Wagenburg?
2 Einfach toll! sagte Katia. Es gab Hühner, Ziegen, Katzen.
3 Wir waren draußen berichtete sie und für mich war das normal.
4 Warum sind Sie dann in eine Wohnung gezogen? fragte ich.
5 Meine Mutter und mein Bruder wohnen noch immer dort sagte Katia.
6 Ich wollte irgendwann nicht mehr mit so vielen Menschen zusammenleben erklärte sie und immer Kompromisse eingehen.

Wortbildung

Zusammensetzungen

1 Kugel oder Ball?

a Bilde zusammengesetzte Nomen/Substantive aus den vorgegebenen Wörtern und *Kugel* oder *Ball*. Schreibe sie mit ihrem Artikel auf.

Leder – Holz – Erde – Hand – Fuß – Glas – Tennis – Wasser – Feder – Metall – Stoff – Bowling – Gummi – Gymnastik – Eis – Schnee

der Lederball, …

TIPP
Bei einigen Wörtern sind verschiedene Zuordnungen möglich. Und nicht alle Wörter lassen sich zuordnen.

b Ordne zu, was die Bestimmungswörter bezeichnen.

Material: Holzkugel, … *Sportgerät: Fußball, …*

! **Zusammensetzungen** bestehen aus einem Bestimmungswort und einem Grundwort. Das **Bestimmungswort** verändert die Bedeutung des Grundwortes. Das **Grundwort** entscheidet über die Wortart der Zusammensetzung und ihr grammatisches Geschlecht (Genus), z. B.:
süß + das Holz → das Süßholz Nomen
Manchmal muss ein **Fugenelement**, wie *-e-*, *-(e)s-*, *-(e)n-* oder *-er-*, eingefügt werden, z. B.:
die Zitrone + gelb → zitronengelb Adjektiv

2 Übertrage die Tabelle in dein Heft. Bilde Zusammensetzungen und ergänze bei Nomen den bestimmten Artikel.

Bestimmungswort	Grundwort	Zusammensetzung
zehn	der Kampf	der Zehnkampf
schwimmen	die Halle	…
hoch	der Sprung	…
der Bär	stark	…
die Butter	weich	…

Ableitungen

1 Bilde aus den Wortbausteinen Ableitungen und ordne sie nach Wortarten.

zählen eigen kämpfen frei neu finden legen Ende

senden brechen ehren er- be- ent- ver- zer- -lich

-ig -isch -bar -heit -keit -ung -schaft -er -erin

! **Ableitungen** entstehen vor allem durch Anfügen von **Präfixen** (Vorsilben) und **Suffixen** (Nachsilben) an einen Wortstamm, z. B.: *ver- + spiel + -en → verspielen; spiel- + -er → der Spieler.*
Ableitungen entstehen auch durch **Änderung des Stammvokals**, z. B.: *fliegen → der Flug; binden → das Band, der Bund.*

2 Schreibe die Ableitungen in dein Heft und trenne sie durch senkrechte Striche in ihre Wortbausteine. Unterstreiche den Wortstamm.

Schwimmerin – erringen – Wagnis – Tapferkeit – versuchen – Wahrheit – Entdeckung – Entdecker – besiegen – Sieger – kräftig – neidisch

Schwimm|er|in, ...

3 Schreibe in dein Heft, auf welches Verb sich die abgeleiteten Nomen zurückführen lassen.

der Gesang – der Kuss – der Sturm – der Trank – der Biss – der Sprung – der Antrieb – der Wurf – der Klang – der Zug – der Griff

der Gesang – singen, ...

4 *Un-* oder *miss-*? Schreibe das Gegenteil auf, unterstreiche das Präfix.

wichtig – gelingen – achten – achtsam – sportlich – besiegbar – fair – verständlich – bekannt – gönnen – dankbar – zufrieden – trauen

wichtig – unwichtig, gelingen – misslingen, ...

Wortfamilien

!

Wörter mit einem gemeinsamen Wortstamm sind miteinander verwandt und bilden eine **Wortfamilie**. Eine Wortfamilie besteht also aus zusammengesetzten und abgeleiteten Wörtern, z. B.:
Ableitungen: *der Wähler, wählerisch, verwählen, ...*
Zusammensetzungen: *auswählen, der Wahlzettel, ...*

1 Ordne folgende Wörter den Zweigen des Wörterbaums *fahr* zu.

Fuhrwerk – Gefährt – Fahrt – Fahrzeug – Führer – Führung – Fuhrpark – Ausfuhr – einführen – Einfuhr – Fuhrmann – Fähre – Fährschiff – abfahren – einfahren – befahrbar

2 Beide Wortfamilien enthalten jeweils drei Wörter, die nicht zur Wortfamilie gehören. Benenne sie. Woran erkennst du sie?

1 lehren – Leergut – Lehrling – Belehrung – Leerstelle – Lehrstelle – Lehrbuch – Fachlehrerin – leeren – Gelehrter
2 Einbrecher – abbrechen – Abbruch – abbuchen – ausbrechen – Abbuchung – Umbruch – verbuchen

3 Sucht zu den Wortstämmen *trink-* und *find-* so viele Wortverwandte wie möglich.

trink-: trinken, Trinkbecher, ...
find-: finden, erfinderisch, ...

Wortbedeutung

Mehrdeutige Wörter

1 Carolin zeigt ihrer Freundin Josephine eine Zeichnung.

a Sieh die Abbildung genau an.

b Erkläre, worin der Witz besteht.

c Kennst du ähnliche Witze? Erzähle sie deinen Klassenkameraden.

> **!** Viele Wörter haben nicht nur eine Bedeutung, sondern mehrere. Man nennt sie **mehrdeutige Wörter**. Welche der Bedeutungen gemeint ist, wird erst aus dem Verwendungszusammenhang klar.

2 Die folgenden Nomen/Substantive sind mehrdeutig.

a Lies sie laut vor.

Wurzel – Tafel – Birne – Kopf – Flügel – Pferd – Brücke – Zug – Läufer

b Nenne die unterschiedlichen Bedeutungen der Nomen.

c Verwende jedes Wort in zwei Sätzen mit unterschiedlicher Bedeutung.

Stolpere nicht über die Wurzel der alten Eiche. –
Der Zahnarzt behandelt die Wurzel des Backenzahns.

3 Adjektive können ebenfalls mehrdeutig sein.

a Bilde mit dem Adjektiv und je einer Wortgruppe in Klammern Sätze.

1 leicht (die Tasche, die Aufgabe)
2 süß (eine kleine Katze, die Marmelade)
3 schwach (die Oma, die Leistungen)
4 groß (ein Gebäude, die Angst)
5 schlecht (die Zensur, der Nachtisch)

1. Die Tasche ist leicht. Die Aufgabe ist leicht.

b Suche diejenigen Wortgruppen heraus, in denen du das Adjektiv durch eins mit ähnlicher Bedeutung ersetzen kannst. Schreibe beide Wortgruppen in dein Heft.

die leichte Aufgabe –> die einfache Aufgabe

4 Auch Verben können mehrere Bedeutungen haben.

a Lies die Sätze laut vor.

1 Der Vater haftet für sein Kind.
2 Beim Stoppschild muss man halten.
3 Wir werden nächste Woche umziehen.
4 Ein Magnet zieht Eisenteile an.
5 Wir müssen die gegnerische Mannschaft schlagen.

b Nenne die Bedeutung der Verben in den Sätzen aus Aufgabe a.

c Bilde jeweils einen weiteren Satz, in dem eine andere Bedeutung des Verbs deutlich wird.

1. Der Klebezettel haftet am Kühlschrank.
2. …

Synonyme

1 Machen dir Kreuzworträtsel Spaß?

> **TIPP**
> Wenn das Buch nicht dir gehört, lege eine Folie über das Rätsel.

a Löse das folgende Rätsel.

Fenstervorhang									
Radau									
Funktelefon									
Mitteilung									
Großmutter									

b Beschreibe, wie du das Rätsel gelöst hast.

> **!** Wörter können sinngleiche oder -ähnliche Bedeutungen haben. Man nennt sie **Synonyme**. Sie bilden ein **Wortfeld**, mit dessen Hilfe man einen Text abwechslungsreicher gestalten und Wortwiederholungen vermeiden kann. Sehr häufig weisen Synonyme kleine Bedeutungsunterschiede auf, z. B.:
> *sagen, reden, sprechen, rufen, meinen;*
> *schnell, eilig, flink, hastig, zügig.*

2 Ordne die folgenden Wörter zu Synonympaaren. Schreibe sie in dein Heft.

Ross – Metzger – Brötchen – Pferd – Telefon – Fleischer – Semmel – Geschäft – Fernsprecher – Laden

Ross – Pferd, …

3 Im Deutschunterricht hat Josephine einen Text geschrieben.

a Lies den Text.

In unserem Garten wachsen alle Pflanzen sehr schnell. Besonders in der letzten Zeit sind die Brombeeren gewachsen. Da es sehr viel geregnet hat, ist aber auch das Unkraut gut gewachsen. Außerdem sind rund um unser Haus auch alle Bäume und Sträucher sehr gewachsen. Wir finden das prima, denn so kann keiner der Nachbarn sehen, wie gut alles bei uns wächst.

b Die Lehrerin hat Wortwiederholungen rot angestrichen.
Wähle passende Wörter aus und ersetze die unterstrichenen Verben.

gedeihen – sich entfalten – reifen – sich herausmachen – in die Höhe schießen – sich vergrößern

TIPP
Du kannst auch in einem Synonymwörterbuch nachschlagen.

4 Suche möglichst viele Synonyme zu den folgenden Wörtern.
Schreibe sie in dein Heft.

rennen – anfangen – klug – blank – Verbrecher – dick – schauen – City

rennen: laufen, sprinten, ...

Redewendungen, Sprichwörter und feste Vergleiche

!

Redewendungen (Wortgruppen) sind feste sprachliche Wendungen, mit denen man etwas besonders anschaulich und einprägsam ausdrücken kann, z. B.: *auf die Nase fallen, sich den Kopf zerbrechen.*
Sprichwörter (in der Form eines Satzes) geben Erfahrungen, Beobachtungen und Einsichten der Menschen anschaulich und einprägsam wieder, z. B.: *Wer andern eine Grube gräbt, fällt selbst hinein.*
Feste Vergleiche sind Wortgruppen mit dem Vergleichswort *wie*, z. B.: *arm wie eine Kirchenmaus, kämpfen wie ein Löwe.*

1 Welche Redewendungen stecken in den folgenden Zeichnungen? Erkläre ihre Aussage.

2 Suche die passenden Nomen für die folgenden Redewendungen. Schreibe sie in dein Heft und erkläre ihre Bedeutung.

1 ins ___ treten **2** den ___ unterm Arm tragen
3 kalte ___ bekommen **4** etwas aus den ___ verlieren
5 Bohnen in den ___ haben **6** sich die ___ raufen
7 ein Herz und eine ___ sein **8** etwas aus dem ___ schütteln
9 jemandem die ___ versalzen **10** ___ auf den Zähnen haben

1. ins Fettnäpfchen treten, 2. …

3 Tragt Redewendungen zusammen, in denen es um folgende Körperteile geht.

Herz – Nase – Augen – Zehen – Mund – Ohren

das Herz auf der Zunge tragen, …

4 Ergänze folgende Sprichwörter und erkläre ihre Bedeutung.

1 Wer zuletzt lacht, ...
2 Wenn zwei sich streiten, ...
3 Viele Köche ...
4 Lieber den Spatz in der Hand ...
5 Kommt Zeit, kommt ...
6 Der Klügere ...
7 Ohne Fleiß kein ...
8 Erst die Arbeit, dann ...

5 Wähle passende Adjektive oder Verben aus und ergänze die festen Vergleiche. Schreibe sie in dein Heft, unterstreiche das Vergleichswort.

gefräßig – schnell – klar – schwarz – listig – schlau – schimpfen – kämpfen – zittern – schnattern – lahm – flink

1 ▬ wie eine siebenköpfige Raupe 2 ▬ wie eine Ente
3 ▬ wie ein Löwe 4 ▬ wie ein Rohrspatz
5 ▬ wie Kloßbrühe 6 ▬ wie die Nacht 7 ▬ wie ein Fuchs
8 ▬ wie Espenlaub 9 ▬ wie ein Wiesel

1. gefräßig wie eine siebenköpfige Raupe, 2. ...

6 Sucht im Sprichwortlexikon oder Internet nach Redewendungen und Sprichwörtern anderer Länder. Tragt einige zusammen und tauscht euch darüber aus.

Was habe ich gelernt?

7 Überprüfe, was du über Wortbedeutung gelernt hast. Beantworte dazu die folgenden Fragen.

1 Was sind mehrdeutige Wörter?
2 Welche Wörter findest du in einem Wortfeld?
3 Worin unterscheiden sich Redewendungen und Sprichwörter?

Teste dich selbst!

1 Schreibe den folgenden Text ab (eventuell am Computer).

Achtung, Fehler!

1 Elfie Donnelly ist die Tochter eines Engländers und einer Österreicherin. Sie wurde 1950 in London geboren aber ihre Kindheit und Jugend verbrachte sie in Wien. Schon als junges Mädchen arbeitete sie dort als Journalistin. Sie begann in Wien als Texterin in einer Presseagentur.

2 Mit 26 Jahren veröffentlichte sie ihr erstes Buch »Servus Opa, sagte ich leise«. Diese Geschichte die von einem kleinen Jungen und dem Tod seines Großvaters erzählt hat viele Leser berührt. Für dieses Buch bekam Elfie Donnelly 1978 den deutschen Jugendbuchpreis. Für das Drehbuch zum gleichnamigen Fernsehspiel wurde sie 1979 mit dem Adolf-Grimme-Preis ausgezeichnet.

3 Ab 1977 schrieb sie 65 Folgen »Benjamin Blümchen« und 40 Folgen »Bibi Blocksberg«. Benjamin Blümchen den viele Kinder lieben feierte 2007 schon seinen 30. Geburtstag.

4 Bibi Blocksberg hat Elfie Donnelly erfunden weil sie nach ihren zwei Söhnen endlich ein Mädchen haben wollte. Der Erfolg der kleinen Hexe liegt wohl darin dass sie in einer Umgebung lebt die sich alle Leserinnen und Leser gut vorstellen können.

5 Im Jahr 2001 verfasste Elfie Donnelly das Drehbuch zum Film »Bibi Blocksberg«. 2002 war dieser Film mit fast 2,5 Millionen Zuschauern der erfolgreichste Kinofilm.

6 Nicht nur die Kleinen mögen ihre Bücher und Filme, sondern auch die Erwachsenen. Für diese Leser hat Elfie D. jetzt mit dem Schreiben von Kriminalromanen begonnen.

7 Ein Journalist fragte einmal Elfie Donnelly: Angenommen, Sie selbst könnten hexen. Was würden Sie mit dieser Fähigkeit anfangen? Ich *kann* hexen. Ich tu's nur nicht antwortete die Schriftstellerin.

2

a Unterstreiche in den Absätzen 2 bis 4 alle Nebensätze. Markiere die finiten (gebeugten) Verbformen.

b Markiere die Einleitewörter (Konjunktion, Relativpronomen) verschiedenfarbig. Setze die fehlenden Kommas.

3

a Bestimme in den folgenden Sätzen den Fall der Objekte.

1 Elfie Donnelly schenkte den Kindern viele lustige Geschichten.
2 1967 bekam Elfie Donnelly ihren ersten Sohn Christoph.
3 1973 heiratete sie Peter Lustig.
4 Später schrieb Elfie Donnelly auch Bücher für Erwachsene.

b Unterstreiche im Absatz 4 je eine Adverbialbestimmung der Art und Weise (Modalbestimmung) und des Grundes (Kausalbestimmung).

c Der Absatz 7 enthält direkte (wörtliche) Rede. Setze die fehlenden Anführungszeichen und Kommas.

4

a Schreibe aus dem Text für jede Wortart (Nomen, Verb, Adjektiv, Adverb, Numerale, Konjunktion) mindestens zwei Beispiele heraus.

b Suche im Absatz 6 je ein Beispiel für nominalisierte/substantivierte Verben und Adjektive.

TIPP
Nur von vier Verben lässt sich ein sinnvolles Partizip I bilden.

5 Übertrage die Tabelle in dein Heft. Trage die infiniten Verbformen aus dem Text ein. Ergänze jeweils die fehlenden Formen.

Infinitiv	Partizip I	Partizip II
...	...	...

6 Forme die Sätze um, nutze dabei Passivformen der Verben.

1 Man zeichnete Elfie D. 1979 aus.
2 Man verleiht ihr einen Preis.
3 Jemand verfilmte ihr Drehbuch.

7 Schreibe je zwei Beispiele für bestimmte und unbestimmte Numeralien heraus.

8 Schreibe aus den Absätzen 2 und 4 je drei Beispiele für Ableitungen und Zusammensetzungen heraus.

Fehler erkennen – Fehler korrigieren

1 Man sollte sich immer bemühen, möglichst richtig zu schreiben, denn Fehler können beim Lesen stören. Manchmal sind sie aber auch lustig, z. B. auf Speisekarten im Restaurant oder in Werbeangeboten in Geschäften.

Achtung, Fehler!

a Lies die folgenden Angebote. Begründe, warum man schmunzeln muss.

Rechtschreibhilfe: im Wörterbuch nachschlagen

→ S. 34 Im Lexikon Informationen suchen

b Schreibe die Wörter aus der Speisekarte richtig auf. Benutze dabei auch ein Rechtschreibwörterbuch.

c Berichtige den Fehler auf der Werbetafel. Schreibe in dein Heft.

Rechtschreibhilfe: Regeln anwenden

→ S. 158 Nomen/Substantive

d Begründe die unterschiedliche Schreibung von *arme* und *haut*.

Da kann man nur sagen: die arme Haut.
Gefährlich wird es aber, wenn die Arme haut.

Achtung, Fehler!

2 Der folgende Märchenanfang ist sehr schwer zu lesen, weil die Wortgrenzen und die Groß- und Kleinschreibung nicht beachtet werden.

a Schreibe den Text richtig in dein Heft.

eswareinmaleinkleinesmädchen/dashattejedermannlieb/
deresnuransah/amallerliebstenaberhatteesdiegroßmutter

b Kennst du das Märchen? Schreibe die Überschrift über die korrigierte Fassung in dein Heft.

TIPP
Lies von oben nach unten.

3 Füge die untereinander stehenden Wortteile zusammen. Markiere dann alle Trennmöglichkeiten durch senkrechte Striche.

schulz-	wald-	hau-	flieg-	in-	mensch-
immer	am-	stier	enge-	dia-	enge-
	eisen		wicht	nerz-	menge
				eichen	

Schul|zim|mer, …

4 Hier sorgt ein kleines Komma für großes Durcheinander.

a Wann beginnen denn nun die Ferien? Erkläre das Problem.

Heute nicht, morgen beginnen die Ferien.
Heute, nicht morgen beginnen die Ferien.

b Finde nun selbst heraus, an welchen Stellen man ein Komma setzen kann. Erkläre die dabei entstehenden unterschiedlichen Bedeutungen.

Achtung, Fehler!

1 Wir nicht die Schüler der 6 c haben das Spiel gewonnen.
2 Freue dich nicht du hast beim Kartenspielen verloren.
3 Er will Fritz nicht.
4 Anton behauptete Ernst habe ihn beleidigt.

5

a Paul hat bald Geburtstag. Lies seinen Entwurf für eine Einladung. Sein Freund Tom hat die Fehler unterstrichen.

Achtung, Fehler!

Hallo,
wie ihr wist, habe ich bald wieder Gebortstag. Daher möchte ich alle meine freunde ganz herzlich einladen. Wir feiern bei uns zu Hause, und zwar am kommenden Donerstag. Es gibt wieder viele überraschungen.
Bringt bitte gute laune und Badesachen mit. Vergest aber mein Geschenk nich. Ich bin nähmlich schon sehr neugierich.
Wir trefen uns um 15 Uhr bei mir. Meine Eltern faren uns dann an einen geheimen ort. Ich freue mich schon riesich.
Paul

TIPP
Überlege, welche Rechtschreibhilfen du nutzen kannst.

b Schreibe die unterstrichenen Wörter richtig auf und begründe, warum du das Wort so schreibst. Füge bei den Nomen/Substantiven den Artikel hinzu.

wisst, der Geburtstag, …

6

a Schreibe den Text ab und füge, wenn nötig, in die Lücken die fehlenden Doppelkonsonanten ein. Begründe deine Entscheidung.

1. Gestern Mi■tag war die Straße gespe■rt.
2. Ein kapu■ter LKW sta■nd quer vor unserem Haus.
3. Da■n kamen im schne■len Tempo die Feuerwehr und die Polizei.
4. Mit einem Kran scha■ften sie es, den Laster wegzuschieben.
5. Gespa■nt verfolgte ich zusa■men mit einem Beka■nten vom Straßenra■nd aus das Geschehen.
6. Plötzlich gab es einen lauten Kna■l aus dem Auspu■f des Lasters.
7. Mit einem i■mer stärker werdenden Blu■bern bega■n der Motor wieder zu laufen.
8. Alle waren froh, da■s sie es so schne■l gescha■ft ha■ten.

Achtung, Fehler!

b Schreibe den folgenden Text ab. Entscheide, ob die unterstrichenen Wörter mit oder ohne *h* geschrieben werden.

Es war einmal eine kleine Kuh,
die trug nur einen Schuh.
Wie unbequem
und wenig angenem
und kein schönes Gefül,
denn es war erst Früling und noch sehr kül.
Da kam ein frecher Han daher,
der krähte ser.
»Warum felen dir der Schuhe drei?«,
fragt der Han und grinst dabei.
»Lass' mich in Ruh'«,
muht die Kuh,
»und kümmere dich um dein lames Hun,
denn das legt gerade ein holes Ei
und stralt dabei.«

So könnt ihr ein Jokerdiktat schreiben

1. Lest zuerst den ganzen Satz vor.
2. Diktiert dann die einzelnen Satzteile bis zur Markierung (/) bzw. bis zum Satzschlusszeichen.
3. Lest zum Schluss noch einmal den ganzen Text vor.
4. Unterstreicht fünf Jokerwörter, bei deren Schreibung ihr nicht sicher seid.
5. Notiert eine zweite Schreibmöglichkeit.
   Ist eine der beiden Schreibungen richtig, wird kein Fehler angerechnet.

c Diktiert euch gegenseitig den folgenden Text als Jokerdiktat.

Über die Sitten und Gebräuche anderer Länder / sollte man sich / schon vor der Reise informieren. Sonst kann man nämlich / böse Überraschungen erleben.
In England muss man mit dem Auto / auf der linken Seite der Straße fahren. Früher saßen die Führer von Pferdegespannen / auf der Kutsche. Wenn sie rechts fuhren, / haben sie manchmal mit der Peitsche / Fußgänger getroffen. Deshalb wurde das Fahren / auf der linken Seite angeordnet. Außerhalb von Europa / wird in insgesamt 62 Ländern / noch links gefahren.

Mit Fehlern umgehen

So kannst du fehlerhaft geschriebene Wörter üben

1. das Wort richtig aufschreiben und die Fehlerstellen markieren, z. B.: *interessant, Medaille, Fahrrad, Familie*
2. das Wort laut lesen und in Silben sprechen (Robotersprache), z. B.: *in-te-res-sant, Me-da-il-le, Fahr-rad, Fa-mi-li-e*
3. verwandte oder ähnliche Wörter suchen, z. B.: *interessant – interessieren; Medaille – Goldmedaille; Fahrrad – Motorrad*
4. Wortgruppen bilden, z. B.: *ein interessantes Buch, den Medaillenspiegel lesen*
5. Merkhilfen suchen, z. B. Eselsbrücken:
   Das Wörtchen stets *kann man vorwärts und rückwärts lesen.*
   In Interesse *stecken die Wörter* inter *und* esse.

Eine Fehlerkartei anlegen

1 Lege eine Fehlerkartei an. Du benötigst dazu Karteikarten und eine Schachtel.

a Schreibe das Fehlerwort in die Mitte der Karteikarte. Kennzeichne die Fehlerstelle farbig.

lesen ich lese du liest
vorlesen Vorlesewettbewerb

er liest

er las wir lasen Leser

Er liest seinem kleinen Bruder vor.
Lies bitte leise mit.

b Schreibe verwandte Wörter auf die Karteikarte und unterstreiche ebenfalls die Fehlerstelle.

c Nimm eine Karteikarte heraus und präge dir alle Wörter genau ein. Schreibe sie anschließend aus dem Gedächtnis auf.

d Nimm Karteikarten mit Übungswörtern, die du mehrmals richtig geschrieben hast, aus der Fehlerkartei heraus. Die anderen verbleiben noch in der Kartei, bis du sie richtig schreiben kannst.

2 Übe besonders schwierige Wörter. Bearbeite dazu die folgenden Aufgaben.

a *Fahrrad*

1. Aus welchen Wortbausteinen besteht diese Zusammensetzung?
2. Schreibe das Wort auf und markiere drei mögliche Fehlerstellen.
3. Wie heißt der Stamm des Bestimmungsworts? Suche weitere Wörter mit diesem Wortstamm und schreibe sie auf.
4. Bilde möglichst viele Zusammensetzungen mit den Wortbestandteilen *fahr* und *rad.*

b *Ingenieur*

1. Schlage das Wort im Wörterbuch nach und schreibe es richtig auf. Achte auf die Aussprache.
2. Schreibe das Wort nach Silben gegliedert auf.
3. Was für Ingenieure gibt es? Schreibe in dein Heft.
   Bauingenieur, …
4. Welche Wörter sind in *Ingenieur* versteckt?
   in, …

c *Medaille*

1. Suche im Wörterbuch die richtige Aussprache.
2. Schreibe die Pluralform auf. Unterstreiche mögliche Fehlerstellen.
3. Gliedere das Wort nach Silben.
4. Welche Medaillen werden bei den Olympischen Spielen vergeben?
5. Suche fünf weitere Zusammensetzungen mit *Medaille* und schreibe diese in dein Heft.
6. Überlege, wie man sich die Schreibung dieses schwierigen Fremdworts am besten merken kann.

Häufig vorkommende Wortstämme richtig schreiben

Wörter mit langem Stammvokal

1 Kurze und lange Stammvokale sind oft schwer zu unterscheiden.

a Lies die folgenden Wörter laut und zerlege sie in Sprechsilben.

Schalter – Schale – Rose – Silbe – senden – leben – Spaten – kleben

b Schreibe die Wörter in dein Heft und unterstreiche den letzten Buchstaben der ersten Silbe.

Schal–ter, Scha–le, …

!

Endet die erste Silbe des Wortstamms auf einen **Konsonanten** (Mitlaut), dann ist der Stammvokal in der Regel **kurz** (u), z. B.:
Schal-ter, hal-ten.
Steht dagegen ein **Vokal** (Selbstlaut) am Ende der ersten Silbe, dann wird der Stammvokal immer **lang** (a) gesprochen, z. B.:
Scha-le, Se-gel
Einsilbige Wörter muss man verlängern, z. B.:
Rad – Rä-der, Feld – Fel-der

Rechtschreibhilfe: Zerlegeprobe

c Übertrage die Tabelle in dein Heft. Lies die Wörter laut und ordne sie in die richtige Spalte ein. Markiere die Länge des Stammvokals.

Segel – halten – Tante – Vene – Spuren – Schuhe – suchen – Boden – offen – Felsen – Schere – Nadel – Regen – falten – Hunger – Wasser

langer Stammvokal	kurzer Stammvokal
Segel …	halten …

Rechtschreibhilfe: Verlängerungsprobe

d Verlängere die einsilbigen Wörter zu zweisilbigen. Lies diese laut und ordne sie in die richtige Spalte der Tabelle aus Aufgabe c ein.

Rad – Ball – Land – Hund – Flug – Los – Stab – Wind – Kind – Kamm

2 Lang gesprochene Vokale werden unterschiedlich geschrieben.

a Schreibe die hervorgehobenen Wörter heraus. Unterstreiche die lang gesprochenen Vokale und markiere vorhandene Dehnungszeichen.

Wo tut es weh?
Hol ein bisschen Schnee,
hol ein bisschen kühlen Wind,
dann vergeht es ganz geschwind.

Wo tut es weh?
Trink ein Schlückchen Tee,
iss einen Löffel Haferbrei,
morgen schon ist es vorbei.

b Übertrage die Tabelle in dein Heft und ordne die Wörter richtig ein.

Hase – Brot – Bohne – Kahn – nehmen – leben – Boot – Fliege – Riese – Schuhe – sparen – Schal – Mehl – Saat – Stahl – Krug – Tiger

ohne Dehnungszeichen	mit *h*	mit *ie*	mit Doppelvokal
Hase	…	…	…

TIPP
6 Wörter sind waagerecht zu finden, 6 Wörter senkrecht.

c In diesem Buchstabengitter findest du zwölf Wörter mit *h*. Schreibe sie in dein Heft, suche mindestens jeweils drei verwandte Wörter. Achte auf die Aussprache des langen Stammvokals.

M	A	F	E	H	L	E	N	W	D
C	O	B	W	F	A	H	R	E	N
V	E	R	K	E	H	R	S	S	A
I	L	M	L	H	M	A	S	E	H
E	R	H	L	L	M	F	S	A	M
H	Ö	H	L	E	X	C	E	Y	B
M	H	R	U	R	M	M	Ü	L	E
C	R	P	H	M	C	I	H	C	R
Y	E	H	R	L	I	C	H	B	Ü
Q	Ö	Ä	H	N	L	I	C	H	G

!

Steht das *h* **am Ende einer Silbe**, nennt man es **Dehnungs-*h*** (**silbenschließendes *h***). Dieses steht nur vor *l, m, n* und *r*, z. B.:
Höh-le, Müh-le, neh-men, seh-nen, fah-ren.
Steht das *h* **am Anfang** der zweiten Silbe, nennt man es **silbenöffnendes *h***. Es hilft beim Lesen, indem es zwei Vokale voneinander trennt, z. B.:
Schu-he, ge-hen, Mü-he, Ru-he, Kü-he, Re-he.
Einsilbige Wörter muss man verlängern, z. B.:
Stuhl – Stüh-le, Schuh – Schu-he.
Bei verwandten Wörtern bleibt das *h* im Wortstamm erhalten, z. B.:
fahren, Fahrer, fuhr, Gefährt, Fähre, Fahrzeug.

3

a Schreibe zu den folgenden Verbformen den Infinitiv in dein Heft und markiere das *h* farbig.

es blüht – sie dehnt – er befiehlt – sie näht – du gehst – er bemüht sich – sie droht – ich führe – du siehst – es geschieht – sie wählt – es weht – er belohnt uns – sie erfährt es – du ahmst nach – er gewöhnt sich ein

Rechtschreibhilfe: Zerlegeprobe

b Übertrage die Tabelle in dein Heft. Zerlege die Infinitive und ordne sie richtig in die Spalten ein.

Dehnungs-*h*	**silbenöffnendes *h***
…	blü-hen

4 Notiere alle Wörter, die kein Dehnungs-*h* aufweisen, und markiere die Konsonanten am Wortanfang farbig.

klar – kahl – Kram – Krume – gähnen – quälen – quer – Krone – Fehler – Schal – schmal – Fahrer – spüren – Sporen – Sohlen – Spur – Span – Sparer – Lohn – Tal – Stahl – Tor – Ruhm – Ton – schon – schämen – Sohn

klar, …

!

Beginnt ein Wort mit *kl, kr, qu, sp, t* und *sch*, steht **nie** ein Dehnungs-*h*, z. B.: *klar, Krone, Qual, Spur, Tal, Schal.*

5 Schreibe den folgenden Text ab und setze, wenn nötig, in die unterstrichenen Wörter ein *h* ein.

Achtung, Fehler!

Eine gefärliche Fart

Wir starteten sehr früh am Morgen an der Sparkasse. Es war zwar noch Frühjar, aber die Sonnenstralen wärmten schon. Die Luft war klar und rein. Alle Farräder wurden noch einmal geprüft. Bald furen wir durch ein wunderschönes Tal. Nur wenige Bäume waren noch kal. Aber der Radweg war sehr schmal. Plötzlich verlor mein Vorderrad die Luft und ich kam aus der Spur und landete im Graben. Glücklicherweise war nur eine Sene im Fuß gedent. Ich umwickelte das Bein mit einem Schal, sodass ich noch nach Hause faren konnte. Aber eine Qual war es schon.

6

TIPP
Nutze auch die Verwandtschafts-probe.

a Übertrage die Tabelle in dein Heft und ordne die Wörter richtig ein.

fahren – Schale – sehen – fühlen – Spule – lehren – zahlen – wählen – Kram – fliehen – Krümel – fehlen – Qual – Scham – nähen – Schwur – strahlen – Spüle – leihen – verzeihen

Dehnungs-*h*	silbenöffnendes *h*	ohne *h*
fahren	…	Schale

b Bilde von den Verben der linken Spalte sinnvolle Nomen/Substantive.

fahren – Fahrer, …

c Bilde von den Nomen der rechten Spalte Verben.

Schale – schälen, …

d Bilde von den Verben der mittleren Spalte die 2. Person Singular Präsens und die 3. Person Singular Präteritum.

sehen – du siehst – er sah, …

e Bilde möglichst viele Zusammensetzungen mit den folgenden Nomen.

Kran – Schal – Schwan – Spur – Ton

7 Welches Wort passt jeweils nicht in die Reihe?
Begründe deine Meinung.

1 dehnen – sehnen – drehen – gähnen – Kohle – Uhr – Ehre
2 geht – flieht – kräht – sieht – blüht – dreht – zählt – weht
3 klären – Krone – Sporen – Sahne – Schwan – Tor – spülen

8

a Ergänze die folgenden Reime.

Die Löwen mit ihren großen Mähnen
liegen im Zoo und g____.

Auf dem Kahn
gibt es einen Kran
und auf dem sitzt ein H____.

b Bilde weitere Reime mit den folgenden Wortpaaren und schreibe sie in dein Heft. Markiere das *h* farbig.

führen – spüren | Sohn – Mohn | zahm – lahm | wählen – quälen

Schule – Spule | Spuren – Uhren | Tal – Stahl

9

→ S. 215 Jokerdiktat

a Diktiert euch gegenseitig den folgenden Text als Jokerdiktat. Achtet beim Diktieren auf die Satzzeichen und Markierungen (/).

Milchbäume

Das hört sich schon komisch an. Aber es ist wahr / und gar nicht gelogen. Nicht nur Kühe und Ziegen geben Milch, / sondern auch Bäume. Diese stehen in Südamerika, / und zwar in den riesigen Urwäldern Brasiliens. Die Milch dieser Bäume / ist ziemlich klebrig und zähflüssig. Die Einwohner rühren / in den rohen Saft Brot / und trinken die braune Brühe / aus einer Schale. Ein einziger Baum gibt am Tage / mehrere Liter dieser nahrhaften Flüssigkeit ab. Übrigens kann man ohne große Mühe / aus dieser Baummilch auch Kaugummi herstellen.

b Tauscht euch über die Schwierigkeiten aus und berichtigt die falsch geschriebenen Wörter.

Rechtschreibhilfe: Wörter einprägen

10 Nur wenige Wörter werden mit einem Doppelvokal geschrieben. Schreibe die im Rätsel gesuchten Wörter in dein Heft. Markiere den Doppelvokal.

1 schlangenähnlicher Fisch
2 wachsen auf dem Kopf
3 wächst am Strauch (Mehrzahl)
4 vierblättriger Glücksbringer
5 großer, festlicher Raum
6 Wasserfahrzeug
7 Tierpark
8 Niederschlag in fester Form

! Die Buchstabenverbindungen *ii* und *uu* könnte man schlecht lesen. Deshalb gibt es keine deutschen Wörter mit diesen Stammvokalen. Im Deutschen wird das **lang gesprochene *i*** meist als *ie* und manchmal nur als *i* geschrieben, z. B.: *lieb, Tiger.* *ih* tritt nur in den Wörtern *ihm, ihn, ihr, ihre* auf. Ganz selten wird *ieh* geschrieben, z. B.: *Vieh, siehst, lieh.*

11 Wörter mit langem *i*

a Übertrage die Tabelle in dein Heft. Suche aus Wilhelm Buschs Gedicht die Wörter mit langem *i* heraus und ordne sie in die richtige Spalte ein.

Seid gegrüßt, ihr lieben Bienen,
vom Morgensonnenstrahl beschienen,
wie fliegt ihr munter ein und aus
in Imker Dralles Bienenhaus.
Und seid zu dieser Morgenzeit
So früh schon voller Tätigkeit …

ie	*ih*	*ieh*
lieben …	…	…

b Ergänze in jeder Spalte zwei eigene Beispiele.

Wörter mit kurzem Stammvokal

1

Rechtschreibhilfe: Wörter deutlich sprechen

a Lies die Wörter laut und deutlich. Achte auf den kurzen Stammvokal.

halten – Halle – finden – schwimmen – Kanne – Tante – singen – kalt – Bagger – brummen – glatt – bunt – klettern – Dank – Anker – Pudding

Rechtschreibhilfe: Regeln anwenden

b Übertrage die Tabelle in dein Heft und ordne die Wörter aus Aufgabe a richtig ein. Markiere die beiden Konsonanten (Mitlaute) verschiedenfarbig.

zwei gleiche Konsonanten	zwei unterschiedliche Konsonanten
Halle …	halten …

c Füge mindestens fünf weitere Beispiele in jeder Spalte hinzu.

!

Nach kurzem Stammvokal stehen meist zwei Konsonanten (Mitlaute). Der **Konsonant** wird nach einem kurzen Vokal (Selbstlaut) **verdoppelt**, wenn er zwei Silben wie ein Gelenk miteinander verbindet (**Silbengelenk**), z. B.:
die Tan ne, die Wol le, die Fal le.
Entsteht bei zwei unterschiedlichen Konsonanten kein Silbengelenk, wird nicht verdoppelt, z. B.:
die Tan te, die Wol ke, die Fal te.
Einsilbige Wörter muss man verlängern, um zu entscheiden, wie sie geschrieben werden, z. B.:
he■ – hel ler → hell, ke■t – ken nen → kennt.

Rechtschreibhilfe: Verlängerungsprobe

2 Verlängere, wenn möglich, die folgenden einsilbigen Wörter. Nenne die Wörter, die man nicht verlängern kann.

Ball – nass – plus – Stoff – Kamm – Stamm – zum – dünn – stopp – Herr – starr – Fett – wann – kann – von – Kuss – muss – Tritt

! Wenn das Wort nicht verlängert werden kann, dann erfolgt auch keine Dopplung, z. B.: *plus, zum, von.*
Ausnahmen sind *wann, wenn, dann, denn,* weil sie früher auch zweisilbig waren (*wanne, wenne, danne, denne*).

TIPP
Bilde bei Verben den Infinitiv, bei Adjektiven eine Steigerungsform.

3 Entscheide, ob die folgenden Verben und Adjektive mit einem Doppelkonsonanten geschrieben werden.

1 Der Hund hat gebe■lt. **2** Er ren■t schne■l. **3** Die Maschine schru■bt den Boden. **4** Der Läufer scha■ft es. **5** Alle hatten richtig geti■pt. **6** Das Flugzeug ko■mt pünktlich. **7** Das Auto sto■pt. **8** Der Zug hä■lt an. **9** Die Sonne scheint he■l. **10** Alle Gäste wurden sa■t. **11** Die Bäume werden nicht gefä■lt. **12** Das Mädchen isst das kal■te Eis.

1. bellen – gebellt, 2. rennen – ...

4 In jedem Wortpaar gibt es nur einen »echten« Doppelkonsonanten. Schreibe die Wörter mit dem »unechten« Doppelkonsonanten heraus. Markiere diese Konsonanten. Wie ist diese Schreibung entstanden?

1 offen – auffahren
2 Egge – weggehen
3 vielleicht – fallen
4 Strommast – kommen
5 Ebbe – Staubbeutel
6 Stoffe – Hoffenster
7 einnehmen – erkennen
8 Fass – aussehen
9 Motorrad – Karren
10 Mitte – mitteilen

1. auf – fahren, 2. ...

5 Schreibe die Lösungen des Rätsels in dein Heft.
Markiere den Doppelkonsonanten.

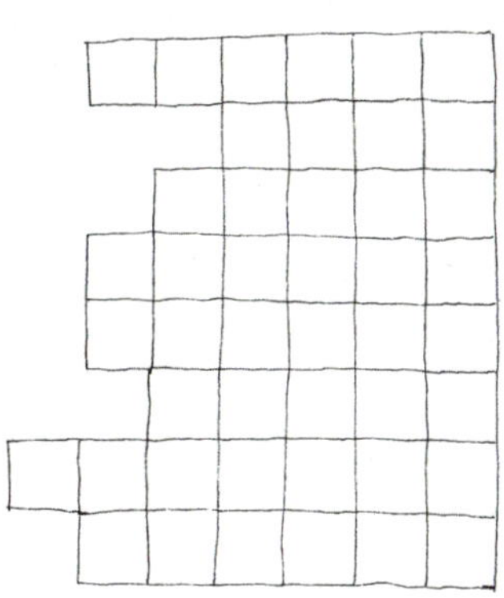

1 Fortbewegungsstange für ein Boot
2 das Gegenteil von *Flut*
3 sehr großer Hund
4 sich auf dem Bauch bewegen
5 im Freien schnell laufen
6 Lieblingsbeschäftigung
7 süßer Nachtisch
8 Maschine, um Gräben auszuheben

Wörter mit *s*, *ss*, *ß* im Wortstamm

1 Die Schreibung der Wörter mit *s*, *ss* oder *ß* ist nicht immer einfach. Tragt zusammen, welche Regeln ihr zur *s*-Schreibung kennt.

2 Überprüfe und ergänze deine Kenntnisse mithilfe der folgenden Aufgaben.

Rechtschreibhilfe: Wörter deutlich sprechen

a Lies das Gedicht laut und deutlich vor und vergleiche die Aussprache der unterstrichenen Wörter.

Es wachsen alle Kinder
sogar im kalten Winter.
Sie wachsen stets sehr leise,
sie werden klug und weise.
Und würde man sie gießen,
dann wüchsen sie zu Riesen.

TIPP
Verlängere einsilbige Wörter.

b Untersuche den *s*-Laut in den folgenden Wörtern.
- Wird der Stammvokal lang oder kurz gesprochen?
- Wird das *s* gezischt (stimmloses *s*) oder gesummt (stimmhaftes *s*)?

Vorsicht! Ein Wort passt jeweils nicht in die Reihe.

1 wissen – fa■en – mü■en – Ka■e – Me■er – Glä■er – wä■rig – Schlu■ – Genu■ – ein bi■chen
2 fließen – grü■en – bei■en – Ho■e – Stra■e – Fu■ – sü■
3 lesen – Lo■e – Rei■e – sau■en – lei■e – Grü■e – Blu■e
4 Maus – Hau■ – Gra■ – Prei■ – Ga■ – nie■t – pa■t

Rechtschreibhilfe: Regeln anwenden

c Schreibe die Wörter ab und setze in die Lücken *s*, *ss*, *ß* ein. Ordne dabei das »schwarze Schaf« in die richtige Reihe ein.

!

In Wörtern mit **langem Stammvokal** oder **Diphthong** (Zwielaut) schreibt man *s*, wenn der *s*-Laut stimmhaft (summend) gesprochen wird, z. B.:
lösen, rieseln, Eisen.
In Wörtern mit **langem Stammvokal** oder mit **Diphthong** schreibt man *ß*, wenn der *s*-Laut stimmlos (zischend) gesprochen wird, z. B.:
fließen, gießen, grüßen.
Nach **kurzem Stammvokal** wird *ss* geschrieben, z. B.:
wissen, müssen.

TIPP
Nutze auch die Verlängerungs- oder Verwandtschaftsprobe.

d Schreibe ab und setze die fehlenden Reimwörter ein.

Ein niedlicher Hase
mit kleiner N___
schnüffelt im Gr___.

Die freche Maus
sitzt im H___
und geht nicht r___.

Der Papa liest
und der Opa n___.

! **Bei Verbformen und abgeleiteten Wörtern (Nomen/Substantiven, Adjektiven) wechseln *ss* und *ß* nach den bekannten Regeln, z. B.: *essen – aß – isst – Esszimmer – essbar.***

Rechtschreibhilfe: Regeln anwenden

e Notiere finite Verbformen und Ableitungen von folgenden Verben.

messen – lassen – wissen – reißen – fließen – schließen – beißen

messen, er misst, sie maß, Messung, ...

f Schreibe die Regeln ab und vervollständige sie.

1 *ss* steht immer nach ___ (kurzem/langem) Stammvokal.
2 *ss* wird immer ___ (gezischt/gesummt).
3 *ß* steht immer nach einem ___ (kurzen/langen) Stammvokal.
4 *ß* wird immer ___ (gezischt/gesummt).
5 *s* steht immer nach einem ___ (kurzen/langen) Stammvokal oder einem Diphthong (z. B. *ei, ai, eu, au*).
6 *s* wird zwischen zwei Vokalen (z. B. *lesen*) immer ___ (gezischt/gesummt), am Wortende (z. B. *los*) immer ___ (gezischt/gesummt).
7 Wechsel von *ss/ß:* Nach kurzem Vokal schreibt man ___, nach langem Vokal oder Diphthong schreibt man ___.

Rechtschreibhilfe: Wörter einprägen

→ **S. 172** Adjektive

3

a Bilde von den Adjektiven die Steigerungsformen.

böse – leise – riesig – eisig

böse – böser – am bösesten, leise – ...

b Notiere von den Verben die Leitformen/Stammformen.

liest – verreist – grüßt – zerreißt – schließt – gießt – vergaß – aß – ließ

lesen – las – gelesen, verreisen – ...

c Setze die Nomen in den Plural und in den Genitiv Singular.

Fuß – Spieß – Spaß – Soße – Straße

der Fuß – die Füße, des Fußes; der Spieß – …

d Bilde mit den folgenden Wörtern Wortgruppen.

außen – draußen – außerdem – bloß – schließlich – ein bisschen

die Fenster außen streichen, …

4 Wie kommt man vom ersten Wort zum letzten?
Tausche bei jedem Wort jeweils nur einen Buchstaben aus.

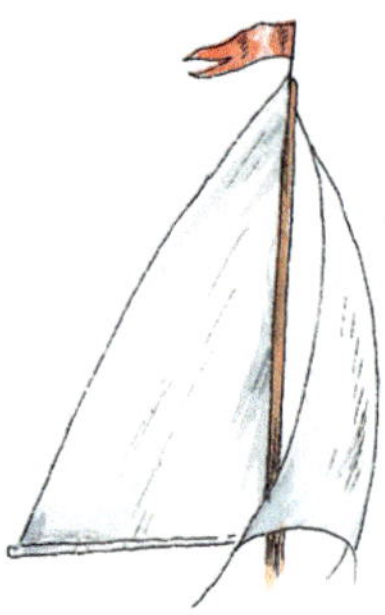

1 Mast – R■■■■ – R■■■■ – Rose

2 Messe – M■■■■ – G■■■■ – Gosse

3 Nüsse – K■■■■ – K■■■■ – Tasse

1. Mast – Rast – R … – Rose,
2. …

5 Schreibe den Text ab und setze in die Lücken *s, ss* oder *ß* ein.

Spa■ im Winter

Dicke hä■liche Handschuhe, kratzende Pullover, na■e Fü■e – da kann einem der Spa■ an der Winterkälte schnell vergehen. Doch inzwischen gibt es ein wintertaugliches Material für drau■en, sodass niemand mehr auf den Genu■ im Freien verzichten mu■. Der Erfinder hei■t Robert Gore. Das Material ist wa■erdicht und winddicht, lä■t aber Wasserdampf von innen gut durch. So kann der Schwei■ verdunsten. Besonders eignet sich der neue Stoff für Schuhe. Na■e Fü■e sind selbst im grö■ten Matsch kein Thema mehr. Wenn nur der hohe Prei■ nicht wäre! An der Ka■e mü■en die Eltern ganz schön schnaufen. Aber dafür ist man viele Sorgen lo■. Ohne Angst vor Nä■e und Kälte kann man den Winter genie■en, mit Schlittschuhen über das Ei■ sau■en, mit einem Schlitten den Berg hinabra■en, durch verschneite Stra■en laufen und au■erdem die warmen Schuhe im Klassenzimmer anla■en.

das oder *dass*?

→ **S.178** *das* oder *dass*?

Rechtschreibhilfe: Ersatzprobe

1

a Überlegt, zu welchen Wortarten *das* bzw. *dass* gehören können.

b Entscheide, wie geschrieben werden muss.

1 Ich hoffe, ___ Spiel gefällt dir.
2 Du bekommst ein Geschenk, ___ ich selbst gebastelt habe.
3 Ich hoffe, ___ du pünktlich bist.
4 ___ du kommst, freut mich.

→ **S.208** Redewendungen, Sprichwörter und feste Vergleiche

2 Vervollständige die Sprichwörter. Wende die Ersatzprobe an.

a Füge *das* oder *dass* ein und schreibe die Sätze in dein Heft.
Markiere *das* bzw. *dass* verschiedenfarbig.

1 Morgen, morgen, nur nicht heute, ___ sagen alle faulen Leute.
2 Was du heute kannst besorgen, ___ verschiebe nicht auf morgen.
3 Es währt nicht ewig, ___ zwei sich raufen.
4 Glück und Glas, wie leicht bricht ___.
5 Was der Mensch sät, ___ wird er auch ernten.
6 Was man nicht im Kopf hat, ___ hat man in den Beinen.
7 Was ich nicht weiß, ___ macht mich nicht heiß.

b Erkläre die Sprichwörter.

3 Vervollständige die Sätze und schreibe sie auf. Achte auf das Komma.

1 Tim hofft, ___.
2 Maria weiß, ___.
3 Ihr Vater meint, ___.
4 Der Polizist sieht, ___.
5 Er freut sich, ___.
6 Wir freuen uns, ___.
7 Ich wünsche meinen Eltern, ___.
8 Franz glaubt, ___.
9 Es ist kaum zu glauben, ___.
10 Nur mein Freund weiß, ___.

! ***Dass*** steht oft in Verbindung mit den Verben *hoffen, sehen, meinen, glauben, sich freuen, wissen, wünschen,* z. B.:
Tim hofft, dass zum Geburtstag viele Gäste kommen werden.

Gleich und ähnlich klingende Vokale

Rechtschreibhilfe: Verwandtschaftsprobe

1 Suche zu den Wörtern mit *ä* und *äu* ein verwandtes Wort mit *a* und *au*.

a Schreibe ab und setze *e* oder *ä* ein.

l■cheln – F■lsen – D■cke – erk■lten – H■lfte – K■mme – h■sslich – H■nde – Ern■hrung – verl■sslich – zuverl■ssig – l■nken – H■ndler – R■tsel – Zw■rge

lächeln – lachen, …

b Setze *eu* oder *äu* richtig ein und schreibe die Wortgruppen ab.

1 ins Schl■dern kommen **2** ein Geh■se aus Blech bauen
3 einen S■gling streicheln **4** viele Blumenstr■ße bekommen
5 frischen Str■selkuchen essen **6** ein ungewöhnliches Ger■sch hören
7 das Zimmer s■bern **8** h■fig von R■bern tr■men

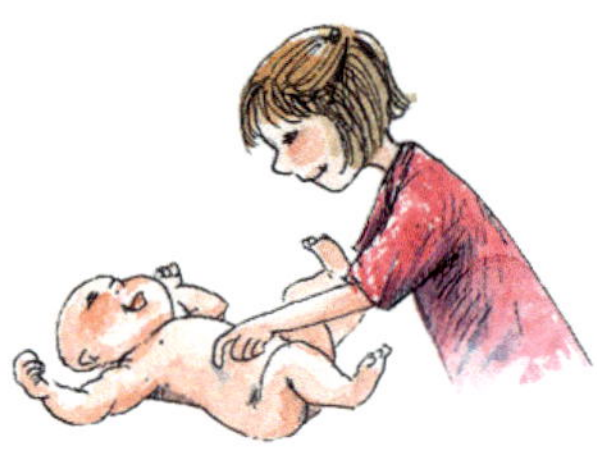

c Überlege, von welchem Wort die folgenden Beispiele jeweils abgeleitet sind. Suche möglichst viele Wörter dieser Wortfamilie und schreibe sie auf.

erkältet – Gefälle – gestärkt – nachlässig – Gebäude – Räuber – Verbeugung – verträumt – Streusel

erkältet – kalt: Kälte, Erkältung, Erkältungsgefahr, …

2 Vervollständige die folgende Regel und schreibe sie in dein Heft.

Mit *ä* und *äu* schreibt man immer dann, wenn es zu diesen Wörtern ein stammverwandtes Wort mit ■ oder ■ gibt, z. B.: *erkältet – k■■■■.*

! Diese Wörter musst du dir gut merken, weil es **keine verwandten Wörter** mit *a* oder *au* gibt: *Lärm, März, Geländer, spät, Käse, Säule, dämmern, sich sträuben, vorwärts.*

Rechtschreibhilfe: Wörter einprägen

3 Verwende die Wörter aus dem Merkkasten in Wortgruppen.

großer Lärm, ...

●●● **4** Folgende Wörter werden gleich gesprochen, aber unterschiedlich geschrieben. Präge dir ihre Bedeutung und Schreibung ein. Verwende die Wörter in Sätzen.

TIPP
Kontrolliere mit einem Wörterbuch.

Ähre – Ehre | Lärche – Lerche | Färse – Ferse – Verse

läuten – Leuten | Häute – heute

Die Ähre weht im Wind. Die Auszeichnung ist eine Ehre. ...

5 Auch *ai* und *ei* sind beim Sprechen nicht zu unterscheiden. Da es im Deutschen nur wenige Wörter mit *ai* gibt, präge sie dir ein.

a Erkläre die Bedeutung dieser häufig vorkommenden Wörter.

Hai – Kaiser – Laich – Laie – Mai – Main – Mais – Saite – Waise

b Verwende die Wörter in Sätzen. Markiere *ai* farbig.

Der Hai ist ein gefährlicher Raubfisch. ...

Worttrennung

1 Manchmal reicht am Zeilenende der Platz für ein Wort nicht mehr und es muss getrennt werden.

a Lies die getrennten Wörter von oben nach unten. Überlege, was sie bedeuten und warum du beim Lesen Probleme hast.

Achtung, Fehler!

Blumento- pferde	Ball- ade	Vers- tand	Kurs- aal	Tram- polin
Kran- ich	Pol- armee- reis	Wüst- eng- eier	Bluto- range	

b Lies die Regeln zur Trennung der Wörter am Zeilenende.

1. Mehrsilbige einfache Wörter werden nach Sprechsilben getrennt, z. B.: *Kin-der, Schu-le, Hal-le, Eu-ro-pa, Fei-er, Gärt-ner.*
2. Einzelne Vokale am Wortanfang oder am Wortende werden nicht abgetrennt, z. B.: *Abend, Treue.*
3. Die Buchstabenverbindungen *ch, ck, sch, ph, th* werden nicht getrennt, z. B.: *la-chen, Zu-cker, Wä-sche, Stro-phe, Goe-the.*
4. Zusammengesetzte Wörter und Wörter mit Präfixen (Vorsilben) trennt man zwischen den einzelnen Wortbausteinen, z. B.: *Fuß|ball – Fuß-ball, Fern|seh|turm – Fern-seh-turm, ver-lau-fen, be-su-chen.*

Rechtschreibhilfe: Regeln anwenden

c Schreibe die Wörter von Aufgabe a mit allen sinnvollen Trennmöglichkeiten auf.

d Schreibe hinter jedes Wort die Nummer(n) der angewendeten Trennungsregel(n).

Blu-men-topf-er-de (1, 4), …

e Trenne die folgenden Wörter richtig.

lauschen – Zither – Strophe – riechen – backen – löschen – Saphir – Apotheke – lachen – Wecker – stechen – Fische – Hecke – wackeln

2

a Zerlege die folgenden Wörter in sinnvolle Wortbausteine. Schreibe die Wörter untereinander in dein Heft.

Straßenbahnfahrer – Schokoladeneisverkäufer – Elefantenrennen – Computerspielerfinder

Straßen|bahn|fahrer

...

b Gib weitere Trennmöglichkeiten an.

Straßen|bahn|fahrer – Stra-ßen-bahn-fah-rer

...

TIPP
Vier Wörter kann man nicht trennen.

3 Übertrage die Tabelle in dein Heft. Ordne die folgenden Wörter in die richtige Spalte ein.

Hase – Igel – Krokodil – Treue – Fußball – gesund – Erkenntnis – Schulmeisterschaft – verlaufen – Flughafen – Geburtstag – Dampfer – putzen – Knospe – oder – Schülerin – Schiedsrichter – Computer – Hauseingang – Elefant – Betttuch – Donnerstag – Lieblingsbeschäftigung – Schreie

nicht trennbar	zweisilbig trennbar	mehrsilbig trennbar
...	Ha-se	...

Achtung, Fehler!

4 Hier gibt es Probleme mit der Silbentrennung. Nur ein einziges Wort ist richtig abgetrennt. Berichtige alle anderen und schreibe sie in dein Heft.

mach-en – beiß-en – Mus-eum – Train-ing – Heim-at – Fahr-rad – Famil-ie – ein bis-schen – interess-ieren – viell-eicht – Elt-ern – si-tzen – Fen-ster – knus-prig – Bren-nnessel – em-pfangen – allmähl-ich – Bagg-er – Temper-atur – Masch-ine – Stä-dte – Bäck-er – Schok-olade – Pudd-ing – einand-er – Verans-taltung – Magn-et

ma-chen, ...

Groß- und Kleinschreibung

→ S. 158 Nomen/Substantive

1 Was weißt du schon über die Großschreibung im Deutschen?

a Überlege, warum wir im Deutschen die Großschreibung haben. Überprüfe deine Aussagen mithilfe des folgenden Textes.

Die Großschreibung hilft uns beim Lesen. Nomen/Substantive sind wichtige Wörter und mit einem Großbuchstaben erkennt man sie besser. So ist es auch mit den Satzanfängen. Im Deutschen wird seit über 400 Jahren großgeschrieben. Es stimmt auch, dass wir deshalb Texte in Deutsch ein bisschen schneller lesen können, obwohl der Satzbau komplizierter ist als in den verwandten Sprachen Englisch und Französisch. Nach der Abschaffung der Nomengroßschreibung in Dänemark und Holland vor über 60 Jahren sind wir mit der Großschreibung nunmehr die Einzigen in der Welt.

b Ergänze die folgenden Regeln und schreibe sie in dein Heft.

1. Satzanfänge schreibt man ___.
2. Nomen/Substantive werden im Deutschen ___geschrieben.
3. Nomen erkennt man am Ar___.
4. Alle anderen Wortarten, z. B. V___, ___, ___, ___, ___, ___, werden ___geschrieben.

c Lies den folgenden Text und erzähle den Witz nach.

Achtung, Fehler!

in der zweiten klasse sollen die kinder haustiere aufschreiben. moritz schreibt in sein heft: hündchen, entchen, pferdchen, schweinchen, hühnchen, kätzchen. das sieht der lehrer: »moritz, lass doch das *-chen* weg. das sind doch schon große tiere.« moritz ist ein folgsamer schüler. jetzt schreibt er in sein heft: eichhörn, meerschwein und kanin.

Rechtschreibhilfe: Regeln anwenden

d Übertrage den Text in der richtigen Schreibung in dein Heft und unterstreiche alle Nomen/Substantive.

Nominalisierte/Substantivierte Verben

→ S.160 Nominalisierte/Substantivierte Verben und Adjektive

1 In dem folgenden Text sind einige Verben zu Nomen/Substantiven geworden.

a Schreibe die nominalisierten/substantivierten Verben heraus und ordne sie den Gruppen der jeweiligen Begleiter zu.

Auf das Sportfest hatte sich unsere Klasse lange gefreut. Schon beim Betreten des Stadions herrschte Spannung. Als Erstes ging es zum Laufen. Doch das Siegen wurde uns diesmal nicht leicht gemacht. Durch intensives Trainieren war die 6 b sehr stark geworden. Trotzdem gewannen unsere Mädchen das spannende Rennen. Ihr ausgelassenes Lachen war im ganzen Stadion zu hören. Das Springen und das Werfen entschieden nur unsere Jungen für sich. Für die Mädchen ist wohl für das nächste Jahr fleißiges Üben angesagt.

Artikel: das Siegen, …
Artikel + Adjektiv: …
Adjektiv: …
Pronomen + Adjektiv: …
Präposition + Artikel: beim (bei dem) Betreten, …
Präposition + Adjektiv: …

! Verben können zu Nomen/Substantiven werden. Sie werden dann **nominalisierte/substantivierte Verben** genannt und **großgeschrieben**. Man kann sie erkennen an:

- Artikeln (*der, die, das; ein, eine, …*), z. B.: *das Laufen,*
- Adjektiven (*schnell, gut, …*), z. B.: *schnelles Laufen,*
- Pronomen (*mein, dein, sein, …*), z. B.: *ihr Lachen,*
- Präpositionen (+ Artikel) (*auf, im/in dem, …*), z. B.: *zum Springen.*

b Verwende die Verben als Nomen. Nutze das folgende Muster.

laufen – spielen – singen – schreiben

Artikel:	*das Laufen*
Artikel + Adjektiv:	*das schnelle Laufen*
Präposition + Pronomen:	*durch sein Laufen*
Präposition + Pronomen + Adjektiv:	*durch sein schnelles Laufen*

c Bilde je einen Satz mit dem Verb und einen mit dem nominalisierten Verb und schreibe sie in dein Heft.

lesen – essen – schlafen – gewinnen – lachen – trinken

Ich lese gern spannende Bücher. Beim Lesen von spannenden Büchern vergesse ich die Zeit. …

Rechtschreibhilfe: Artikelprobe

d Schreibe die folgenden lustigen Sätze in richtiger Groß- und Kleinschreibung ab. Füge bei den Nomen Artikel hinzu und unterstreiche sie farbig.

1 WENN FLIEGEN HINTER FLIEGEN FLIEGEN, DANN FLIEGEN FLIEGEN FLIEGEN HINTERHER.
2 WENN ROBBEN HINTER ROBBEN ROBBEN, DANN ROBBEN ROBBEN ROBBEN HINTERHER.
3 WENN BÜRSTEN BÜRSTEN BÜRSTEN, DANN BÜRSTEN BÜRSTEN BÜRSTEN.
4 WENN WALZEN WALZEN, DANN WALZEN WALZEN.

Wenn die Fliegen hinter den Fliegen fliegen, dann …

Nominalisierte/Substantivierte Adjektive

→ S.160 Nominalisierte/Substantivierte Verben und Adjektive

1 Schreibe die nominalisierten/substantivierten Adjektive heraus und ordne sie den Gruppen der jeweiligen Begleiter zu.

Das Süße lockt

Die Deutschen sind Weltmeister im Essen von Schokolade.
Das Unglaubliche ist, dass jeder etwa 9 kg im Jahr futtert. Schokolade war früher etwas Besonderes. Sie wurde nur zu großen Festen genossen. Schon vor 3 000 Jahren galt Schokolade bei den Ureinwohnern Mittelamerikas als etwas Wertvolles. Man bezahlte sogar mit Kakaobohnen. Für 10 Bohnen gab es dann ein kleines Huhn.
In Europa konnten sich nur die Reichen Schokolade leisten.
Das Gute ist, dass sie heutzutage nicht mehr so viel kostet. Aber für die Armen in der Welt ist sie immer noch etwas Seltenes.

Artikel: das Süße, ...
Präposition + Artikel: ...
unbestimmtes Zahlwort: ...

! Auch Adjektive können zu Nomen/Substantiven werden. Sie werden dann **nominalisierte/substantivierte Adjektive** genannt und **großgeschrieben**. Man kann sie erkennen an:

- Artikeln (*der, die, das; ein, eine, ...*), z. B.: *das Gute,*
- Pronomen (*mein, dein, sein, ...*), z. B.: *unser Bestes,*
- unbestimmten Zahlwörtern (*alles, viel, ...*), z. B.: *etwas Frisches,*
- Präpositionen (+ Artikel) (*im/in dem, ...*), z. B.: *zum Wertvollsten.*

2 Bilde mithilfe der unbestimmten Zahlwörter nominalisierte/substantivierte Adjektive. Schreibe je einen Satz.

Zahlwörter: alles – etwas – manch – nichts – viel – wenig
Adjektive: lieb – bunt – gut – ärgerlich – teuer – lustig

Zum Geburtstag wünsche ich dir alles Liebe. ...

3 Entscheide, ob die Wörter in den Klammern groß- oder kleingeschrieben werden, und begründe deine Entscheidung.

1. Über die Dinosaurier gibt es viel ___ (interessantes) und manch ___ (geheimnisvolles) zu berichten.
2. Allein ihre Größe ist ___ (unglaublich). Sie wurden immerhin 40 Meter lang und bis zu 17 Metern hoch.
3. Aber warum waren sie so ___ (riesig)? Offensichtlich lag es an dem schnellen ___ (herunterschlingen) der Nahrung.
4. Da sie beim ___ (fressen) nicht gekaut haben, besaßen die meisten Riesendinos auch keine Zähne.
5. Ihnen reichte deshalb ein ___ (kleiner) Kopf und ein ___ (langer) Hals, was nicht nur für das ___ (trinken) praktisch war, sondern auch für das ___ (ergreifen) von Blättern an den Bäumen.
6. Sie konnten deshalb an Futter ___ (gelangen), an das andere Tiere nicht kamen.
7. Typisch für sie war auch das ___ (legen) von Eiern, sodass das schnelle ___ (wachsen) von vielen Nachkommen gesichert ist.
8. Über das geheimnisvolle ___ (verschwinden) der Riesentiere rätselt die Wissenschaft bis heute.

1. viel Interessantes (nominalisiertes Adjektiv), ...

! Als **nominale Wortgruppe** bezeichnet man ein Nomen/Substantiv mit seinen Begleitern. Das Wort, das in einer nominalen Wortgruppe ganz rechts steht, wird großgeschrieben. Du kannst also zusätzlich zur Artikelprobe eine **Erweiterungsprobe** mit Attributen machen, z. B.:

das Lesen	*der Neue*
das leise Lesen	*der blaue Neue*
das schnelle leise Lesen	*der große blaue Neue*
bei deinem schnellen leisen Lesen	*mit ihrem großen blauen Neuen*

Rechtschreibhilfe: Erweiterungsprobe

4 Führe nun innerhalb der Wortgruppe eine Erweiterungsprobe mit Attributen durch.

das Blau	das Laufen
das ___ Blau	das ___ Laufen
das ___ ___ Blau	das ___ ___ Laufen
mit dem ___ ___ ___ Blau	das ___ ___ ___ Laufen

Fremdwörter

→ S. 156 Fremdwörter

1 Erzähle zu dieser Karikatur eine Geschichte.
Warum ist wohl der Junge von dem Geschenk seiner Oma enttäuscht?

! **Fremdwörter** enthalten häufig typische Wortbauteile, wie die **Suffixe** (Nachsilben) *-ier(en), -ie, -ik, -iv, -(t)ion* und *-ität*, z. B.: *reparieren, Energie, Musik, positiv, Aktion, Aktivität.*

Rechtschreibhilfe: Regeln anwenden, Wörter einprägen

2 Suche jeweils das Verb mit dem Suffix *-ier(en)* und das Nomen/Substantiv mit dem Suffix *-(t)ion*. Schreibe sie zusammen mit der Erklärung in dein Heft und unterstreiche die Suffixe.

1 etwas besprechen: dis____ – Dis____
2 etwas bauen, entwickeln: kon____ – Kon____
3 Nomen/Substantive beugen: de____ – De____
4 jemanden beglückwünschen: gra____ – Gra____
5 eine Auskunft geben: inf____ – Inf____
6 auf etwas eingehen: reag____ – Reak____
7 etwas vorbereiten: org____ – Org____
8 etwas herstellen: pro____ – Pro____
9 Verben beugen: kon____ – Kon____

1. etwas besprechen: diskutieren – Diskussion, 2. …

3 Bilde aus den Nomen Verben mit dem Suffix *-ier(en)*, schreibe sie auf und unterstreiche das Suffix. Verwende die Verben in Sätzen.

Reserve – Interesse – Training – Musik – Experiment – Fantasie – Frisur

Reserve – reservieren
Meine Eltern haben vier Plätze reserviert. …

Rechtschreibhilfe: Bedeutungen verstehen

Achtung, Fehler!

4 Wähle das richtige Verb aus und ersetze die falsch gebrauchten Fremdwörter. Verwende die richtigen Wortgruppen in kurzen Sätzen.

kompensieren – kompostieren – abonnieren – elektrifizieren – absolvieren – konzentrieren – engagieren – konferieren

1 Gartenabfälle komponieren **2** sich während der Mathearbeit kondensieren **3** eine Zeitung annoncieren **4** eine Bahnstrecke elektrisieren

1. Man sollte Gartenabfälle kompo… 2. …

5 Diktiert euch gegenseitig die Fremdwörter mit dem Suffix *-(t)ion*. Bildet Verben aus den Nomen. Unterstreicht das Verbsuffix.

TIPP
Ein Nomen lässt sich nicht umformen.

Demonstration – Deklination – Diskussion – Konjugation – Konzentration – Organisation – Produktion – Qualifikation – Sensation

Demonstration – demonstrieren, Deklination – …

! Das **Suffix *-ie*** wird als langes *i* gesprochen. Es gibt eine ganze Reihe häufig verwendeter Wörter mit *ie*. Ihre Schreibung solltest du dir einprägen, z. B.: *Biografie, Biologie, Chemie, Fotografie.*

Rechtschreibhilfe: im Wörterbuch nachschlagen

→ **S. 34** Im Lexikon Informationen suchen

6 Schlage in einem Wörterbuch die Bedeutung der folgenden Wörter nach und schreibe sie in dein Heft.

Biologie – Choreografie – Demokratie – Geometrie – Kopie – Lotterie – Magie – Orthografie – Prärie – Regie – Sympathie

Biologie: Wissenschaft von den Lebewesen, …

7 Hier sind die Silben durcheinandergeraten.

TIPP
Achte auf die Groß- und Kleinschreibung.

a Schreibe das gesuchte Fremdwort richtig auf und markiere die Suffixe.

1 Unterrichtsfach, in dem experimentiert wird: sik – phy
2 lateinischer Name für den 2. Fall: ni – tiv – ge
3 Unterrichtsfach, in dem oft gesungen wird: sik – mu
4 Staatsform: blik – re – pu
5 anderes Wort für *tätig, wirksam:* tiv – ak
6 lateinischer Name für den 3. Fall: tiv – da
7 Unterrichtsfach, in dem viel gerechnet wird: the – tik – ma – ma
8 anderes Wort für *gut*: si – tiv – po
9 lateinischer Name für den 1. Fall: mi – tiv – na – no

b Suche weitere Fremdwörter mit den Suffixen *-ik* und *-iv*. Kläre ihre Bedeutung. Schreibe sie in dein Heft und markiere die Suffixe verschiedenfarbig.

8 Bilde aus den folgenden Adjektiven Nomen mit dem Suffix *-ität* und erläutere deren Bedeutung. Nutze dazu ein Wörterbuch.

aktiv – solidarisch – real – national – musikalisch – aggressiv – stabil – speziell – genial

aktiv – Aktivität: Drang nach …,

TIPP
Manchmal gibt es mehrere Lösungen.

9 Hier sind alle Suffixe verlorengegangen. Suche sie und schreibe das Wort in der richtigen Groß- und Kleinschreibung in dein Heft.

KRIT▬▬ – KONZENTRA▬▬ – FABR▬▬ – GRAMMAT▬▬ – NEGAT▬▬ – AGGRESS▬▬ – NAT▬▬ – GRAF▬▬ – KONSTRUK▬▬ – SUBSTANT▬▬ – STAT▬▬

Kritik, …

Teste dich selbst!

1 Langer oder kurzer Stammvokal, doppelter oder einfacher Konsonant? Schreibe den Text richtig in dein Heft.

Siebenschläfer

Am 27. Juni achten vi■le auf Erscheinungen am Him■el. Wird es Ni■derschlag geben, braucht man viel■eicht sogar einen Scha■l oder bleibt es kla■r? Denn nach alter Bauernregel entscheidet sich an diesem Tag das Som■erwet■er. Der kleine Siebenschläfer aber, der einem Eichhörnchen se■r ä■nlich ist und Rinden von den Bäumen schä■lt, hat damit ga■r nichts zu tun. Der Na■me leitet sich von einer Sa■ge ab. Sieben schlafende Brüder sol■en im alten Rom, eingemauert in einer schma■len Hö■le, fas■t 200 Ja■re geschlafen haben. Aber das ist nicht die einzige Verwir■ung um diesen Tag. Of■ensichtlich ist auch ein Rechenfe■ler im Zusam■enhang mit einer Reform des Kalenders für diesen Tag verantwortlich. Eigentlich hä■te man zehn Tage dazuzä■len müssen. Aber das wurde of■ensichtlich verges■en.

2 Schreibe den Text ab und vervollständige die Wörter mit den fehlenden Buchstaben. Markiere *s, ss, ß* farbig.

Das kostbare Nass

An vielen Stellen unserer Erde gibt es Wa■er in gro■en Ma■en. Dennoch ist Wa■er sehr kostbar, auch wenn wir rie■ige Mengen davon besitzen. Der grö■te Teil des Wa■ers ist nämlich Salzwa■er. Da■ ist für Menschen, Tiere und die mei■ten Pflanzen ungenie■bar. Blo■ das Sü■wasser können wir trinken. Da■ mei■te Sü■wa■er kommt als Ei■ und Schnee an den Polen vor. Es befindet sich auch in den Flü■en und Seen oder im Grundwa■er. Jeder von uns benötigt täglich fa■t 100 Liter Wa■er.

3 Schreibe dieses kleine Gedicht von Gotthold Ephraim Lessing ab und füge *s, ss* oder *ß* in die Lücken ein.

»Da■ ist doch sonderbar bestellt«,
sprach Hänschen Schlau zu Vetter Fritzen,
»da■ nur die Reichen in der Welt
da■ mei■te Geld besitzen.«

4 Schreibe den Text in richtiger Groß- und Kleinschreibung ab. Unterstreiche die nominalisierten/substantivierten Verben und Adjektive.

Achtung, Fehler!

über das wohnen in japan

in den häusern ist das tragen von schuhen nicht erwünscht. meist ist mindestens ein raum mit strohmatten ausgestattet. die schuhe werden beim betreten der wohnung ausgezogen. dadurch wird das beschmutzen des fußbodens vermieden. das aufbewahren der schuhe erfolgt im eingangsbereich. das benutzen von hausschuhen ist erwünscht. seit ungefähr 600 jahren ist in japan das verwenden von strohmatten für den fußboden üblich. im winter verbreiten sie eine angenehme wärme und im sommer eine erfrischende kühle.

5 Verwende die folgenden Wortpaare jeweils in einem kurzen Satz.

1 die alten Sagen – die Alten sagen
2 der gefangene Floh – der Gefangene floh
3 kaltes Essen – Kaltes essen

6 Suche die passenden Fremdwörter auf *-ik* und *-iv* und schreibe sie mit ihrer Bedeutung in dein Heft.

1 Lehre vom Licht: Op▬▬
2 sucht der Kommissar: Mo▬▬
3 Betrieb, Werk: Fa▬▬
4 geschichtliche Aufzeichnung: Chro▬▬
5 Unterrichtsfach: Ma▬▬
6 Gestell für Fotoapparate: Sta▬▬
7 Tadel: Kri▬▬

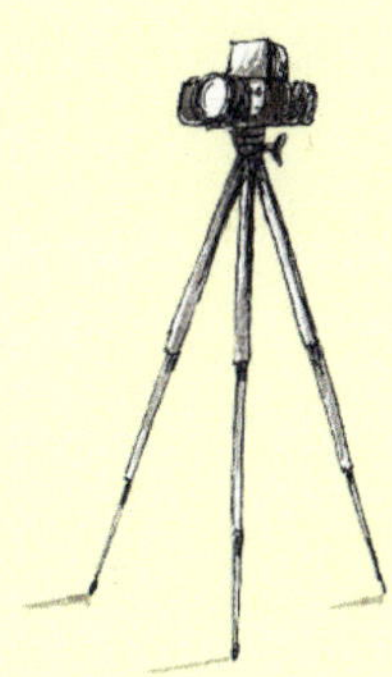

Merkwissen

Ableitung → S. 202, 203	Bei der Ableitung werden aus vorhandenen Wörtern neue Wörter gebildet. Ableitungen entstehen durch: ▪ das Anfügen von **Präfixen** (Vorsilben) und **Suffixen** (Nachsilben) an einen Wortstamm, z. B.: *beachten, achtsam, Achtung, Verachtung*. ▪ **Änderung des Stammvokals**, z. B.: *fliegen – Flug, wählen – Wahl*.
Adjektiv → S. 172	Adjektive sind eine **Wortart**. Sie bezeichnen **Eigenschaften** und **Merkmale**. Adjektive werden **dekliniert** (gebeugt), d. h., sie verändern ihre Form in Fall (Kasus), Zahl (Numerus) und Geschlecht (Genus), z. B.: *ein schönes Buch, mit schönen Bildern*. Die meisten Adjektive lassen sich **komparieren** (steigern): ▪ Positiv (Grundstufe), z. B.: *klein*, ▪ Komparativ (Mehrstufe), z. B.: *kleiner*, ▪ Superlativ (Meiststufe), z. B.: *am kleinsten*.
Adverb → S. 174	Adverbien sind eine **Wortart**. Sie geben an, **wann**, **wo**, **wie** und **warum** etwas geschieht. Man unterscheidet: ▪ Adverbien **der Zeit** (Fragen: *Wann? Wie oft?*), z. B.: *morgens, heute*, ▪ Adverbien **des Ortes** (Fragen: *Wo? Wohin?*), z. B.: *oben, dort*, ▪ Adverbien **der Art und Weise** (Frage: *Wie?*), z. B.: *seltsamerweise*, ▪ Adverbien **des Grundes** (Frage: *Warum?*), z. B.: *darum, deswegen*. Adverbien sind in der Regel **unveränderbar**. Oft ersetzen sie Wortgruppen oder Sätze, z. B.: *Auf dem Weg nach unten gingen wir vorsichtig. Abwärts gingen wir vorsichtig*.
Adverbialbestimmung → S. 188, 189, 190	Adverbialbestimmungen sind **Satzglieder**, die Prädikate näher bestimmen. Man unterscheidet u. a.: ▪ **Temporalbestimmung** (Adverbialbestimmung der Zeit, Fragen: *Wann? Wie lange? Bis wann? Seit wann?*), z. B.: *Morgen wird von morgens bis mittags gelernt, ab 12 Uhr gibt es Mittagessen*. ▪ **Lokalbestimmung** (Adverbialbestimmung des Ortes, Fragen: *Wo? Woher? Wohin?*), z. B.: *Wir kommen aus Rostock, verbringen die Ferien in Binz und gehen jeden Tag zum Strand*. ▪ **Modalbestimmung** (Adverbialbestimmung der Art und Weise, Fragen: *Wie? Auf welche Art und Weise?*), z. B.: *Sie arbeiten schnell. Mit viel Vergnügen plantschten sie im Wasser*. ▪ **Kausalbestimmung** (Adverbialbestimmung des Grundes, Fragen: *Warum? Weshalb? Weswegen? Aus welchem Grund?*), z. B.: *Wegen des Wetters bleiben wir hier. Wir kamen zu spät, weil wir verschlafen hatten*.

aktiv zuhören	Aktives Zuhören heißt, aufmerksam und genau zuzuhören, um Gesprächspartner zu verstehen und sich an einem Gespräch beteiligen zu können. Dazu sollte man: ▪ den Gesprächspartner ansehen und Rückmeldungen geben (z. B. mit dem Kopf nicken), ▪ das Gesagte ggf. wiederholen, eventuell nachfragen.
Anredepronomen → S. 51	Die **persönlichen Anredepronomen** *du/dein, ihr/euer* können in Briefen und E-Mails **klein- oder großgeschrieben** werden. Die **höflichen Anredepronomen** *Sie* und *Ihr* und alle ihre Formen muss man **immer großschreiben**.
Artikel → S. 158, 178	Artikel sind eine **Wortart**. Nomen/Substantive können Artikel als **Begleiter** bei sich haben. Sie verdeutlichen Fall (Kasus), Zahl (Numerus) und Geschlecht (Genus) des Nomens und lassen sich deklinieren, z. B.: *das Haus, dem Haus, des Hauses; eine Straße, (in) einer Straße.* **Unbestimmte Artikel** (*ein, eine, einer*) verwendet man meist, um etwas neu ins Gespräch oder in den Text einzuführen. **Bestimmte Artikel** (*der, die, das*) verwendet man in der Regel, wenn etwas schon bekannt oder im Text bereits eingeführt worden ist, z. B.: *Sie hat ein neues Fahrrad. Das alte Rad war zu klein.*
Artikelprobe	Mithilfe der Artikelprobe kann man feststellen, ob ein Wort ein Nomen/Substantiv ist oder nicht, ob es groß- oder kleingeschrieben werden muss: Steht bei dem Wort ein Artikel oder lässt sich das Wort mit einem Artikel verwenden? Wenn ja, dann ist das Wort ein Nomen und wird großgeschrieben.
Attribut → S. 191	Ein Attribut (Beifügung) ist ein **Satzgliedteil**, das Nomen/Substantive näher bestimmt (Fragen: *Welche(-r, -s)? Was für ein(e)?*). Attribute können nicht allein umgestellt werden. Sie bleiben immer bei dem Nomen, zu dem sie gehören, und sind ein Teil dieses Satzgliedes, z. B.: *Wir sahen | im Zimmer seines Bruders | einen lustigen Film.*
Aufzählung → S. 193	Manche Sätze enthalten Aufzählungen in Form von Wörtern oder Wortgruppen. Zwischen den einzelnen Gliedern einer Aufzählung **muss** ein **Komma** gesetzt werden, wenn diese nicht durch eine **aufzählende Konjunktion** (*und, oder, sowie, sowohl ... als auch ...*) verbunden sind, z. B.: *Wir sahen dichte Wälder, grüne Wiesen und hohe Berge.* Steht jedoch zwischen den Gliedern einer Aufzählung eine **entgegenstellende Konjunktion** (*aber, doch, jedoch, nicht nur ..., sondern (auch) ...*), **muss** auch vor der Konjunktion ein **Komma** gesetzt werden, z. B.: *Sie kamen, aber blieben nicht. Wir sahen nicht nur Igel, sondern auch Rehe.*

Autor, Autorin	(lat. *auctor* – Urheber, Verfasser) Der Autor ist der Verfasser von literarischen (erzählenden, lyrischen, dramatischen) Texten, aber auch von Drehbüchern, Fernsehspielen oder Sachtexten (Fachbuch-, Lehrbuch-, Sachbuchautor).
Berichten → S. 42, 43, 45, 46, 47	Beim Berichten informiert man Leser oder Hörer möglichst **knapp, sachlich** und **in der richtigen Reihenfolge** über einen Sachverhalt oder ein Ereignis. Ein Bericht beantwortet meist die wichtigsten *W*-Fragen: *Was? Wann? Wo? Warum? Wer? Welche Folgen ergaben/ergeben sich?* Die Auswahl der Informationen und die Gestaltung des Berichts hängen vom Zweck und vom Empfänger des Berichts ab. **Schriftliche Berichte** über vergangene Ereignisse werden meist im Präteritum verfasst. In **mündlichen Berichten** kann man das Präteritum oder das Perfekt verwenden. Berichte, in denen es unwichtig ist, wer handelt, werden in **unpersönlicher Ausdrucksweise** verfasst.
Beschreiben → S. 40, 106, 108, 109, 110	Beim Beschreiben informiert man Leser oder Hörer über Gegenstände, Lebewesen, Erscheinungen, Vorgänge, Handlungen und Ähnliches so, dass man sie wiedererkennen, nachvollziehen oder sich gut vorstellen kann. Welche Merkmale für die Beschreibung besonders wichtig sind, hängt davon ab, was man für wen und aus welchem Anlass beschreibt. ▪ Beschreiben von **Gegenständen**: **allgemeine Merkmale** (z. B. Größe, Form, Farbe, Material) und **besondere Merkmale** (z. B. Besonderheiten der Größe, Form, Farbe, des Materials, Auffälligkeiten) ▪ Beschreiben von **Personen**: **Gesamterscheinung** (Geschlecht, Alter, Größe, Figur), **Einzelheiten** (z. B. Gesichtsform, Augen, Nase, Mund) und **besondere Merkmale** (z. B. Narben, Leberflecke) ▪ Beschreiben von **Tieren**: **Aussehen**, **Verhalten**, **Lebensweise**, **Lebensraum**, **Ernährung** und **besondere Fähigkeiten** ▪ Beschreiben von **Pflanzen**: **Bestandteile** (z. B. Wurzeln, Stamm, Äste, Nadeln, Blätter, Blüten, Früchte), **Vorkommen** (z. B. im Juli, in Nadelwäldern) und **Besonderheiten** (z. B. Essbarkeit, unter Naturschutz) ▪ Beschreiben von **Vorgängen/Handlungsanleitungen**: **Materialien** (Materialliste), **Teilhandlungen** (Arbeitsschritte) in der richtigen Reihenfolge
Brainstorming	(engl. *brain* – Gehirn, engl. *storm* – Sturm) Brainstorming ist eine **Methode zur Ideenfindung**. Ausgehend von einem Bild, einem Begriff, einer Fragestellung oder einem Problem werden möglichst schnell, ohne nachzudenken, damit verbundene Gedanken, Gefühle oder Erlebnisse geäußert und notiert.

Buch → S. 35, 114, 116	Bücher sind wichtige **Medien** (**Printmedien**), die zur Information, Wissensgewinnung, Unterhaltung, Entspannung dienen. Vom Manuskript bis zum Erscheinen eines Buches vergeht meist ein langer Zeitraum, in dem viele Menschen mit verschiedenen Berufen beteiligt sind (z. B. Autoren, Illustratoren, Lektoren, Layouter, Drucker, Buchbinder).
Buchvorstellung → S. 119, 123, 124	Eine Buchvorstellung ist eine besondere Form der Präsentation, in der man Zuhörer mit einem Buch bekanntmacht, um sie dafür zu interessieren und sie zum Lesen anzuregen. Zur **Vorbereitung** werden Informationen und Anschauungsmaterial gesammelt, geordnet und übersichtlich notiert, z. B. auf Karteikarten. Eine Buchvorstellung kann so aufgebaut sein: ▪ Autorin/Autor und Titel des Buches, ▪ handelnde Personen, ▪ kurze Zusammenfassung der Handlung, ▪ Vortrag einer besonders witzigen oder spannenden Stelle, ▪ Zusammenfassung, warum einem das Buch besonders gefallen hat. Beim **Halten des Vortrags** sollte man auf freies, langsames und deutliches Sprechen achten und Blickkontakt zu den Zuhörern halten.
Cluster, Clustering → S. 67	(engl. *cluster* – Haufen, Schwarm) Ein Cluster ist eine Sammlung von Begriffen, die mit einem Thema in Zusammenhang stehen. Das Clustering ist eine **Methode zum Sammeln von Ideen**. Dazu schreibt man einen zentralen Begriff des Themas in die Mitte und ordnet ringsherum weitere Begriffe an. Dann verdeutlicht man die Beziehungen zwischen den Begriffen durch Verbindungslinien, sodass ein Netz (**Ideennetz**) entsteht.
Deklination → S. 160, 162, 172	Die Deklination ist die **Beugung** (Formveränderung) von Nomen/Substantiven, Artikeln, Adjektiven und Pronomen. Diese Wortarten ändern sich nach ihrem grammatischen **Geschlecht** (Genus), ihrer **Zahl** (Numerus) und ihrem **Fall** (Kasus), z. B.: Nominativ: *das neue Haus, die neuen Häuser* Genitiv: *des neuen Hauses, der neuen Häuser* Dativ: *dem neuen Haus, den neuen Häusern* Akkusativ: *das neue Haus, die neuen Häuser*
Dialog	(griech. *dialogos* – Wechselrede, Zwiegespräch) Ein Dialog ist eine Unterredung zwischen zwei oder mehreren Personen, im Unterschied zum Monolog (Selbstgespräch). Theaterstücke bestehen fast ausschließlich aus Dialogen, diese kommen aber auch in allen anderen Textsorten vor.

direkte (wörtliche) Rede → S. 200	Die direkte (wörtliche) Rede dient der wörtlichen Wiedergabe von Gesagtem oder Gedachtem. Sie wird am Anfang und Ende durch **Anführungszeichen** gekennzeichnet. Oft steht vor, zwischen oder nach der direkten Rede ein **Begleitsatz**, der durch Doppelpunkt oder Komma(s) abgegrenzt wird, z. B.: *Nils flüstert mir zu: »Bestimmt ist alles bald wieder in Ordnung.« »Das hoffe ich«, ruft Randi, »schließlich müssen wir heim!« »Dann lasst uns doch einfach gehen«, denke ich.*
Diskutieren, Diskussion → S. 13, 14, 15	Durch Diskutieren lassen sich strittige Fragen und Probleme klären. Zur **Vorbereitung** einer Diskussion muss man überlegen: ▪ Welches Problem soll gelöst werden? ▪ Welche einzelnen Fragen sind dazu zu klären? ▪ Welche Meinung habe ich dazu? ▪ Wie kann ich diese Meinung sachlich begründen? Im **Verlauf** einer Diskussion muss man sich mit den Meinungen anderer auseinandersetzen. Dazu sollte man auf sie eingehen, d. h.: ▪ **zustimmen** (z. B.: *Ja, das stimmt. Dieser Meinung bin ich auch.*), ▪ **ablehnen** (z. B.: *Meinst du das wirklich? Das ist keine gute Idee!*) ▪ oder einen **Kompromiss** vorschlagen (alle weichen von ihrer Meinung etwas ab und einigen sich, z. B.: *Ich schlage vor, wir verbinden beides und fahren mit Fahrrädern an den See. Ich bin einverstanden, wenn ...*).
Erbwort → S. 152, 153	Als Erbwörter bezeichnet man die ältesten Wörter unserer Sprache. Sie entstanden vor ca. 5000 Jahren und geben uns heute noch Auskunft über die Lebensweise der germanischen Stämme, z. B.: *Rind, Beil, weben.*
Ersatzprobe → S. 178	Die Ersatzprobe ist ein Verfahren, das sich u. a. zur Unterscheidung von *das* und *dass* nutzen lässt: ▪ Kann man *da▪* durch *dieses* ersetzen, handelt es sich um den **Artikel** *das.* ▪ Kann *da▪* durch *welches* ersetzt werden, ist es das **Relativpronomen** *das.* ▪ Ergibt der Satz bei diesen Proben keinen Sinn, so handelt es sich um die **Konjunktion** *dass.*
Erweiterungsprobe → S. 238	Mithilfe der Erweiterungsprobe kann man (zusätzlich zur **Artikelprobe**) feststellen, welches Wort ein Nomen/Substantiv ist. Dazu erweitert man eine **nominale Wortgruppe** (Nomen + Begleiter) durch Attribute, z. B.: *das Laufen, das schnelle Laufen, das anstrengende schnelle Laufen.* Das Nomen steht ganz rechts und wird großgeschrieben.

Erzählen → S. 63, 64, 65, 66, 69, 70	Beim Erzählen stellt man Erlebnisse, Ereignisse oder Erfundenes (Fantasiegeschichten) möglichst anschaulich und unterhaltsam dar, sodass Leser oder Hörer das Geschehen sowie die Gedanken und Gefühle des Erzählers und/oder der handelnden Personen gut nachempfinden können. Dazu lassen sich verschiedene **Gestaltungsmittel** nutzen: ▪ die Personen lebendig beschreiben, ▪ Gedanken und Gefühle der Personen verdeutlichen, ▪ direkte (wörtliche) Rede einbauen, ▪ anschauliche Vergleiche, treffende Verben und Adjektive verwenden. Um **Ideen** für eine Geschichte zu **sammeln**, kann man z. B.: ▪ einen **Erzählplan** erarbeiten, ▪ einen **Erzählkern** nutzen und ausgestalten, ▪ ein **Brainstorming** durchführen, ▪ eine Reizwortkette oder ▪ Bilder als Anregung nutzen. Geschichten kann man **aus verschiedenen Perspektiven erzählen**, d. h. aus der Sicht verschiedener Personen. Ein **Ich-Erzähler** ist am Geschehen selbst beteiligt und erzählt aus seiner Sicht, gibt seine Gedanken und Gefühle wieder, z. B.: *Heute ging ich besonders früh zu Bett, denn ich wollte ...* Eine **Sie-Erzählerin** / Ein **Er-Erzähler** ist nicht selbst beteiligt, sondern beobachtet von außen, z. B.: *Heute ging Fanny besonders früh zu Bett, denn sie wollte ...*
Erzählkern → S. 65, 66	Ein Erzählkern gibt Ort, Zeit und Personen sowie wichtige Handlungsschritte vor. Dem Erzählkern werden alle wichtigen Informationen entnommen. Dann denkt man sich eine passende Geschichte dazu aus und fügt z. B. weitere Personen und Handlungsschritte hinzu.
Erzählplan → S. 70	Mit einem Erzählplan kann man eine **Erzählung vorbereiten**. Dazu stellt man sich folgende Fragen: ▪ **Worüber** soll erzählt werden? ▪ Welche **Handlungsschritte** sind wichtig? ▪ An welchen **Orten** und zu welcher **Zeit** geschieht etwas? ▪ Welche **Personen** spielen eine Rolle? ▪ Welche **Dialoge** sollen eingebaut werden? ▪ Welche **Einleitung** macht den Leser neugierig? ▪ Welcher **Schluss** rundet die Geschichte ab?
fehlerhaft geschriebene Wörter üben → S. 216	So kannst du fehlerhaft geschriebene Wörter üben: ▪ Wort richtig aufschreiben, Fehlerstellen markieren, z. B.: *Familie*, ▪ Wort in Silben sprechen (Robotersprache), z. B.: *Fa-mi-li-e*, ▪ verwandte Wörter suchen, z. B.: *Familientreffen, familiär*,

	▪ Wortgruppen bilden, z. B.: *die Familie einladen,* ▪ Merkhilfen (z. B. Eselsbrücken) suchen. Man kann auch mit einer **Fehlerkartei** arbeiten.
Fehlerkartei → S. 216	Mithilfe einer Fehlerkartei kann man **fehlerhaft geschriebene Wörter üben**. Dazu geht man so vor: ▪ Fehlerwort in die Mitte einer Karteikarte schreiben, ▪ Fehlerstelle farbig kennzeichnen, ▪ verwandte Wörter auf die Karte schreiben, Fehlerstelle markieren, ▪ Wörter einprägen und aus dem Gedächtnis aufschreiben. Wenn ein Übungswort mehrmals fehlerfrei aufgeschrieben wurde, kann die Karte aus der Kartei entfernt werden.
fester Vergleich → S. 208	Feste Vergleiche sind Wortgruppen mit dem Vergleichswort *wie*, z. B.: *arm wie eine Kirchenmaus.*
Fremdwort → S. 156, 239, 240	Als Fremdwörter bezeichnet man Wörter, die aus anderen Sprachen übernommen werden, sich aber in Aussprache, Schreibung und Betonung **nicht oder nur zum Teil dem Deutschen angepasst** haben, z. B.: *Sweatshirt, Ragout.* Für die richtige Schreibung von Fremdwörtern ist wichtig, dass sie oft typische Wortbausteine (Suffixe) enthalten, die man sich einprägen sollte, z. B.: *reparieren, Energie, Musik, positiv, Aktion, Aktivität.*
Gedicht → S. 82, 84, 86	In einem Gedicht werden Gedanken und Gefühle oft mithilfe sprachlicher Bilder und Vergleiche ausgedrückt. Gedichte kann man in **Strophen** unterteilen, die aus **Versen** (Gedichtzeilen) bestehen. Gedichte haben einen bestimmten **Rhythmus** und können sich nach einem bestimmten Schema **reimen**.
Genus → S. 158	Mit Genus bezeichnet man das grammatische **Geschlecht** eines Nomens/Substantivs oder Adjektivs: **männlich**, **weiblich** oder **sächlich**. Das grammatische Geschlecht erkennt man am **Artikel** (*der/einer, die/eine, das/ein*), z. B.: *der Regen, eine warme Jacke, das kalte Wetter.*
Gesprächsregeln beachten	In Gesprächen sollte man einige Regeln beachten: ▪ sachlich und freundlich bleiben, andere zu Wort kommen lassen, ▪ aktiv zuhören und auf andere eingehen, ▪ Meinungen begründen, ggf. einen Kompromiss suchen.
Gestik	Die Gestik bezeichnet Körperbewegungen, um Aussagen zu unterstützen oder um sich ohne Worte zu verständigen.
Grafiken auswerten → S. 27, 29	s. Sachtexte erschließen

Gruppenarbeit	Bei Gruppenarbeit sollte man einige **Regeln** beachten: ▪ Gruppen von 4–6 Schülerinnen/Schülern bilden, ▪ geeignete Arbeitsplätze einrichten, ▪ Aufgaben planen und verteilen, Gruppensprecher/-leiter festlegen, ▪ Zeit einteilen, Zeitplanung beachten, ▪ alle einbeziehen und sich aktiv beteiligen, ▪ Arbeitsergebnisse festhalten.
Hauptsatz → S. 195, 198, 199	Ein Hauptsatz ist ein **Teilsatz eines zusammengesetzten Satzes**. Hauptsätze erkennt man daran, dass die finite (gebeugte) Verbform an zweiter Stelle steht, z. B.: *<u>Tim und Tom lächelten glücklich</u>, als sie uns sahen.*
Hörspiel → S. 137, 145, 148	Ein Hörspiel ist ein für den Hörfunk produziertes oder bearbeitetes Stück, das allein mit akustischen Mitteln (Stimme, Musik, Geräusche) arbeitet.
Informationen suchen → S. 33, 34, 35, 36, 37, 38	Um nach bestimmten Informationen zu suchen, kann man: ▪ in der **Bibliothek** nach Büchern und anderen Medien suchen. Dazu nutzt man den **alphabetischen**, den **systematischen** oder einen **Onlinekatalog im Internet**. ▪ in **Zeitschriften** nach Beiträgen suchen. Mithilfe des **Titelbildes** und des **Inhaltsverzeichnisses** verschafft man sich einen Überblick über den Inhalt. ▪ in einem **Lexikon** (einem **alphabetisch geordneten Nachschlagewerk**) nachschlagen. Auch Wörterbücher gehören zu Lexika. ▪ in **Sachbüchern** nachlesen. **Inhaltsverzeichnis**, **Klappentext** und **Register** helfen, sich einen Überblick über den Inhalt zu verschaffen. ▪ im **Internet** suchen. **Suchmaschinen**, in die geeignete **Suchwörter** eingegeben sind, erleichtern die Suche. Viele von ihnen enthalten **Web-Kataloge** (nach Themen geordnete Sammlungen von Internetadressen). Entnimmt man Büchern oder Internetseiten Informationen und Textstellen, muss man die **Quellenangabe** notieren.
Kasus → S. 158	Der Kasus ist der **Fall** eines deklinierbaren Wortes (Nomen/Substantiv, Artikel, Adjektiv, Pronomen). Es gibt vier Fälle: ▪ **Nominativ** (Fragen: *Wer? Was?*), z. B.: *<u>Die Lehrerin</u> liest vor. Langsam fließt <u>das Wasser</u> ab.* ▪ **Genitiv** (Frage: *Wessen?*), z. B.: *Er fragt den Bruder <u>seines Freundes</u>.* ▪ **Dativ** (Frage: *Wem?*), z. B.: *Er hilft <u>seiner Mutter</u>. Wir helfen <u>ihm</u>.* ▪ **Akkusativ** (Fragen: *Wen? Was?*), z. B.: *<u>Ihren kleinen Hund</u> finden alle lustig. Wir spielen <u>ein neues Spiel</u>.*

Konjugation → S. 164	Die Konjugation ist die **Beugung** (Formveränderung) von Verben. Verben verändern sich nach ihrer **Person**, **Zahl** (Numerus), **Zeit** (Tempus) und Handlungsform (**Aktiv**, **Passiv**), z. B.: *(ich) schreibe, (du) schreibst; (wir) schrieben; (es) wurde geschrieben.*
Konjunktion → S. 176, 178, 193	Konjunktionen (Bindewörter) verbinden Wörter, Wortgruppen und Teilsätze miteinander. Es gibt verschiedene Arten, z. B.: ▪ **aufzählende Konjunktionen** treten bei Aufzählungen auf, z. B.: *und, sowie, sowohl ... als auch ..., oder, weder ... noch ...,* ▪ **entgegenstellende Konjunktionen** drücken einen Gegensatz aus, z. B.: *aber, doch, nicht nur ..., sondern auch ...*
Lehnwort → S. 154	Als Lehnwörter bezeichnet man Wörter, die aus anderen Sprachen »entliehen« wurden. Sie haben sich im Laufe der Zeit in Aussprache, Schreibung und Beugung **der deutschen Sprache angepasst**, z. B.: *Fenster* (von lateinisch *fenestra*).
Literatur	(lat. *litterātūra* – Buchstabenschrift, Schrifttum) Als Literatur können alle aufgezeichneten und veröffentlichten Texte bezeichnet werden. Meist sind mit Literatur die von Schriftstellern erfundenen, inhaltlich und sprachlich besonders gestalteten Texte gemeint, wie z. B. Erzählungen und Gedichte.
Medien → S. 116	Medien sind Mittel zur **Verständigung der Menschen** untereinander, wie z. B. Buch, Zeitung, Zeitschrift, Hörfunk, Film und Fernsehen, Computer. Man unterscheidet Medien zum Lesen (**Printmedien**) und Medien zum Hören und Sehen (**audiovisuelle Medien**).
mehrdeutiges Wort → S. 204	Mehrdeutige Wörter sind Wörter, die mehrere Bedeutungen haben, z. B.: *Hahn* (Tier, Wasserhahn), *Flügel* (Teil eines Vogels oder Flugzeugs, Musikinstrument). Welche der Bedeutungen gemeint ist, wird erst aus dem Textzusammenhang klar.
Mimik	Die Mimik (auch Miene oder Mienenspiel) bezeichnet den Gesichtsausdruck. Sowohl im Alltag als auch auf der Bühne oder im Film kann man an der Mimik die Gefühle eines Menschen ablesen.
Mitschreiben → S. 17	Das Mitschreiben dient dem schriftlichen Festhalten von Gehörtem. Dabei kommt es darauf an, dass man: ▪ genau und konzentriert zuhört, ▪ Wesentliches von Unwesentlichem unterscheidet, ▪ Aussagen schnell und genau zusammenfasst. Um schnell mitschreiben zu können, sollte man **Stichpunkte** formulieren und **Abkürzungen** benutzen, z. B.: *u., ca., usw.*

Mitteilungen verfassen → S. 50	Es gibt verschiedene Anlässe und Möglichkeiten, Mitteilungen zu verfassen, z. B. als **SMS**. Bei jeder Mitteilung ist zu beachten, an wen sie gerichtet ist und aus welchem Anlass man schreibt. Danach richtet sich, wie man die Person anredet, ob man ausführlich und anschaulich oder kurz und sachlich schreibt und wie man sich ausdrückt.
Monolog	(griech. *monologos* – allein sprechend) Der Monolog ist ein Selbstgespräch einer Person, im Gegensatz zum Zwiegespräch (Dialog). Im Drama, aber auch in erzählender Literatur, kann eine handelnde Person in einem Monolog ihre Gedanken äußern.
Nacherzählen → S. 63	Beim Nacherzählen gibt man gelesene oder gehörte Geschichten **mit eigenen Worten** wieder. Dazu muss man zuerst genau lesen bzw. gut zuhören. Zur Vorbereitung teilt man die Geschichten in Abschnitte ein und notiert Stichpunkte zum Inhalt. Besonders achten muss man auf die zeitliche Abfolge der Handlung, auf den Ort und auf die Gedanken und Gefühle der handelnden Personen.
Nebensatz → S. 195, 196, 199	Ein Nebensatz ist ein **Teilsatz eines zusammengesetzten Satzes**. Der Nebensatz ist allein meist nicht verständlich. Er wird durch **Komma** vom **Hauptsatz** getrennt, z. B.: *Wir packten gleich aus, als wir angekommen waren. Nachdem wir ausgepackt hatten, liefen wir zum See.* Die meisten Nebensätze erkennt man an folgenden **Merkmalen**: ▪ die **finite** (gebeugte) **Verbform** steht an letzter Stelle, ▪ am Anfang steht ein Einleitewort, z. B. eine **Konjunktion** (*weil, nachdem, aber, obwohl*) oder ein **Relativpronomen** (*der, die, das, welcher, welche, welches*).
Nomen/ Substantiv → S. 158	Nomen/Substantive sind eine **Wortart**. Sie bezeichnen Lebewesen, Gegenstände, Gefühle, Vorstellungen, Vorgänge, Orte und Veranstaltungen. Nomen können einen Begleiter bei sich haben (z. B. Artikel, Demonstrativ-, Possessivpronomen). An den Begleitern erkennt man das grammatische **Geschlecht** (Genus), die **Zahl** (Numerus) und den **Fall** (Kasus), z. B.: *die Wiese, unser Garten.* Nomen können **dekliniert** (gebeugt) werden. Sie treten in einer bestimmten **Zahl** (Numerus) und einem bestimmten **Fall** (Kasus) auf, z. B.: *(das) Haus – (die) Häuser – (in den) Häusern*. Über den Fall der Nomen entscheiden Verben und Präpositionen. Nomen schreibt man **mit großem Anfangsbuchstaben**. Im Deutschen kann jedes Wort **als Nomen gebraucht** – also nominalisiert – werden. Es wird dann auch großgeschrieben und kann ebenfalls einen Begleiter bei sich haben, z. B.: *das Blau, euer lautes Rufen*.

nominale Wortgruppe → S.238	Als nominale Wortgruppe bezeichnet man ein **Nomen/Substantiv mit seinen Begleitern**. Das Wort am Ende einer nominalen Wortgruppe ist ein Nomen und wird großgeschrieben, z. B.: *das schöne leuchtende Blau.*
nominalisierte/ substantivierte Verben und Adjektive → S.160, 235, 237	Verben und Adjektive können **zu Nomen/Substantiven werden** und werden dann **großgeschrieben**, z. B.: *auf das richtige Schreiben achten, unser Bestes.* Wie Nomen können sie dann von Artikeln, Adjektiven, Pronomen und Präpositionen begleitet werden.
Numerale → S.175	Numeralien sind **Zahlwörter**, die eine Menge oder eine Anzahl angeben. Man unterscheidet: ▪ **bestimmte Numeralien**, z. B.: *eins, zwei, erster,* ▪ **unbestimmte Numeralien**, z. B.: *einige, viele, alle.* Numeralien gehören zu **verschiedenen Wortarten**: ▪ Nomen/Substantiv, z. B.: *eine Million,* ▪ Adjektiv, z. B.: *zwei Schüler, in der sechsten Klasse,* ▪ Adverb, z. B.: *er rief dreimal.*
Numerus → S.158	Mit Numerus bezeichnet man die **Zahl** eines Nomens/Substantivs, Artikels, Adjektivs oder Pronomens. Es gibt eine Form für den **Singular** (Einzahl) und eine andere Form für den **Plural** (Mehrzahl), z. B.: *(das) Kind – (die) Kinder.*
Objekt → S.185, 186, 187	Ein Objekt ist ein **Satzglied**, das das Prädikat ergänzt. Der Fall des Objekts ist vom Verb abhängig. Man unterscheidet: ▪ **Dativobjekt** (Frage: *Wem?*), z. B.: *Sie hilft ihrer Oma.* ▪ **Akkusativobjekt** (Fragen: *Wen? Was?*), z. B.: *Er liest ein Buch.* ▪ **Genitivobjekt** (Frage: *Wessen?*), z. B.: *Sie erfreut sich bester Gesundheit.* Genitivobjekte werden selten, meist in der Schriftsprache gebraucht. ▪ **Präpositionalobjekt** (Objekt, dessen Fall von einer **Präposition** bestimmt wird), z. B.: *Sie wartet auf ihn. Über das Buch freute sie sich.*
Parallelgedicht	Ein Parallelgedicht übernimmt das Muster des Vorbilds und füllt es mit neuem Inhalt.
Prädikat → S.183, 184	Ein Prädikat (Satzaussage) ist ein **Satzglied**, das etwas über das Subjekt aussagt (Frage: *Was wird ausgesagt?*). **Subjekt** und **Prädikat** bilden den **Satzkern**. Wenn das Prädikat nur aus dem finiten (gebeugten) Verb besteht, nennt man es **einteiliges Prädikat**, z. B.: *(er) liest.* Das **mehrteilige Prädikat** besteht aus der finiten (gebeugten) Verbform und anderen, infiniten (ungebeugten) Verbformen (Partizip II, Infinitiv) oder weiteren Wörtern. Das mehrteilige Prädikat kann andere Satzglieder einrahmen. Dann bildet es einen **prädikativen Rahmen**, z. B.: *Er hat ein Buch gelesen.*

Präfix → S. 202	Präfixe (Vorsilben) sind dem Wortstamm vorangestellte Wortbausteine, die nicht selbstständig stehen können. Wichtige Präfixe sind *be-, er-, ent-, ge-, miss-, ver-, zer-*. Durch das Anfügen von Präfixen entstehen neue Wörter (**Ableitungen**), oft mit veränderter Bedeutung, z. B.: *fallen* → *gefallen, verfallen, zerfallen*.
Präposition → S. 158	Präpositionen sind eine **Wortart**. Sie drücken räumliche, zeitliche oder andere Beziehungen zwischen Wörtern und Wortgruppen aus, z. B.: *in, aus, bei, mit, nach, vor, hinter, über, zu*. Präpositionen stehen meist **vor dem Nomen/Substantiv** und seinen Begleitern und **fordern** einen **bestimmten Fall**, z. B.: *im Haus, mit dem Ball* (Dativ), *für den Freund* (Akkusativ), *wegen des Gewitters* (Genitiv), *auf den Tisch* (*Wohin?* → Akkusativ), *auf dem Tisch* (*Wo?* → Dativ).
Präsentieren → S. 118	Beim Präsentieren informiert man Zuhörer über verschiedene Themen, Vorhaben oder Arbeitsergebnisse. Dabei ist es wichtig, die Aufmerksamkeit und das Interesse der Zuhörer zu gewinnen. Zur **Vorbereitung** muss man Informationen und Anschauungsmaterial sammeln, ordnen und übersichtliche Stichpunkte anfertigen (z. B. auf Karteikarten). Beim **Halten des Vortrags** ist auf freies, langsames und deutliches Sprechen sowie auf Blickkontakt zu den Zuhörern zu achten.
Pronomen → S. 162, 178, 196	Pronomen sind eine **Wortart**. Sie können **Stellvertreter** oder **Begleiter** eines Nomens/Substantivs sein. Sie können wie Nomen **dekliniert** (gebeugt) werden. ▪ **Personalpronomen** stehen stellvertretend für Nomen, z. B.: *ich, du, wir*. ▪ **Possessivpronomen** zeigen den Besitz oder die Zugehörigkeit an, z. B.: *mein, dein, sein, ihr*. ▪ **Demonstrativpronomen** weisen auf ein vorher genanntes Nomen hin, z. B.: *dieser, jene*. ▪ **Relativpronomen** leiten Nebensätze ein, die Nomen im Hauptsatz näher erklären, z. B.: *der, welche*.
Redewendung → S. 208	Redewendungen (Wortgruppen) sind feste sprachliche Wendungen, mit denen man etwas Besonderes anschaulich und einprägsam ausdrücken kann, z. B.: *auf die Nase fallen, sich den Kopf zerbrechen*.
Regieanweisung	(frz. *régie* – Verwaltung) Regieanweisungen sind Hinweise des Bühnenautors zu Bühnenbild, Sprechweisen, Figurenverhalten und Kostümen. Diese Hinweise werden nicht mitgesprochen. Im Text sind sie meist schräg gedruckt oder in Klammern gesetzt.

Reim → S. 82	Als Reim wird der Gleichklang von Wörtern (*Hut – gut*) bezeichnet. Die häufigste Reimform ist der **Endreim**, d. h., Wörter reimen sich am Ende zweier Verse. Endreime sind z. B. der Paar-, der Kreuz- und der umarmende Reim. Beim **Paarreim** reimen sich zwei Verse unmittelbar aufeinander (Form: aabb). Beim **Kreuzreim** reimt sich ein Vers jeweils mit dem übernächsten (Form: abab). Und beim **umarmenden Reim** wird ein Paarreim von einem anderen Reim umschlossen (Form: abba).
Relativsatz → S. 196	Ein Relativsatz ist ein **Nebensatz**, der durch ein **Relativpronomen** (*der, die das, welcher, welche, welches*) **eingeleitet** wird. Das Relativpronomen bezieht sich auf ein Nomen im vorangehenden Hauptsatz (Bezugswort). Relativsätze werden durch **Komma** vom Hauptsatz abgegrenzt, z. B.: *Die Suppe, die wir morgens gekocht hatten, aßen wir zu Mittag.* *Dazu gab es Brot, welches wir selbst gebacken hatten.*
Rollenkarte → S. 125	Die Rollenkarte ist eine Methode, um sich in handelnde Personen hineinzuversetzen. Sie dient zur Vorbereitung auf das szenische Spielen. Auf der Vorderseite steht der Name der Person, auf der Rückseite werden wichtige Informationen wie Alter, Wohnort, Aussehen, Eigenschaften, Verhalten, Gefühle und eine typische Aussage notiert.
Sachtexte erschließen → S. 18, 22, 24, 26	Um Sachtexte zu erschließen, kann man die **5-Gang-Lesetechnik** nutzen: 1. Text überfliegen 2. Fragen an den Text stellen 3. Text gründlich lesen 4. das Wichtigste zusammenfassen 5. Text noch einmal lesen In Sachtexten sind häufig grafische Schaubilder, z. B. **Tabellen** oder **Grafiken**, enthalten. Um sie auszuwerten, beantwortet man folgende Fragen: ▪ Welches Thema wird behandelt? ▪ Was wird auf den Achsen des Diagramms bzw. in den Spalten und Zeilen der Tabelle angegeben? ▪ Welche konkreten Werte sind angegeben? ▪ Was ergibt sich bei einem Vergleich der Werte? ▪ Welche Schlussfolgerungen kann man aus dem Vergleich ziehen?

Sage → S. 94	Eine Sage ist eine **mündlich überlieferte Erzählung** von teils wunderbaren Begebenheiten, die sich auf **historische Ereignisse**, **Naturerscheinungen oder landschaftliche Eigenheiten** beziehen. In der Sage können auch Zwerge, Elfen, Riesen, vermenschlichte Tiere oder Menschen mit übernatürlichen Fähigkeiten auftreten. Im Gegensatz zum Märchen wird jedoch ein höherer Realitätsanspruch gestellt. Man unterscheidet **Heimat- und Ortssagen** (wie »Krabat« oder »Die Rosstrappe«), **Göttersagen** (wie »Prometheus«) oder **Heldensagen**. Die Helden zeichnen sich dadurch aus, dass sie eine große Aufgabe erfüllen oder einem vorherbestimmten Schicksal folgen müssen. Oft stehen sie in Kontakt mit Göttern, haben magische Helfer (wie Tarnkappen, Zauberschwerter) oder übernatürliche Kräfte. Es gibt bekannte griechische Heldensagen, wie die um »Odysseus Irrfahrten« oder den »Trojanischen Krieg«, keltische Heldensagen um »Artus und die Ritter der Tafelrunde«, germanische Heldensagen, wie den »Ring der Nibelungen«.
Satzart → S. 179	Man unterscheidet drei Satzarten: ▪ **Aussagesatz**: Man stellt etwas fest, informiert über etwas. Merkmal: finite (gebeugte) Verbform in der Regel an zweiter Stelle, Satzschlusszeichen: Punkt, z. B.: *Am Montag <u>kommt</u> eine neue Lehrerin.* ▪ **Fragesatz**: Man fragt, erkundigt sich nach etwas. Merkmale: oft durch ein Fragewort eingeleitet (z. B.: *wer, was, wie, wann, wo, warum*) oder finite (gebeugte) Verbform an erster Stelle, Satzschlusszeichen: Fragezeichen, z. B.: *<u>Wann</u> beginnen wir? <u>Kommst</u> du mit?* ▪ **Aufforderungssatz**: Man fordert jemanden zum Handeln auf oder drückt Bitten, Wünsche, Hoffnungen aus. Merkmal: finite (gebeugte) Verbform an erster Stelle, Satzschlusszeichen: Ausrufezeichen oder Punkt, z. B.: *<u>Holt</u> bitte frisches Wasser! <u>Sei</u> einfach etwas freundlicher.*
Satzglied → S. 180, 181, 182, 183, 184, 185, 186, 187, 188, 189, 190	Es gibt folgende Satzglieder: **Subjekt**, **Prädikat**, **Objekt** und **Adverbialbestimmung**. Satzglieder kann man mithilfe der **Umstellprobe** ermitteln. Durch Umstellen von Satzgliedern lassen sich auch verschiedene Aussageabsichten verwirklichen, z. B.: *Die Kinder | warten | am Morgen | auf den Bus. Am Morgen | warten | ... Auf den Bus | warten | ...*

Schreibkonferenz → S. 48, 49	In einer Schreibkonferenz werden **Texte gemeinsam** (in Gruppen) **überarbeitet**. Dazu kann man so vorgehen: 1. Arbeitsschritte festlegen (Karteikarten) 2. Reihenfolge besprechen (Karteikarten ordnen) 3. Texte mehrfach laut vorlesen, aufmerksam zuhören und Notizen machen 4. Notizen vergleichen, Hinweise/Vorschläge für die Schreiber formulieren 5. den eigenen Text überarbeiten (entscheiden, welche Vorschläge man aufnimmt)
Sprichwort → S. 208	Sprichwörter (in der Form eines Satzes) geben Erfahrungen, Beobachtungen und Einsichten der Menschen anschaulich und einprägsam wieder, z. B.: *Wer andern eine Grube gräbt, fällt selbst hinein.*
Strophe → S. 82	(griech. *strophe* – Wendung, Dehnung) Eine Strophe ist ein Abschnitt eines Gedichts, der sich aus mehreren Versen zusammensetzt.
Subjekt → S. 182	Das Subjekt (Satzgegenstand) ist ein **Satzglied**, über das im Satz etwas ausgesagt wird. Es steht in der Regel im **Nominativ** und kann mithilfe der Fragen *Wer?* oder *Was?* ermittelt werden, z. B.: *Am Abend trafen die Großeltern und mein Bruder ein. Der Schnee begann langsam zu tauen.* **Subjekt** und **Prädikat** bilden den **Satzkern**.
Suffix → S. 202, 239, 240	Suffixe (Nachsilben) sind an den Wortstamm angehängte Wortbausteine, die in der Regel nicht selbstständig stehen können. Durch das Anfügen von Suffixen entstehen Wortformen und neue Wörter (**Ableitungen**), z. B.: *Schreibung, Schreiber; Kindheit, kindlich, kindisch.* Typische Suffixe für Nomen/Substantive sind *-heit, -keit, -ung, -nis*, z. B.: *Dunkelheit, Hindernis.* Typische Suffixe für Adjektive sind *-ig, -lich, -isch*, z. B.: *windig, heimlich.*
Synonyme → S. 206	Synonyme sind Wörter mit **sinngleicher** oder **-ähnlicher Bedeutung**, z. B.: *sprechen – reden – sagen – rufen*. Sie bilden ein **Wortfeld**.
Szene	(griech. *skene* – Zelt, Bühne) Eine Szene ist eine Sinneinheit innerhalb einer Handlung. Sie ist die kleinste Einheit eines Theaterstücks, oft werden mehrere Szenen zu einem Akt zusammengefasst. Im Film besteht eine Szene aus einer oder mehreren Einstellungen.
szenischer Text	Ein szenischer Text wird in Dialogen geschrieben, es gibt keinen Erzähler. Ziel ist es, den Text als Handlung zu spielen. Oft gibt es Regieanweisungen, die Hinweise zur Handlung oder zum Sprechen geben.

Tabellen auswerten → S. 27, 29	s. Sachtexte erschließen
Texte verfassen → S. 43, 45, 66, 70, 108	Beim Verfassen von Texten sind verschiedene **Arbeitsphasen** und **Arbeitsschritte** nötig. So kann man vorgehen: ▪ **Schreibaufgabe bedenken** (Für wen, warum, was/worüber soll geschrieben werden?), ▪ **Text planen und gestalten** (Ideen/Informationen sammeln, ordnen und gliedern; Textteile formulieren, z. B. Einleitung, Schluss), ▪ **Textentwurf schreiben**, ▪ **Textentwurf überarbeiten** (Schreibaufgabe erneut bedenken, Inhalt, Wortwahl, Satzbau, Rechtschreibung und Zeichensetzung überarbeiten; eventuell eine Schreibkonferenz durchführen), ▪ **Endfassung schreiben** (und eventuell gestalten).
Umstellprobe → S. 180, 181	Die Umstellprobe ist ein Verfahren zur Ermittlung der **Satzglieder** eines Satzes. Alle Wörter, die nur zusammenhängend umgestellt werden können, bilden ein Satzglied. Im Aussagesatz kann jedes Satzglied, außer dem Prädikat, die erste Stelle (vor der finiten Verbform) einnehmen. Die finite (gebeugte) Verbform nimmt immer die zweite Stelle ein. An der ersten Stelle, also vor der finiten Verbform, kann immer nur *ein* Satzglied stehen, z. B.: *Max und Moritz | spielten | den Erwachsenen | häufig | böse Streiche.* *Den Erwachsenen | spielten | ...* *Häufig | spielten | ...*
unpersönliche Ausdrucksweise → S. 47, 111	Die unpersönliche Ausdrucksweise verwendet man in Texten, in denen es **unwichtig** ist, **wer handelt**, z. B. in Berichten oder Beschreibungen. Es gibt zwei Formen der unpersönlichen Ausdrucksweise: ▪ die Verbform steht im Passiv, z. B.: *Das Wasser wird dazugegeben.* ▪ die *man*-Form, z. B.: *Man gibt das Wasser dazu.*
Verb → S. 164, 166, 167, 169, 170	Verben sind **Wortarten**. Sie bezeichnen **Tätigkeiten** (was jemand tut), **Vorgänge** (was geschieht) und **Zustände** (was ist). Sie haben infinite (ungebeugte) und finite (gebeugte) Verbformen. Die **infiniten Verbformen** sind ▪ der **Infinitiv** (Grund-/Nennform), z. B.: *spielen, rennen,* ▪ das **Partizip I**, z. B.: *spielend, rennend,* ▪ das **Partizip II**, z. B.: *gespielt, gerannt.* Beide Partizipien kann man wie Adjektive verwenden, z. B.: *das spielende Kind, die gespielte Freude.*

	Die **finiten Verbformen** (Personalformen) entstehen durch **Konjugation** (Beugung) bei der Verwendung von Verben in Wortgruppen oder Sätzen. Die finite Verbform stimmt in Person und Zahl immer mit dem Subjekt des Satzes überein, z. B.: *Ich springe zuerst. Du springst zuletzt.* Verben bilden **Zeitformen** (Tempusformen), die angeben, ob etwas abgeschlossen ist, noch andauert oder in der Zukunft stattfinden wird. **Präsens** und **Präteritum** sind **einfache Zeitformen**, sie bestehen aus nur einer Verbform, z. B.: *Ich lese gern. Er las gestern einen Krimi.* **Perfekt**, **Plusquamperfekt** und **Futur** sind **zusammengesetzte Zeitformen**, sie bestehen aus mindestens zwei Verbformen, z. B.: *Wir haben viel gelesen. Er hatte viele Bücher mitgebracht.* *Bald werden wir neue Bücher bestellen müssen.* Um alle Formen eines Verbs richtig bilden und schreiben zu können, kann man sich an den drei **Leitformen** (Stammformen) orientieren: **Infinitiv** – **Präteritum** (1./3. Person Singular) – **Partizip II**, z. B.: *lesen – las – gelesen.* An den Leitformen erkennt man starke und schwache Verben. Bei **starken Verben** ändert sich der Stammvokal, die 1./3. Person Singular im Präteritum ist endungslos und das Partizip II endet auf *-en*, z. B.: *schwimmen – schwamm – geschwommen.* Bei **schwachen Verben** ändert sich der Stammvokal nicht, die 1./3. Person Singular endet im Präteritum auf *-te* und das Partizip II endet auf *-t*, z. B.: *lachen – lachte – gelacht.* Von den meisten Verben kann man eine **Aktivform** (Betonung des Handelnden) und eine **Passivform** (Unwichtigkeit des Handelnden) bilden. Passivformen bildet man mit dem Hilfsverb *werden* + Partizip II eines anderen Verbs, z. B.: *(ich) werde getragen, (du) wirst begleitet.*
Verlängerungsprobe → S. 218, 220, 224, 225	Die Verlängerungsprobe hilft dabei, die richtige Schreibung eines einsilbigen Wortes zu ermitteln. Man verlängert das Wort, an dessen Schreibung man zweifelt. Dazu bildet man z. B.: ▪ die Pluralform (z. B.: *Flu▪ – Flüsse, Sta▪ – Stäbe*) ▪ ein Verb (z. B.: *Ba▪ – baden*), ▪ ein Adjektiv (z. B.: *Gol▪ – golden goldig).*
Vers → S. 82	(lat. *versus* – Wendung, Linie) Ein Vers ist eine einzelne Gedichtzeile. Mehrere Verse ergeben eine Strophe.
Verwandtschaftsprobe → S. 203	Die Verwandtschaftsprobe hilft dabei, die richtige Schreibung eines Wortes zu ermitteln. Ist man nicht sicher, wie ein Wort geschrieben wird, sucht man nach einem stammverwandten Wort aus der Wortfamilie, z. B.: *mahlen – Mehl – Mühle; Biss – bissig.*

Wortart → S. 175	Man kann Wörter verschiedenen Wortarten zuordnen. Die wichtigsten Wortarten sind: Nomen/Substantiv, Verb, Adjektiv, Pronomen, Präposition, Artikel, Numerale, Adverb, Konjunktion.
Wortfamilie → S. 203	Wörter, die einen **gemeinsamen Wortstamm** haben, bilden eine Wortfamilie. Wortfamilien entstehen durch **Ableitung** und **Zusammensetzung**, z. B.: *lehren – Lehrer – Lehrbuch – Lehrling – gelehrig …* Die Zuordnung eines Wortes zu einer Wortfamilie kann bei der Rechtschreibung helfen, weil der Wortstamm immer gleich oder ähnlich geschrieben wird und die Wortbausteine (Präfix, Suffix, Grund- und Bestimmungswort) gut erkennbar sind.
Wortfeld → S. 206	Bedeutungsgleiche oder -ähnliche Wörter (**Synonyme**) bilden ein Wortfeld. Wörter eines Wortfeldes lassen sich in **Oberbegriffe** (mit allgemeiner Bedeutung) und **Unterbegriffe** (mit spezieller Bedeutung) einteilen, z. B.: *Pflanze: Baum – Birke, Buche, Fichte, …*
Wortschatz-erweiterung → S. 156, 201, 202	Unser Wortschatz erweitert sich ständig u. a. durch: ▪ **Wortbildung** mithilfe von **Zusammensetzung** und **Ableitung**, z. B.: *Hörbuch, wässrig,* ▪ **Übernahme** von Wörtern aus anderen Sprachen, z. B.: *Pizza, scannen.*
Worttrennung → S. 232	Die wichtigsten Regeln der Worttrennung am Zeilenende sind: ▪ Mehrsilbige einfache Wörter trennt man nach Sprechsilben, z. B.: *be-ra-ten.* ▪ Einzelne Vokale am Wortanfang oder -ende trennt man nicht ab. ▪ Die Buchstabenverbindungen *ch, ck, sch, ph, th* trennt man nicht, z. B.: *la-chen, Zu-cker.* ▪ Zusammengesetzte Wörter und Ableitungen mit Präfixen (Vorsilben) trennt man zwischen den einzelnen Wortbausteinen, z. B.: *Fern-seh-turm, ver-lau-fen.*
Zeitschriften → S. 33	Zeitschriften sind wichtige **Medien** (**Printmedien**). Sie erscheinen in regelmäßigen größeren Abständen: wöchentlich, alle zwei Wochen, monatlich oder sechsmal im Jahr.
Zerlegeprobe	Die Zerlegeprobe hilft dabei, die richtige Schreibung eines Wortes zu ermitteln. Beim Zerlegen **in Sprechsilben** erkennt man, ob ein Wort mit zwei gleichen oder zwei verschiedenen Konsonanten geschrieben wird, z. B.: *es-sen, lis-tig.* Man kann Wörter auch in ihre **Bauteile** zerlegen, um Sicherheit über deren Schreibung zu bekommen, z. B.: *Ver-kauf, du nasch-st.*

zusammengesetzter Satz → S. 194, 195, 198, 199	Ein zusammengesetzter Satz ist ein Satz, der aus zwei oder mehreren inhaltlich eng miteinander verbundenen **Teilsätzen** besteht. Die Teilsätze werden in der Regel durch **Komma** voneinander getrennt. Jeder Teilsatz enthält mindestens ein **Subjekt** und ein **Prädikat** (finite Verbform). Man unterscheidet: ▪ **Satzgefüge** (Haupt- und Nebensatz), z. B.: *Alle waren begeistert, als die Clowns auftraten.* ▪ **Satzreihe/Satzverbindung** (mindestens zwei Hauptsätze), z. B.: *Clown Tilo stand auf dem Kopf und Clown Marek spielte Trompete.* ▪ **mehrfach zusammengesetzte Sätze** (drei oder mehrere Haupt- und Nebensätze), z. B.: *Clown Tilo, der auf dem Kopf stand, konnte sich nicht wehren, als Clown Marek ihn umstieß.*
Zusammensetzung → S. 201, 203	Eine Zusammensetzung besteht aus einem **Bestimmungswort** und einem **Grundwort**. Manchmal ist ein **Fugenelement** eingefügt. Das Grundwort eines zusammengesetzten Wortes bestimmt die Wortart des zusammengesetzten Wortes und das Geschlecht, z. B.: *wunder|schön, die Mittag|s|zeit.*

Lösungen zu den Tests

Sachtexte erschließen (S. 30 – 31)

1

a Thema des Textes: Taschengeld deutscher Kinder und Jugendlicher

b Deutsche Kinder und Jugendliche verfügen über viel Geld
Taschengeld richtig ausgeben

2

a **1** Da Kinder und Jugendliche ihr Geld investieren, wird die Wirtschaft am Laufen gehalten.
2 Man sollte sein Geld gut überlegt ausgeben. Zum Beispiel ist der Kauf von Bioprodukten besser für die Umwelt.

b Bitte überlegt also, wofür und warum ihr euer Geld ausgebt!

c Mit den Angaben im ersten Abschnitt belegt die Autorin, dass Kinder und Jugendliche in Deutschland über viel Geld verfügen, mit dem sie, wie ab dem 2. Abschnitt beschrieben, die Wirtschaft am Laufen halten.

3

a **1** deutsche Kinder und Jugendliche – viel Geld
2 wenn alle sparen – schlecht für Wirtschaft
3 nicht so einfach, sein Geld richtig/ sinnvoll auszugeben
4 überlegen, wofür und warum man sein Geld ausgibt

4

a 1. Abschnitt

b Deutsche Kinder und Jugendliche verfügen über 6,4 Milliarden Euro. (Davon liegen 3,8 Milliarden Euro auf Sparkonten, die restlichen 2,6 Milliarden Euro geben sie aus.)

5

a *x*-Achse: Antworten von 100 Befragten; *y*-Achse: unterschiedliche Antworten

b **1** falsch **2** falsch **3** richtig

Über Sprache nachdenken (S. 210 – 211)

2 Nebensatz: unterstrichen, finite Verbform: doppelt unterstrichen, Konjunktion: rot unterstrichen, Relativpronomen: blau unterstrichen

1 Elfie Donnelly ist die Tochter eines Engländers und einer Österreicherin. Sie wurde 1950 in London geboren, aber ihre Kindheit und Jugend verbrachte sie in Wien. Schon als junges Mädchen arbeitete sie dort als Journalistin. Sie begann in Wien als Texterin in einer Presseagentur.
2 Mit 26 Jahren veröffentlichte sie ihr erstes Buch »Servus Opa, sagte ich leise«. Diese Geschichte, die von einem kleinen Jungen und dem Tod seines Großvaters erzählt, hat viele Leser berührt. Für dieses Buch bekam Elfie Donnelly 1978 den deutschen Jugendbuchpreis. Für das Drehbuch zum gleichnamigen Fernsehspiel wurde sie 1979 mit dem Adolf-Grimme-Preis ausgezeichnet.
3 Ab 1977 schrieb sie 65 Folgen »Benjamin Blümchen« und 40 Folgen »Bibi Blocksberg«. Benjamin Blümchen, den viele Kinder lieben, feierte 2007 schon seinen 30. Geburtstag.
4 Bibi Blocksberg hat Elfie Donnelly erfunden, weil sie nach ihren zwei Söhnen endlich ein Mädchen haben wollte. Der Erfolg der kleinen

Hexe liegt wohl darin, dass sie in einer Umgebung lebt, die sich alle Leserinnen und Leser gut vorstellen können.
5 Im Jahr 2001 verfasste Elfie Donnelly das Drehbuch zum Film »Bibi Blocksberg«. 2002 war dieser Film mit fast 2,5 Millionen Zuschauern der erfolgreichste Kinofilm.
6 Nicht nur die Kleinen mögen ihre Bücher und Filme, sondern auch die Erwachsenen. Für diese Leser hat Elfie D. jetzt mit dem Schreiben von Kriminalromanen begonnen.
7 Ein Journalist fragte einmal Elfie Donnelly: »Angenommen, Sie selbst könnten hexen. Was würden Sie mit dieser Fähigkeit anfangen?« »Ich *kann* hexen. Ich tu's nur nicht«, antwortete die Schriftstellerin.

3

a **1** den Kindern (DO), viele lustige Geschichten (AO)
2 ihren ersten Sohn Christoph (AO)
3 Peter Lustig (AO)
4 Bücher für Erwachsene (AO)

b Modalbestimmung: gut;
Kausalbestimmung: weil sie nach ihren zwei Söhnen endlich ein Mädchen haben wollte

c Lösung siehe Aufgabe 2

4

a **Nomen**: z. B. Tochter, Engländers, Österreicherin, London, Kindheit, Jugend, Wien, Mädchen, Journalistin, Texterin, Presseagentur, Jahren, Buch, Opa, Geschichte, Jungen, Tod, Großvater, Leser, Jugendbuchpreis, Drehbuch, Fernsehspiel, Adolf-Grimme-Preis

Verb: z. B. ist, wurde geboren, verbrachte, arbeitete, begann, veröffentlichte, sagte, erzählt, hat berührt, bekam, wurde ausgezeichnet

Adjektiv: junges, leise, kleinen, deutschen, gleichnamigen, erfolgreichste

Adverb: schon, dort, endlich, wohl, gut, fast, einmal

Numerale: 1950, 26, erstes, viele, 1978, 1979, 1977, 65, 40, 2007, 30., zwei, alle, 2001, 2002, 2,5 Millionen

Konjunktion: und, aber, weil, dass, nicht nur ..., sondern auch

b **nominalisiertes Verb**: mit dem Schreiben

nominalisiertes Adjektiv: die Kleinen

5

Infinitiv	Partizip I	Partizip II
gebären	gebärend	geboren
berühren	berührend	berührt
auszeichnen	–	ausgezeichnet
erfinden	–	erfunden
vorstellen	–	vorgestellt
beginnen	beginnend	begonnen
hexen	hexend	gehext
anfangen	–	angefangen

6 **1** Elfie D. wurde 1979 ausgezeichnet.
2 Ihr wird ein Preis verliehen.
3 Ihr Drehbuch wurde verfilmt.

7 **bestimmte Numeralien**: 1950, 26, erstes, 1978, 1979, 1977, 65, 40, 2007, 30., zwei, 2001, 2002, 2,5 Millionen

unbestimmte Numeralien: viele, alle

8 **Ableitung**: veröffentlichte, erzählt, berührt, bekam, erfunden, endlich, Umgebung, Leserinnen

Zusammensetzung: Großvaters, Jugendbuchpreis, Drehbuch, gleichnamigen, Fernsehspiel, Adolf-Grimme-Preis, ausgezeichnet

Richtig schreiben (S. 242–243)

1 **Siebenschläfer**
Am 27. Juni achten viele auf Erscheinungen am Himmel. Wird es Niederschlag geben, braucht man vielleicht sogar einen Schal oder bleibt es klar? Denn nach alter Bauernregel entscheidet sich an diesem Tag das Sommerwetter. Der kleine Siebenschläfer aber, der einem Eichhörnchen sehr ähnlich ist und Rinden von den Bäumen schält, hat damit gar nichts zu tun. Der Name leitet sich von einer Sage ab. Sieben schlafende Brüder sollen im alten Rom, eingemauert in einer schmalen Höhle, fast 200 Jahre geschlafen haben. Aber das ist nicht die einzige Verwirrung um diesen Tag. Offensichtlich ist auch ein Rechenfehler im Zusammenhang mit einer Reform des Kalenders für diesen Tag verantwortlich. Eigentlich hätte man zehn Tage dazuzählen müssen. Aber das wurde offensichtlich vergessen.

2 **Das kostbare Nass**
An vielen Stellen unserer Erde gibt es Wasser in großen Massen. Dennoch ist Wasser sehr kostbar, auch wenn wir riesige Mengen davon besitzen. Der größte Teil des Wassers ist nämlich Salzwasser. Das ist für Menschen, Tiere und die meisten Pflanzen ungenießbar. Bloß das Süßwasser können wir trinken. Das meiste Süßwasser kommt als Eis und Schnee an den Polen vor. Es befindet sich auch in den Flüssen und Seen oder im Grundwasser. Jeder von uns benötigt täglich fast 100 Liter Wasser.

3 Das – dass – das – meiste

4 **Über das Wohnen in Japan**
In den Häusern ist das Tragen von Schuhen nicht erwünscht. Meist ist mindestens ein Raum mit Strohmatten ausgestattet. Die Schuhe werden beim Betreten der Wohnung ausgezogen. Dadurch wird das Beschmutzen des Fußbodens vermieden. Das Aufbewahren der Schuhe erfolgt im Eingangsbereich. Das Benutzen von Hausschuhen ist erwünscht. Seit ungefähr 600 Jahren ist in Japan das Verwenden von Strohmatten für den Fußboden üblich. Im Winter verbreiten sie eine angenehme Wärme und im Sommer eine erfrischende Kühle.

6 **1** Optik **2** Motiv **3** Fabrik **4** Chronik **5** Mathematik **6** Stativ **7** Kritik

Lösungen zu S. 114

2 Bild 1: Eine Autorin verfasst ein Manuskript.
Bild 2: Ein Lektor im Verlag prüft das Manuskript.
Bild 3: In der Setzerei wird das Layout aufgebaut.
Bild 4: Eine Grafikerin zeichnet die Illustrationen.
Bild 5: In der Reprofirma
Bild 6: Der Hersteller im Verlag
Bild 7: In der Druckerei
Bild 8: In der Buchbinderei

Quellenverzeichnis

Textquellen

6 Warum wird an der Uhr gedreht? Nach: Beckmann, Katharina: Warum wird an der Uhr gedreht? Aus: GEOlino 3/2006, S. 44 ff. **19** Die Feste feiern, wie sie fallen? Nach: Linder, Leo G. und Mendlewitsch, Doris: Geburtstag. Aus: Christiansen, Sabine und Janosch (Hg.): Gibt es Hitzefrei in Afrika? So leben die Kinder dieser Welt. München: Wilhelm Heyne Verlag, 2006, S. 109 f. **21** Menu à la carte. Aus: Laffon, Martine und Laffon, Caroline: Kinder in den Kulturen der Welt. Übersetzt von Eva Plorin. Hildesheim: Gerstenberg Verlag, 2003², S. 13. **22 f.** Für eine Inuit-Mutter ... Aus: Laffon, Martine und Laffon, Caroline: Kinder in den Kulturen der Welt. Übersetzt von Eva Plorin. Hildesheim: Gerstenberg Verlag, 2003², S. 73. **24 f.** In Deutschland wird Fußball ... Aus: Linder, Leo G. und Mendlewitsch, Doris: Fußball. Aus: Christiansen, Sabine und Janosch (Hg.): Gibt es Hitzefrei in Afrika? So leben die Kinder dieser Welt. München: Wilhelm Heyne Verlag, 2006, S. 103 f. **26** Kathleen Wermke und ihre ... Nach: http://www.uni-wuerzburg.de/sonstiges/meldungen/single/artikel/sprache-be/ [29. 08. 2012]. **27** *Tabelle* Nach: Medienpädagogischer Forschungsverbund Südwest (Hg.): KIM-Studie 2010. Kinder und Medien, Computer und Internet. Basisuntersuchung zum Medienumgang 6- bis 13-Jähriger in Deutschland, 2011, S. 11. **28** *Diagramm* Aus: http://de.statista.com [29. 08. 2012]. **29** *Diagramm* Aus: http://de.statista.com [29. 08. 2012]. **30** Einmal Milliardär sein ... Nach: http://www.focus.de/schule [29. 08. 2012] (Autorin: Beatrix Boutonnet). **31** *Diagramm* Aus: http://de.statista.com [29. 08. 2012]. **34** *Ländersteckbrief Peru* Aus: Bertelsmann Jugendlexikon. Gütersloh: Wissen Media Verlag, 2008, S. 496. **35** *Klappentext* Aus: Janßen, Ulrich und Steuernagel, Ulla: Die Kinder-Uni 2: Forscher erklären die Rätsel der Welt. München: Deutsche Verlagsanstalt, 2004. **36** *Inhaltsverzeichnis* Aus: Janßen, Ulrich und Steuernagel, Ulla: Die Kinder-Uni 2: Forscher erklären die Rätsel der Welt. München: Deutsche Verlagsanstalt, 2004, S. 5. **42** Peru: Leben auf dem See. Nach: Greschik, Stefan: Peru: Leben auf dem See. Aus: GEOlino 11/2008, S. 8 f. **44** Gefährliche Arbeit auf Müllkippen. Aus: http://www.unicef.de/5744.html (Autor: UNICEF Deutschland) [29. 08. 2012]. **45** *Diagramm* Zahlen aus: http://www.aktiv-gegen-Kinderarbeit.de/welt/weltkarte [29. 08. 2012]. **53** *Formular* Aus: http://www.polizei-beratung.de [29. 08. 2012]. **55** Schöne, Gerhard: Lass uns eine Welt erträumen. Aus der CD: Gerhard Schöne: Kinder-Lieder-Galerie, Sony Music, 2004, © Lied der Zeit GmbH, Hamburg **56** Telek, Nazif: Sesamring-Verkäufer. Aus: Gelberg, Hans-Joachim (Hg.): Oder die Entdeckung der Welt. 10. Jahrbuch der Kinderliteratur. Weinheim, Basel: Beltz & Gelberg, 1997, S. 15. **57 ff.** Siege, Nasrin: Juma. Ein Straßenkind aus Tansania. Weinheim, Basel: Beltz & Gelberg, 1998, S. 79–87. **60 f.** Pludra, Benno: Jakob heimatlos. Berlin: Kinderbuch Verlag, 1999, S. 31–33. **62** Kästner, Erich: Das Schwein beim Frisör. Aus: Kästner, Erich: Das Schwein beim Friseur und andere Geschichten. Zürich: Atrium, 1962, S. 7 f. **68 f.** Thiele, Marianne: Spuk in der Mittsommernacht. Aus: Thiele, Marianne: Geschichtenschatztruhe. Kückenshagen: Bülten Verlag, 2009, S. 47 ff. **71 ff.** Bydlinski, Georg: Das duschende Gespenst. Aus: Gelberg, Hans-Joachim (Hg.): Die Erde ist mein Haus. Weinheim, Basel: Beltz & Gelberg, 1988, S. 42 f. **74** Frank, Karlhans: Wie alle Leute im Dorf über Till Eulenspiegel klagten. Aus: Till Eulenspiegel. Das Leben des listigen Schalks, Wortewenders, Genauhinguckers. Neu erzählt von Karlhans Frank. Ravensburg: Maier Buchverlag, 1991, S. 8–10. **75** Solowjow, Leonid: Wie Nasreddin einen Wirt mit dem Klang des Geldes bezahlte. Aus: Solowjow, Leonid: Die Schelmenstreiche des Nasreddin. Bearb. von Thomas Reschke auf der Grundlage einer Übersetzung von Ena von Baer. Berlin: Volk und Welt, 1986, S. 66 f. **76 f.** Kästner, Erich: Das Pferd auf dem Kirchturm. Aus: Kästner, Erich: Die wunderbaren Reisen und Abenteuer zu Wasser und zu Lande des Freiherrn von Münchhausen. Hamburg: Cecilie Dressler Verlag, 1992, S. 12–16. **78 ff.** Twain, Mark: Die Abenteuer von Tom Sawyer. Aus: Twain, Mark: Tom Sawyer und Huckleberry Finn. Im Auftrag hergestellte Sonderausgabe. Für die Jugend neu bearbeitet. Übersetzt von Lore Krüger. Wien: Tosa Verlag, o. J., S. 15–19. **82** Heine, Heinrich: Der Wind zieht seine Hosen an. Aus: Kaufmann, Hans (Hg.): Heinrich Heine: Werke und Briefe in zehn Bänden. Band 1. Berlin und Weimar: Aufbau, 1972, S. 109 f. **83** Eichendorff, Joseph von: Mondnacht. Aus: Nationale Forschungs- und Gedenkstätten der klassischen deutschen Literatur in Weimar (Hg.): Eichendorffs Werke in einem Band. Berlin, Weimar: Aufbau, 1986, S. 97. **85** Borchers, Elisabeth: Oktober. Aus: Gelberg, Hans-Joachim (Hg.): Großer Ozean: Gedichte für alle. Weinheim, Basel: Beltz & Gelberg, 2000, S. 18. Mörike, Eduard: Septembermorgen. Aus: Baumann, Gerhard und Grosse, Siegfried (Hg.): Eduard Mörike. Sämtliche Werke. Bd. 1. Stuttgart: Cotta, 1961, S. 101. **86** Golpon, Renate: lesen. zeichen setzen. Aus: http://www.sprachwitz.de/konkret0.html [29. 08. 2012]. Welsh, Renate: Die Brücke. Aus: Domenego, Hans (Hg.): Das Sprachbastelbuch: schreib deinen Namen auf: was reimt sich drauf? Wien. München: Jugend und Volk Verlag, 1983, S. 43. **87** Havel, Václav: Barriere. Aus: Havel, Václav: Das Gartenfest. Die Benachrichtigung. Zwei Dramen. Essays. Antikoden. Aus dem Tschechischen von Hans Peter Künzel © 1989 by Rowohlt Taschenbuch Verlag GmbH, Reinbek bei Hamburg, S. 227. **88** Eichendorff, Joseph von: Der Morgen. Aus: Eichendorff, Joseph von: Gesammelte Werke. Berlin: Karl Voegels Verlag, 1928, S. 64. **89** Bydlinski, Georg: Sonnenaufgang. Aus: Brand, Heinz (Hg.): Ach du liebe Zeit. Ein Bummel durch Tages- und Jahreszeit. Olden-

burg: Lappan Verlag, 2007, S. 11. **90 f.** Goethe, Johann Wolfgang von: Erlkönig. Aus: Goethe, Johann Wolfgang von: Werke. Hamburger Ausgabe. Bd. 1 Gedichte und Epen I. München: dtv, 1998. © C. H. Beck'sche Verlagsbuchhandlung GmbH & Co. KG, S. 154 f. **92** Gomringer, Eugen: das schwarze geheimnis. Aus: Gomringer, Eugen (Hg.): konkrete poesie. Stuttgart: Philipp Reclam Junior, 1992, S. 61. Gomringer, Eugen: wind. ebd. Morgenstern, Christian: Die Trichter. Aus: Morgenstern, Christian: Galgenlieder. Palmström. Palma Kunkel. Der Gingganz. Stuttgart: Reclam, 1978, S. 15. **93 f.** Inkiow, Dimiter: Das trojanische Pferd. Nach: Inkiow, Dimiter: Die Abenteuer des Odysseus. München: Hase und Igel Verlag, 2002. **97 ff.** Hüttner, Hannes: Herakles befreit Prome-theus. Aus: Hannes Hüttner: Herakles. Die zwölf Abenteuer. Nach Apollodores, Hesiod, Homer, Euripides und anderen Quellen. Berlin: Der Kinderbuchverlag, 1979, S. 129–132. **100 ff.** Hecht, Gretel und Hecht, Wolfgang: Die Heldentaten des jungen Siegfried. Aus: Deutsche Heldensagen. Leipzig, Weimar: Gustav Kiepenheuer Verlag, 1969, S. 99–102. **103 ff.** Held, Kurt: Die rote Zora und ihre Bande. Aus: Kurt Held: Die rote Zora und ihre Bande: Sonderausgabe mit dem Originaltext anlässlich der Neuverfilmung »Die rote Zora«. Düsseldorf: Sauerländer, 2008, S. 53–55, 62–63. **107** Man nehme ... Aus: http://www.wdr.de/tv/wissenmachtah/bibliothek/blumenfaerben.php5 (Autorin: Vera Frederike Noll)
[29. 08. 2012]. **110** Birkenpilz. Aus: http://www.toxinfo.org/pilz (Autoren: Bettina Haberl, Thomas Zilker) [29. 08. 2012]. **113** Wusstest du schon ... Nach: http://www.buecherwiki.de/index.php/BuecherWiki/Buchrekorde [29. 08. 2012]. © by buecherwiki.de. **118** Es fiel Regen ... Aus: Funke, Cornelia: Tintenherz. Hamburg: Dressler, 2003, S. 9 f. **120** *Klappentext* Aus: Steinhöfel, Andreas: Rico, Oskar und die Tieferschatten. Hamburg: Carlsen, 2008. **122** Wo versteckt man ... Aus: Steinhöfel, Andreas: Rico, Oskar und die Tieferschatten. Hamburg: Carlsen, 2008, S. 177 ff. **128 f.** Grosche, Erwin: Das Geheimarchiv der Klara Willemsen. Die Jungs an meiner Schule; Das Geheimarchiv des Peter Meier. Ein Mädchen aus meiner Klasse. Aus: Grosche, Erwin: Das Schönste überhaupt. München: dtv junior, 1998, S. 45–48.
130 ff. Steinhöfel, Andreas: Rico, Oskar und die Tieferschatten. Hamburg: Carlsen Verlag, 2008, S. 64 ff.
137 Nesbit, Edith: Die Kinder von Arden. Das Wappentier. Übersetzt von Sybil Gräfin Schönfeldt. Hamburg: Cecilie Dressler Verlag, 2001 (Berlin 1959), S. 51 f.
138 ff. Ruppel, Ursula: Die Kinder von Arden. Nach dem Roman von Edith Nesbit. Hörspielbearbeitung für den SWR 2003. **149 ff.** Nesbit, Edith: Die Kinder von Arden. Die Gefangenen im Tower. Übersetzt von Sybil Gräfin Schönfeldt. Hamburg: Cecilie Dressler Verlag, 2001 (Berlin 1959), S. 171–174. **175** In Afghanistan ... Nach: Münch, Peter: Die Freiheit ist rund. Aus: Süddeutsche Zeitung, Nr. 26, 31. 01. 2008, S. 3. **176** Im Nordosten Chinas ... Nach: Lenz, Angelika: Yongtai – Kung-Fu-Fighting nur für Mädchen. Aus: Jugendbuch SUPER 2008, Reader's Digest, Deutschland, Schweiz, Österreich. Stuttgart: Verlag Das Beste, 2007, S. 78 ff. Kung-Fu heißt ... Nach: ebd. **184** Im alten China ... Nach: Laffon, Martine und Laffon, Caroline: Die Haustür. Aus: Lénars, Charles und Lénars, Josette: Wohnen in fernen Ländern – für Kinder erzählt. München: Knesebeck Verlag, 2009, S. 51. In Marokko ... Nach: ebd. **185** Seit 13 000 Jahren ... Nach: Laffon, Martine und Laffon, Caroline: Mitten im Niemandsland. Aus: Lénars, Charles und Lénars, Josette: Wohnen in fernen Ländern – für Kinder erzählt. München: Knesebeck Verlag, 2009, S. 73. **187** Das Zelt der Tuareg ... Nach: Laffon, Martine und Laffon, Caroline: Das Zelt der Frauen. Aus: Lénars, Charles und Lénars, Josette: Wohnen in fernen Ländern – für Kinder erzählt. München: Knesebeck Verlag, 2009, S. 59. **188** Der allererste Wohnwagen ... Nach: Adams, Annette: Living in Motion – immer in Bewegung. Aus: Jugendbuch SUPER 2007, Reader's Digest, Deutschland, Schweiz, Österreich. Stuttgart: Verlag Das Beste, 2007, S. 139. **190** Wir brauchen einen Ort ... Nach: Adams, Annette: Living in Motion – immer in Bewegung. Aus: Jugendbuch SUPER 2007, Reader's Digest, Deutschland, Schweiz, Österreich. Stuttgart: Verlag Das Beste, 2007, S. 136–139.
192 Ein geübter Mann baut ... Nach: Adams, Annette: Living in Motion – immer in Bewegung. Aus: Jugendbuch SUPER 2007, Reader's Digest, Deutschland, Schweiz, Österreich. Stuttgart: Verlag Das Beste, 2007, S. 137. „Iglu" bedeutet „Haus" ... Nach: Laffon, Martine und Laffon, Caroline: Wohnen in Schnee und Eis. Aus: Lénars, Charles und Lénars, Josette: Wohnen in fernen Ländern – für Kinder erzählt. München: Knesebeck Verlag, 2009, S. 23. Bei bitterkalten Außentemperaturen ... Nach: Adams, Annette: Living in Motion – immer in Bewegung. Aus: Jugendbuch SUPER 2007, Reader's Digest, Deutschland, Schweiz, Österreich. Stuttgart: Verlag Das Beste, 2007, S. 137 f. **193** Weiße Hautfarbe ... Nach: www.dw.dde/weiße-südafrikaner-ziehen-in-townships/a-16359343 (Autorin: Kerstin Poppendieck) [28. 01. 2013]. **194** Der Wind weht ... Nach: Göbel, Peter: Geisterstädte der Welt. Aus: Jugendbuch, Reader's Digest, Deutschland, Schweiz, Österreich. Stuttgart: Verlag Das Beste, 2002, S. 243. **195** Wenn von Geisterstädten die Rede ist ... Nach: Willkommen in der Geisterstadt. Aus: http://www.geo.de/GEOlino/natur/geisterstaedte-willkommen-in-der-geisterstadt-70207.htm (Autorin: Fee Krämer) [28. 01. 2013]. **196** Aisha lebt an einem Ort ... Nach: Mein Leben in der Stadt der Toten. Aus: www.welt.de/1997170 (Autor: Gerhard Haase-Hindenberg) [28. 01. 2013]. **197** Man spricht von Tausenden ... Nach: Mein Leben in der Stadt der Toten. Aus: www.welt.de/1997170 (Autor: Gerhard Haase-Hindenberg) [28. 01. 2013]. **198** Enrique lebt im 9. Stock ... Nach: Kunath, Wolfgang: Neues Leben in der Bauruine. Aus: Berliner Zeitung, 14. 12. 2012, S. 8. Die Politik duldet ... Nach: ebd. **199** Wenn der Wasserpegel ... Nach: Bendiksen, Jonas: So leben wir. Menschen am Rande von Megacitys. München: Knesebeck Verlag, 2008, o. S.
200 Ich bin als Achtjährige ... Nach: Fuchs, Claudia:

Wir waren was Besonderes. Aus: Berliner Zeitung, 31. 08. 2012, S. 16. **212** *Speisekarte* Frei nach: Fühmann, Franz: Die dampfenden Hälse der Pferde im Turm von Babel. Darmstadt und Neuwied: Luchterhand, 1984, S. 28. **213** schulz-immer, ... Nach: Gloor, Beat: 81 Sprachbeobachtungen. Zürich: Kontrast, 1999, S. 23. **219** Wo tut es weh? (Volksgut) Aus: http://www.gedichte-fuer-alle-faelle.de [29. 08. 2012]. **223** Busch, Wilhelm: Seid gegrüßt ... Aus: Busch, Wilhelm: Historisch-kritische Gesamtausgabe. Bde. I–IV. Band 2. Wiesbaden: Vollmer Verlag, 1959, S. 6. **226** Es wachsen ... Aus: http://www.kindernewsletter.de/Funkenticker11/Mails/Botschaft2/Funkenticker2.htm (Autor: Gottfried Herold) [29. 08. 2012]. **232** Blumento-pferde, ... Nach: Gloor, Beat: 81 Sprachbeobachtungen. Zürich: Kontrast, 1999, S. 23 f. **243** Das ist doch sonderbar ... Nach: Lessing, Gotthold Ephraim: Es ist doch sonderbar bestellt. Aus: Gotthold Ephraim Lessings sämtliche Schriften: Neue rechtmäßige Ausgabe. Erster Band. Berlin: Voßsche Buchhandlung, 1838, S. 13.

Nicht in allen Fällen war es uns möglich, die Rechteinhaber ausfindig zu machen. Berechtigte Ansprüche werden selbstverständlich im Rahmen der üblichen Vereinbarungen abgegolten. Wir bitten um Verständnis.

Bildquellen

6 picture-alliance/imagestate/HIP, Frankfurt a. M. **14** *oben:* Fatman 73 – Fotolia.com; *unten:* Thomas Schulz, Teupitz **19** picture-alliance, Frankfurt a. M. **21** Wolfgang Peinelt – Fotolia.com **25** picture-alliance/dpa, Frankfurt a. M. **30** Gerd Gropp – Fotolia.com **32** *Cover und Inhaltsverzeichnis*: GEOlino 11/2008 (S. 5), Gruner + Jahr, Hamburg **33** *links Cover:* Was ist was? Egmont Ehapa Verlag, Berlin; *Mitte Cover:* GEOlino extra 18/2009, Gruner + Jahr, Hamburg; *rechts Cover:* Treff Nr. 5/2009, Family Media GmbH & Co. KG, Freiburg **35** *Buchcover:* Ulla Jannsen. Die Kinder-Uni 2. Deutscher Taschenbuch Verlag, München 2006 **36** *Buchcover:* Die Rechte der Kinder von logo! einfach erklärt: Bundesministerium für Familie, Senioren, Frauen und Jugend, Berlin 2008 **37** *Screenshot:* http://www.spielstrasse.de/fs_search.htm [11. 06. 2009]. **41** *links:* Friedrich Stark, Dortmund; *Mitte:* picture-alliance/ZB, Frankfurt a. M.; *rechts:* F1 ONLINE, Frankfurt a. M. **42** Sean Sprague, © Stillpictures / images.de, Berlin **44** picture-alliance/dpa, Frankfurt a. M. **46** picture-alliance/ZB, Frankfurt a. M. **51, 52** ZTS – Fotolia.com **55** Franz Pflügl – Fotolia.com **56** laif, Köln **57** *Buchcover:* Nasrin Siege. Juma. Ein Straßenkind aus Tansania. Beltz & Gelberg, Weinheim 2002 **58** epd, Frankfurt a. M. **61** Michalowski Dominik – Fotolia.com **76** *Buchcover:* Erich Kästner: Münchhausen. Cecilie Dressler Verlag, Hamburg 2006 **78** *Buchcover:* Mark Twain. Die Abenteuer von Tom Sawyer. Fischer Verlag, Frankfurt a. M. 2008 **81** Cinetext, Frankfurt a. M. **100, 102** *Illustrationen:* Karoline Grunske, Berlin **103** *Buchcover:* Kurt Held. Die rote Zora. Sauerländer, Düsseldorf 2007 **110** Lianem – Fotolia.com **111** *links:* Ideen – Fotolia.com; *Mitte:* Siegfried Schnepf – Fotolia.com; *rechts:* picture-alliance/dpa, Frankfurt a. M. **112** *links:* Martina Chmielewski – Fotolia.com; *2. von links:* sonne07 – Fotolia.com; *3. von links:* Monika Adamczyk – Fotolia.com; *rechts:* N. Siemsen – Fotolia.com **113** picture-alliance/akg-imges/Florian Profitlich **117** *links, rechts Buchcover:* Martin Baltscheit. Der kleine Herr Paul macht Ferien. Leipzig, München: Altberliner Verlag 2004 **118** *oben Buchcover:* Cornelia Funke. Tintenherz. Dressler, Hamburg 2003; *unten:* dfd-images, Hamburg **120** *links Buchcover:* Hanna Jansen. Gretha auf der Treppe. Thienemann Verlag, Stuttgart 2004; *Mitte Buchcover:* Friedrich Ani. Meine total wahren und überhaupt nicht peinlichen Memoiren mit genau elfeinhalb. Carl Hanser Verlag, München 2008; *rechts Buchcover:* Andreas Steinhöfel. Rico, Oskar und die Tieferschatten. Carlsen Verlag, München 2008 **122** © Peter Schössow **130** *Buchcover:* Andreas Steinhöfel. Rico, Oskar und die Tieferschatten. Carlsen Verlag, München 2008 **145** Peter Wirtz, Dormagen **147** Hanna Lippmann, Berlin **154** Thomas Wunderlich **158** Getty-Images, München **159** Bea Busse – Fotolia.com **160** Carina Hansen – Fotolia.com **161** spot-shot – Fotolia.com **163, 165** picture-alliance/dpa, Frankfurt a. M. **166** F1 ONLINE, Frankfurt a. M. **167** picture-alliance/KPA/Chris, Frankfurt a. M. **168, 169, 172, 173, 175** picture-alliance/dpa, Frankfurt a. M. **176, 178** picture-alliance/© epa-Bildfunk, Frankfurt a. M. **185** © Jean-Paul Comparin – Fotolia.com **187** Alvaro Leiva/agefotostock/Avenue Images **190** picture-alliance/Bildagentur Huber, Frankfurt a. M. **191** *links:* © Ralf Gosch – Fotolia.com; *Mitte:* picture-alliance/Bruno Morandi/Robert Harding, Frankfurt a. M.; *rechts:* picture-alliance/All Canada Photos, Frankfurt a. M. **192** picture-alliance/Bildagentur-online/TIPS-Images **194** picture-alliance/Bildagentur Huber, Frankfurt a. M. **196** picture-alliance/Bildagentur-online/TIPS-Images, Frankfurt a. M. **199** picture-alliance/Maximillian Norz, Frankfurt a. M. **200** picture-alliance/dpa, Frankfurt a. M. **204** © Frank Speth, Quickborn **210** Cinetext/Constantin Film, Frankfurt a. M. **239** © Harm Bengen, Neu-Ulm

Sachregister

Zu diesem Buch gibt es ein passendes **Arbeitsheft** (ISBN 978-3-06-062992-3).

Autoren und Redaktion danken Renate Friedrich, Franziska Möder und Viola Oehme für wertvolle Anregungen und praktische Hinweise bei der Entwicklung des Manuskripts.

Redaktion: Christiane Fischer, Birgit Patzelt, Kristina Weidemann, Gabriella Wenzel
Bildrecherche: Angelika Wagener
Illustration: Annette von Bodecker-Büttner, Dresden: 72, 73, 74, 75, 77, 82, 88, 89, 90, 91, 93, 94, 98, 125, 126, 128, 131, 134, 138, 139, 142, 144, 150, 181, 182, 213
Katharina Knebel, Berlin: 114, 115
Christa Unzner, Berlin: 6, 7, 8, 9, 10, 11, 12, 13, 16, 39, 40, 43, 62, 65, 66, 68, 69, 83, 85, 107, 108, 109, 153, 155, 157, 171, 203, 205, 206, 207, 208, 209, 212, 215, 217, 219, 221, 222, 223, 226, 227, 228, 229, 230, 231, 233, 234, 235, 236, 237, 241, 242, 243
Umschlaggestaltung: werkstatt für gebrauchsgrafik, Berlin
Umschlagillustration: Dorothee Mahnkopf, Diez a.d. Lahn
Layout und technische Umsetzung: Klein & Halm Grafikdesign, Berlin, nach Entwürfen von Farnschläger & Mahlstedt, Hamburg

www.cornelsen.de

Dieses Werk berücksichtigt die Regeln der reformierten Rechtschreibung und Zeichensetzung. Bei den mit [R] gekennzeichneten Texten haben die Rechteinhaber einer Anpassung widersprochen.

1. Auflage, 2. Druck 2015

Alle Drucke dieser Auflage sind inhaltlich unverändert und können im Unterricht nebeneinander verwendet werden.

Druck: Mohn Media Mohndruck, Gütersloh

ISBN 978-3-06-062986-2

PEFC/04-31-1033

PEFC zertifiziert
Dieses Produkt stammt aus nachhaltig bewirtschafteten Wäldern und kontrollierten Quellen.
www.pefc.de